JIAOXUE SHEJI
YUANLI YU JISHU

教学设计：
原理与技术

徐英俊　曲艺　著

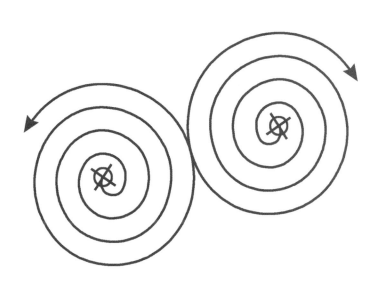

教育科学出版社
·北京·

目　录

作者序

1

教学设计（Instructional Design，简称 ID），亦称教学系统设计，同其他学科一样，在诞生之前经历了漫长的发展历程。在教学设计理论与实践发展过程中，理论研究成果的不断丰富和实践经验的不断累积，催生了教学设计这门学科，于是作为一门独立学科的教学设计在 20 世纪 60 年代初诞生于美国。据学者考证，美国的格拉泽（R. Glaser）最早对教学系统进行了研究，1962 年提出了教学系统的概念以及对教学系统进行设计的思想，并对教学系统进行了分析。此后，教学设计的理论研究和实践应用研究不断深入，取得了显著成效和丰硕成果，并传播到了世界上许多其他国家。

直到 20 世纪 80 年代中期，教学设计的理论才开始被引介到我国。教学设计的理论引起了我国教育理论工作者，尤其是教育技术学、教育心理学、课程与教学论学者的普遍关注，他们为教学设计在我国的传播，为学习研究、借鉴应用教学设计的思想付出了艰辛的劳动。一是先后翻译出版了教学设计代表人物的一些代表作品，如美国杰出的教学设计理论家加涅（R. M. Gagne）的《学习的条件》（1985）、《教学设计原理》（1999）、《学习的条件和教学论》（1999），当代著名的教学设计理论家迪克（W. Dick）与凯瑞（L. Carey）的《系统化教学设计》（2004，2007），莫里森（G. R. Morrison）、罗斯（S. M. Ross）和肯普（J. E. Kemp）的《设计有效教学》（2007），等等。二是在师范院校中的教育技术学、教育心理学、教育学、课程与教学论等专业中开设教学系统设计课程，学习、研究和传播国外的教学设计理论。三是教育理论和教育实践工作者运用教学系统设计理论和方法开展教学改革实验研究，在教学实践中应用教学设计的理论和方法，改进教学，提高教学质量。四是我国学者在引进翻译、应用实践国外教学设计理论的同时，深入进行了理论研究和不断积累实践经验，结合我国学校教学的实际情况，自 20 世纪 90 年代以来，先后出版了一批教学设计研究的著作，发表了大量的有关教学设计方面的学术论文。同时，教学设计理论也引起了广大教师的浓厚兴趣，他们力图应用教学设计的理论和方法，提高备课的针对性和有效性，不断改进课堂教学，提升教学水平，促进教师的专业化发展。

2

我们也一直在学习、吸收、借鉴国外教学设计的理论与方法，并致力于研究、应用和发展教学设计的理论，体会甚多。多年来，我们做了如下有关教学设计的理论研究和实践教学工作。

● 在 1999 年，为满足教师教育的需要，我们把几年来的研究成果汇集成一本书，命名为《教学设计基础》，由哈尔滨工程大学出版社出版发行。

● 而后，在中小学教师教育中多次使用《教学设计基础》一书，也在教育管理专业中作为选修课使用过此书。我们在教学实践中不断地了解教师的学习需要，倾听一线教师的建议。教学实践使我们认识到：国外的教学设计理论必须经过本土化的处理，才易于教师理解和消化；教学设计的理论与方法应用于教学实践，必须能够有效地改善教学，提高教学质量，才会受到教师的欢迎和认可；我们依据国外教学设计理论提出的教学设计的实施方案必须贴近我国中小学的实际教学，才易于教师接受和应用；教学设计必须结合我国中小学的实际教学，逐步形成具有自己特点的教学设计理论体系和方法，才能使教学设计的思想广为传播和促进教学设计理论的发展。

● 在《现代中小学教育》、《教育探索》等多家杂志发表《教学设计过程中的分析与环节》、《系统观教学设计过程的探析》、《系统观教学设计简介》等多篇有关教学设计方面的学术论文。在我们主编的《教育学》、《现代教育理论》中，专章论述了教学设计问题。

● 在此过程中，带着上述思考和体会，我们不断收集各种文献资料，深入学习和研究教学设计领域各种思想和观点，不断深入教学第一线，指导教师应用教学设计的理论和方法，掌握第手一资料。此时适逢中国基础教育课程改革之际，教育科学出版社组织编写"基础教育新概念"丛书，在 2001年，我们编写的《教学设计》一书经教育科学出版社出版发行。此书无论是在体系结构、编排体系上，还是在内容安排、文字数量以及典型案例的选取上，都做了比较彻底的调整和完善。此书出版发行后，《中国教育报》在 2001 年 10 月 27 日第 8 版做了推介。至今，《教学设计》一书共印发了29000 册。2006 年，《教学设计》一书进入教育科学出版社教师培训用书畅销榜（《中国教育报》，2006 年 5 月 31 日第 7 版）。《教学设计》一书得到了许多同行学者的厚爱，被列为他们著作的参考文献，如王生主编的《教学设计法》，郭成主编的《课堂教学设计》，邓泽民、赵沛著的《职业教育教学设计》，等等。许多学术论文也引用了书中的重要观点。

● 自 2001 年以来，在教师教育通识培训中多次采用《教学设计》一书作为培训教材，我们多次宣讲教学设计的基本理论和方法，受到了广大中小学教师的欢迎；在全国中小学骨干教师培训中，引导骨干教师学习和应用教学设计的基本理论和方法，使骨干教师提升了教学设计的理论水平和实践操作能力；在全国中职学校电子商务骨干教师国家级培训中，也介绍了教学设计的基本理论和方法，促进了教学设计理论在职业教育中的应用；在师范院校为师范生开设了选修课，把教学设计引入了职前培养过程中；在教育技术专业被选为主要参考教材；等等。

3

　　时间在流逝，在教学设计理论和实践不断发展过程中，教学设计的理论研究成果不断增多，教学设计的实践经验不断丰富。同时，我国基础教育课程改革方兴未艾。我们也在2001年至今的时间里，在深入学习教学设计理论过程中反复研究，在研究中努力践行教学设计的基本思想。在应用教学设计理论的过程中深度思考，竭力把握教学设计理论的精髓。我们似乎对教学设计产生了一个情结，无法割舍对教学设计理论的学习和研究，于是萌发了重新编写此书的意图。本书的编写秉承了四项基本原则：

　　● 时代性。我们要汲取当代国内外教学设计领域最新的、较成熟的研究成果，体现出鲜明的时代气息，对于国外的教学设计的理论，坚持"洋为中用"。同时，我们要积极关注我国基础教育的课程改革，研究课改过程中所引起的教师教学方式上的变化，力求使我们的教学理论能够有效地指导教师的教学设计。因此，我们要紧紧把握当前国内外教学设计的时代特征，站在教学设计研究的前沿来收集材料、选取材料，进行理论分析、归纳概括，案例的选取也应是当前基础教育领域里鲜活的、典型的事例。

　　● 问题性。本书在体系、结构、内容、案例、文字等诸多方面进行了调整和完善，使之体系完整、结构严谨、内容充实、特色鲜明。在兼顾全书逻辑性的同时，我们强调以问题为核心选取材料、组织内容，不要求面面俱到。要有强烈的问题意识，在撰写的各个环节中都要贯彻这种问题意识，所研究的问题要有针对性，要针对教学实践中教师在教学设计过程中切实感到困惑的问题。问题的提出要明确，问题的分析要切中要害，一针见血。要能够有针对性地解决教师在教学设计过程中遇到的一些实际问题。

　　● 普及性。在选取材料和写作时，心里要时刻想着广大的中小学教师和学生。材料的选取要具有典型性，是教师教学中实际遇到的教学内容，教学的设计要贴近教师的实际教学，使教师感到亲近，易于教师接受和应用。在注意文字表述的科学性和准确性的同时，特别要注意文字表述的可读性，使之深入浅出，通俗易懂，使广大的教师能够流畅地阅读，快速地理解。在注意普及性的同时，有些内容需要深化的也要深入研究，使某些问题的撰写具有一定的深度，以引领教师深入学习、钻研和应用。

　　● 操作性。注意教学设计理论与教学设计实践相结合，为广大教师提出一些具有可操作性的意见和建议，提供应用教学设计理论于教学设计实践的简明扼要的实施方案。因此，我们要遵循从教学设计理论到教学设计实践的路径，尽量地通过一些典型的基础教育案例的分析来具体说明某一教学设计理论及其一般应用策略。在具体的教学设计过程中，都要配备一些实例，且选取的案例要简洁，分析要透彻，要具有典型性，使教师能够较快地理解教学设计理论的实际应用效果，以提高教师的学习兴趣和应用热情。

4

　　教学设计是教育科学体系中的一门新兴学科，是从教育技术领域中逐渐发展起来的一种设计教学过程的系统方法，它在教学理论、学习理论与教学实践之间起着中介作用。教学设计以教学过程为研究对象，用系统方法分析了参与教学过程的各个要素，尤其着重分析了学习需要、学习内容和学习者的特征等方面的内容。教学设计用最优化的思想和观点对教学过程进行了设计，尤其着重设计了教学目标、教学策略、教学媒体、教学过程和教学设计评价等方面的内容。教学设计将给教师的教学提供一个具有可操作性的教学活动实施方案。

　　本书以教学设计的基础理论和教学设计的基本技术为主线构建教学设计过程。主要论述了下列内容：教学设计——系统解决教学问题的方法、教学设计的理论基础、教学设计的模式、教学设计的背景分析、教学设计的过程和教学设计的评价等。本书力求体现教学设计的科学性，突出教学设计的实践性，为教师的教学准备工作和解决教学过程中的各类教学问题提供科学的系统方法和操作程序，以期获得教学过程的最优化，有效地提高教学效果和教学质量。

　　总之，本书中的教学设计是在全新的教学理念指导下，以系统理论、传播理论、教学理论和学习理论为其坚实的理论基础，针对传统教学的弊端，特别是针对传统教学备课中的主要问题，提出来的一种新的分析和解决教学问题的系统方法。它将有助于中小学教师根据教学设计的基本原理和技术反思自己的教学，查找教学中的不足和问题，进一步规范教学行为，优化教学过程，搞好教学活动，提高教学水平和教学能力。可以肯定地说，教师掌握了教学设计的原理和技术，就可以减轻教师的教学负担，使备课这一教学环节走上科学化、规范化的轨道，使教学活动取得事半功倍之效。教师掌握并能够灵活运用教学设计的原理和技术，可以确保学习者获得学习上的成功。可以断言，没有教学设计，就不可能有教学的最优化；只有掌握了教学设计，才能使教学达到最优化。因此，教学设计是达到教学最优化理想境界的关键一步。

5

　　本书最为适合作中小学教师、中职学校教师的教师教育通识培训教材，同时可作为教育技术学、教育学、教育心理学等专业本科生、研究生教材或学习参考书，师范院校师范类专业本科公共课教材，也可供广大教育管理工作者、教育研究工作者、人力资源管理人员等学习和使用。全书纲目由作者共同讨论确定，由徐英俊教授主持撰写，负责统稿和修改定稿。具体分工如下：徐英俊撰写了作者序、第一章、第三章、第五章、第八章和第十一章；曲艺撰写了第二章、第四章、第六章、第七章、第九章以及第十章。

　　本书在编写过程中参考和借鉴了国内外许多关于教学设计方面的著作，

引用了中外教学设计专家学者的大量文献资料，特此致谢。本书的编写得到了多方面的支持和许多同志的帮助，特别是得到了教育科学出版社的支持，在此表示衷心的感谢。由于编者的学识水平有限，加之编写时间仓促，书中疏漏和错误之处在所难免，恳请专家学者、广大教师、学生和读者不吝赐教。

作　者

2011 年 5 月于北京望京花园

第一章

教学设计——系统解决教学问题的方法

- 设计与教学设计
- 教学设计的系统观透视
- 系统设计教学与传统教学

●教学是一项有明确目的的培养人的社会实践活动。在这个社会实践活动中，使学习者学习和掌握基础知识和基本技能，发展学习者的智力，培养学习者的能力，使学习者形成一定的思想品质，促进学习者身心健康地发展。为达到这样的教学总目标，教师必须依据一定的教学思想或理念，结合自己对教学过程的理解和认识，以各种方式方法对师生双边活动进行周密的思考和精心的设计。在教学设计概述中，我们将主要研究设计与教学设计的概念、教学设计的功能、教学设计的系统观透视、系统设计教学与传统教学的比较等教学设计的基本问题。

第一节　设计与教学设计

一、设计的内涵与特点

（一）设计的内涵

"设计"（design）一词在现代社会里广泛应用于众多领域，如道路设计、桥梁设计、建筑设计、工业设计、服装设计、美术设计、网页设计、舞台设计、灯光设计、发型设计、形象设计、装修设计，等等。可以说，"设计"一词随处可见。设计体现了人们的想象力和创造性，表达了人们对美的一种追求。

然而人们对"设计"一词的理解却不尽相同。有学者认为，"所谓设计，就是为了实现预定的目标，预想今后可能会出现的情况，并观念性地操作构成要素，明确整体和部分之间关系的行为。"（王辉，1999）[577]也有学者认为，"设计是指在创造某种具有实际效用的新事物或者解决新问题之前所进行的探究式的系统计划过程。"（孙可平，1998）[1]《现代汉语词典》的解释是，设计就是"在正式做某项工作之前，根据一定的目的要求，预先制定方法、图样等。"（中国社会科学院语言研究所词典编辑室，1983）国外有学者认为，"设计就是为创造某种具有实际效用的新事物而进行的探究。"（戈登·罗伦德，1997）国外也有学者认为，设计就是指"为了解决某个问题，在开发某件产品或实施某个方案之前，所进行的系统而缜密的计划与构思的过程。"（转引自裴新宁，2006）[80]尽管各种概念在表述上有所不同，但我们可以看出，设计就是解决问题的一种方式。

我们认为，进行任何一种有目的的活动，为了达到预期目标和获得理想的效果，必须在活动前对其进行设计。因此，从贴近教学活动来理解的话，设计是指在活动之前，根据一定的目的要求，预先对活动所进行的一种安排或策划。活动是动态的，参与活动的因素是多方面的，还有各种各样的活动方式，完成这样的活动可能有多种安排和策划。因此，我们需要从中寻求并确定最佳的安排和策划，以期获得活动的最佳效果，达到活动的最终目的。当然，这种最佳的安排和策划也不可能只有一种。

（二）设计的特点

关于设计的特征，戈登·罗伦德（G. Rowland）经过大量的观察和研究，在其《设计与教学设计》一文中提出了适合于教学设计的十条主要特征：设计是目标定向的过程，设计的目标在于构思和认识某种事物；设计出来的新事物有实际效用；设计的基本任务在于把需求信息转换成具体的产品技术说明；设计需要社会性互动；设计包括问题解决，但并不是所有的问题解决都是设计；设计中问题理解和问题解决可能同时或相继发生；设计可能是一种科学，或科学与艺术的结合，或既非科学、也非艺术；设计需要技术能力和创造力，是理性和直觉思维的过程；设计过程是一个动态的非确定性过程；设计过程是一个学习过程。（裴新宁，2006）[81]

罗伦德的与教学相关的设计特征的分析和论述有助于我们理解设计的内涵。按照我们对设计的理解和认识，我们认为设计的主要特点有以下几个方面。

1. 设计的超前性

设计是在进行活动之前，事先对活动所作出的一种安排或策划。也就是说，设计在前，活动在后。设计必须在活动之前完成，具有一定的超前性。例如，要实施一个工程项目，必须在施工之前完成一个工程设计实施方案。教师在进行教学活动之前，也必须在备课过程中完成一份教学活动实施方案（教案）。

2. 设计的预测性

设计，事实上是对解决新问题的一种构想，它虽然考虑了影响解决新问题的各种因素，但设计还没有付诸实施，无法落实解决新问题的方法，只是设想了或预测了相关问题的解决方法。例如，室内装修设计，设计师仅仅是根据业主的要求和室内的条件，设计出一份装修实施方案。但装修还没有实施，这个方案也仅仅是预测了相关问题的解决办法。

3. 设计的差距性

设计是在某种理念和需要指导下所形成的一种实施方案，与实践活动还有一定的差距性。例如，教师的备课（设计）与上课（实践活动）之间就有一定的差距性，教师在备课时，无论怎样策划和准备，在实际上课过程中，不可能完全依照教案，还必须随时加以调整。因此，实施设计的过程，实质上就是不断调整和缩小实施方案与现实活动之间差距的过程。

4. 设计的不确定性

由于设计者对问题的理解、条件的分析、所采取的解决问题的方法等具有较大的动态性，而设计的结果则是在这种动态变化中产生出来的。因此，设计的结果具有较大的不确定性。例如，同一篇语文课文，我们请五位语文教师分别备课，并各自完成一份教案，其结果是五位教师设计出不同的教学方案。

5. 设计的创造性

在日常生活中，我们可以看到许多富有创意的设计令人颔首赞叹，而平庸的设计却难以让人留下印象。虽然设计的各种条件相同，但可以形成不同创意的作品。设计包含着设计者的创造性。例如，我们给十位画家相同的题目、材料、时间，却可以得到具有不同创意的作品，绘画更包含着画家的创造性。

6. 设计的想象性

设计也具有丰富的想象性。设计方案带有设计者的主观想象成分，提出不但富有创造性的设计方案，而且带有充分想象性的设计方案，才是设计所追求的理想境界。例如，我们请几个小朋友设计出"一个小朋友在荡秋千"的画面，其中一个小朋友就想出了"在星空灿烂的夜晚，一个小女孩在月牙上系上一条绳索，她在微笑着荡秋千"的画面。

二、教学设计的内涵与特点

(一) 教学设计的内涵

设计在建筑业、工业和军事等许多领域得到了广泛应用，设计被引入到教学领域后，就引起了人们的极大兴趣和普遍关注。教学设计思想的萌发深受上述领域设计活动思想的启发和影响。随着近半个世纪以来对教学设计的探索和发展，人们对教学设计的认识得到了进一步深化。

根据教学系统的特性，国外学者布里格斯 (Leslie J. Briggs) 认为，"教学设计是分析学习需要和目标以形成满足学习需要的传送系统的全过程"（转引自孙可平，1998）[7]。在此基础上，瑞达·瑞奇 (Rita Richey) 提出了他的观点，认为教学设计是"为了便于学习各种大小不同的学科单元，而对学习情景的发展、评价和保持进行详细规划的科学" （转引自孙可平，1998）[7]。这两个定义，描述了教学设计的根本特性。但教学设计的其他特性也不应忽视，那就是教学设计是设计的一种类型，它是把教与学的原理用于策划教学资源和教学活动的系统过程，是教学理论、学习理论、设计思想和技术应用相结合的综合系统。当代教学设计大师加涅 (R. M. Gagne) 在其1985 年出版的《教学设计原理》中认为，教学设计是一个系统规划教学系统的过程。当代著名教学设计理论家迪克 (W. Dick) 和凯里 (L. Carey) 在其《教师规划指南》中认为，教学设计是设计、开发、实施和评价教学的系统化过程。这些有关教学设计概念的描述，对于我们从不同角度认识教学设计的本质都有一定的启发和借鉴作用。

国内有的学者认为，"教学设计是以获得优化的教学效果为目的，以学习理论、教学理论和传播理论为理论基础，运用系统方法分析教学问题、确定教学目标，建立解决教学问题的策略方案、试行解决方案、评价试行结果和修改方案的过程"（王辉，1999）[577]。也有的学者认为，"所谓教学设计，就是为了达到一定的教学目的，对教什么（课程、内容等）和怎么教（组织、方法、传媒的使用等）进行设计"（李伯黍，2001）[268]。还有的认为，教学设计就是"研究教学系统、教学过程，制订教学计划的系统方法"（顾明远，1999）[196]，以及"教学设计作为一个系统计划的过程，是应用系统方法研究、探索教学系统中各个要素之间的关系，并通过一套具体的操作程序来协调配置，使各个要素有机结合完成教学系统的功能"（乌美娜，1994）。

教学活动具有明确的目的、丰富的内容、复杂的对象、不同的形式、多样的方法、灵活的传媒、固定的时间、繁重的任务以及影响教学活动的各种多变的因素。教学活动要在诸多因素影响下，取得令人满意的绩效，优质高效地达到预定目标和完成预期的任务，更需要对其进行全面细致的安排和精心巧妙的设计。因此，教学设计是指在进行教学活动之前，根据教学目的的要求，运用系统方法，对参与教学活动的诸多要素所进行的一种分析和策划的过程。简言之，教学设计是对教什么和如何教的一种操作方案。

（二）教学设计的特点

1. 教学设计强调运用系统方法

教学设计把教学过程视为一个由诸要素构成的系统，因此需要用系统思想和方法对参与教学过程的各个要素及其相互关系作出分析、判断和操作。教学设计的系统方法是指教学设计从"教什么"入手，对学习需要、学习内容、学习者进行分析；然后从"怎么教"入手，确定具体的教学目标，制定行之有效的教学策略，选用恰当和经济的媒体，具体直观地表达教学过程各要素之间的关系，对教学绩效作出评价，根据反馈信息调控教学设计的各个环节，以确保教学和学习获得成功。

2. 教学设计以学习者为出发点

教学设计非常重视对学习者不同特征的分析，教学设计要分析学习者的起点能力、一般特点和学习风格等，并以此作为教学设计的出发点和进行教学设计的依据。教学设计强调充分挖掘学习者的内部潜能，开发脑资源，调动他们学习的主动性和积极性，突出学习者在学习过程中的主体地位，促使学习者内部学习过程的发生和有效进行。教学设计注重学习者的个别差异，着重考虑的是对个体学习的指导作用。这与传统教学以学习者的平均水平作为教学的起点具有明显的差异性。

3. 教学设计以教学理论和学习理论为其理论基础

教学设计依赖系统方法，可以保证过程设计的完整性、程序性和可操作性，但设计对象的科学性是系统方法无法解决的。保证设计对象的科学性，必须依据现代教学理论和学习理论。在教学理论和学习理论的指导下，才能设计出明确的、具体的、具有可观察的教学目标，才能依据学习者的实际，确定科学的教学程序，选定合适的学习内容，采取恰当的教学策略，选择有效、经济的教学传媒体系，从而保证能形成一个优化的教学设计实施方案，保证提高教学效率和教学效果。

4. 教学设计是一个问题解决的过程

教学设计是以促进学习者有效学习为目标的。因此，教学设计不仅是以学习内容为依据，更要以学习者所面临的学习问题为出发点，进而捕捉问题，确定问题的性质，分析研究解决问题的办法，最终达到解决学习者所面临的学习问题的目的。从以上分析可以看出，教学设计不是以现成的方法找问题，而是以学习者所面临的学习问题找方法。这就增强了教学设计的科学性，同时也增强了教学的针对性，提高了教学的有效性，缩短了教学时间，提高了教学效率，使教学活动形成优化运行的机制。

三、教学设计的功能

（一）教学设计有助于突出学习者的主体地位

现代教学论认为，在教与学的双边活动中，学习者发挥着主体作用。因为，学习者是学习活动的主体，是学习的主人，他们是有意识的人，学习的内在动力源于学习者。所以，教学设计是在对学习者进行全方位的了解和分析，获取大量信息的基础上，才着手进行的。教学设计是以学习者的学为出发点，遵循了学习的内在规律性，充分考虑了他们的学习特点；教学设计者是站在学习者的立场上，进行教学目标的确定、教学策略的选择、教学媒体的应用、教学过程的描述。总之，教学设计是以学习者为中心，围绕着学习者在学习过程中遇到的学习问题而展开进行的。

（二）教学设计有助于增强学习者的学习兴趣

由于在教学设计中充分考虑了学习者的特点，运用了相应的教学策略，采取了有效的教学方法和教学形式，更好地解决了学习者的学习方法问题，灵活地应用了教学媒体，因此教学设计中的教学活动往往富有吸引力。通过这一系列措施，减轻了学习者过重的学习负担，使学习者乐学、会学、主动地学。在轻松愉快、巧妙安排、精心策划的教学活动中，无疑会增强学习者的学习兴趣，提高学习者学习的积极性；同时，有利于开发学习者的智力，挖掘他们的潜能，培养他们的创造意识和创造精神，并使其形成良好的个性品质。这里，教学设计者设计何种教学活动才能激发并维持学习者的学习兴趣就显得十分重要了。

（三）教学设计有助于增强教学工作的科学性

教学设计，应用了现代教学理论，从教学规律出发，运用系统的观点和分析的方法，客观地分析了教学工作的状态和表现出来的不足和局限性。在设计教师的教学工作方面，突破了传统教学工作环节的局限性，从教师教学工作所面临的问题和需求入手，来确定目标，建立解决问题的步骤，选择相应的策略和方法等，设计了系统的、科学的教学工作程序和环节，使教师提高了教学工作的有效性。因此，建立在系统观点和分析方法基础上的教学工作，其科学性必然会得到进一步的增强，这也无疑会带来良好的教学效果和教学效率。

（四）教学设计有助于提高教学效率和教学效果

教学设计的主要目的就是要运用系统理论、传播理论、教学理论和学习理论，在科学分析的基础上，设计出低耗高效的教学过程。在教学设计中，我们需要对学习需要、学习内容和学习者进行客观的分析，在分析的基础上，减少许多不必要的内容和活动，然后清晰地阐明教学目标，科学地制定教学策略，经济地选用教学媒体，合理地拟定教学进度，正确地确定教学速度，准确地测定和分析教学结果，使教学活动在人员、时间、设备使用等方面取得最佳的效益。

(五) 教学设计强调了目标、活动和评价的一致性

教学设计采用的是系统分析方法，它把教学设计本身看成一个系统，而教学目标、教学活动和教学评价是其子系统。各子系统之间和子系统各要素之间相互配合、相互协调、共同发展，才能确保整个教学设计系统的优化运行。因此，教学设计十分重视并强调各子系统及各子系统要素之间的最佳配合和一致性问题，即确定教学目标、展开教学活动、根据教学目标实施教学评价。显而易见，教学目标是教学活动的出发点和归宿，同时，教学目标也是教学评价的依据。这样，才能使教学设计系统形成良性运行的机制，促进教学达到最佳的教学效果。

第二节　教学设计的系统观透视

一、多维取向的教学设计观

在教学设计领域，从教学设计总体上看，先后出现过教学设计的艺术观、科学观、工程观、问题解决观、人的因素观等各种不同的观点和看法。这些观点和看法都力图按照自己的观点解释教学设计的内涵，反映教学设计的本质。这些观点都有其合理的因素，但也都存在一定的局限性或缺陷。我们应辩证地对待每一种观点，吸取其合理之处。

(一) 教学设计的艺术观

教学设计的艺术观把教学设计看成一种艺术。这种观点认为，对同样的教材和对象，不同的教师教就有不同的教学效果，即使是同一名教师，处于不同的教学背景，其教学效果也会有所不同。这说明，教学带有较强的艺术性。在系统设计的教学中，虽然其科学性和技术性较之传统的教学有所增强，但教学策略的选择是否符合教学实际，教学媒体的选用是否具有吸引力等方面，也说明教学设计不是一项纯技术性的工作，它包含着深刻的艺术性。因此，教师只掌握了教学设计的技术还不够，只有知识和经验还不足，他应成为具有一定艺术修养和艺术创造力的教学艺术家。

(二) 教学设计的科学观

教学设计的科学观将教学设计看成一门科学。这一观点的主张者要求在科学研究的基础上，针对不同的教学要求，要为不同的情境和场合、不同的学习者和对象，选择不同的教学处理的方式方法，提供一整套传播媒体，并对上述内容提供准则（宏观教学设计）。这一观点还主张，要在教学工艺学的研究基础上，给教学提供具体的教学技能和各种教学分析的方法（微观教学设计）。总之，教学设计应在科学研究的基础上，教学活动应在科学所提供的一整套方法和技术基础上进行，才能保证教学的科学性。教学设计者应

成为具有一定科学素养的技师。

（三）教学设计的工程学观

教学设计的工程学观点把教学设计看成进行一项工程之前拟订的一份工程计划。在进行一项工程之前，工程设计师必须完成系列的工程实施方案，包括效果图、平面图、施工图，等等。这种观点认为，教学设计者就像工程设计师一样，要掌握一套对教学材料能加以说明、安排、实施、测试和修正的技术。为此，教学设计者应掌握下列技术：评估教学需求，确定教学目标，预测教学活动的进行，评定教学结果，修正下一步的教学活动，等等。教学设计者就是掌握这套技术的"工匠"。

（四）教学设计的问题解决观

教学设计的问题解决观把教学设计看成问题解决的过程。这种观点认为，教学设计就是发现并解决教学活动中的问题的过程。教学设计中的问题解决有以下几个阶段：发现问题，说明问题，解决问题和评价。要求教学设计者发挥创造性思维，找出教学中的重点、难点和问题，并予以解决，要求教学设计者在解决问题的过程中，产生、形成和检测新的想法。这种教学设计观大大突出了创造性思维在教学设计过程中的重要地位。

（五）教学设计的人的因素观

教学设计的人的因素观则认为，要重视人员因素在教学设计中的地位和作用，在进行教学设计过程中，要考虑的首要因素是参与实施根据教学设计而引入的教学设计的人员素质以及影响他们的教学环境。不考虑人员和教学环境的因素，任何优秀的教学设计都难以产生良好的教学效果。所以，做好教学设计，必须提高参与实施教学设计的人员素质和教育机构的水平，必须改善教学环境。

二、教学设计的系统观

教学设计的系统观认为，教学过程是极其复杂的，参与教学过程的诸多变量因素的活动对整个教学过程产生了错综复杂的影响。因此，教学设计需要综合地以多种理论观点为指导，吸收各种观点中合理的内容。系统观的教学设计并不完全反对或排斥上述各种理论观点。但它坚决主张，应以系统论的基本观点作为教学设计的指导思想，并贯穿于教学设计过程的始终，在各种教学设计观点中居主导地位。系统观的教学设计，科学地吸收了各种教学设计观点的合理因素，并使之具体化，它对各种教学设计观具有协调、扬弃、统整的功效。

（一）传统教学的局限性和弊端

在传统教学中，教师也在进行着教学设计，那就是为上课所进行的一系列课前准备工作，即备课。一般把备课概括成"三备和三写"。"三备"是：备教材、备学生、备教法；"三写"是：写学期（或学年）教学进度计划、写课题（或单元）教学计划、写课时计划（教案）。传统教学中的备课往往是从教师的主观愿望出发，以教师为中心，凭借教学经验、主观意志进行安排和策划的，其科学性、合理性和有效性较低。

在传统教学的"备教材"中，教师主要是钻研课程标准和教科书以及阅读教学参考书等。教师一般根据课程标准确定教学目标，根据教材分析教学内容，根据教学内容确定教学顺序。教师无权根据课程标准和学生的实际挑选教材，教学目标能否实现，对教师的能力和水平、学生的实际可能性思考得不够详细和周密，教学顺序的确定往往缺乏学习理论的支持。在传统教学的"备学生"中，教师往往从教学任务角度出发，没有考虑到学生的初始状态，以中等水平的学生为教学的起点，以课堂教学的形式和讲授的方法机械地进行。在"备教法"中，由于长期以来受传统教学思想的影响，教师在教学中重教轻学，只设计了教法，而忽视了学生的学法。

总之，在传统教学中，要求学生从同一起点出发，使用相同的课程标准，设置相同的课程，采用固定的教材，在统一的教学目标导引下，进行着相同的教学活动，在共同的教学方法指导下，以相同的速度前进，要求学生达到相同的终点。在这种教学理念的影响下，导致学生的学业成绩相差悬殊，教学效果难以预测，教学质量难以提高，教师的教学水平和能力难以得到淋漓尽致的发挥。

（二）教学设计的系统观的主要观点

教学设计，特别是在系统理论指导下的教学设计，在最大程度上摆脱了传统教学思想的束缚，树立了崭新的教学理念，那就是以学习者为中心，突出学习者在学习过程中的主体地位，要以学习者的"学"为教学设计的出发点，遵循了学习的内在规律。例如，在系统理论指导下设计的教学，教师不仅要根据课程和教材确定教学目标，而且要根据学习者的学习能力和水平以及客观条件制定教学目标；要按照教学目标的要求和学习者的实际情况挑选教材，甚至自编教材；要依据学习者的初始状态安排不同的教学活动，提供不同的学习材料，并参照学习者的初始状态来评价教学效果；要根据学习者的学习特征，选用不同的教法，安排不同的学法；要根据学习理论的原则来安排教学内容的顺序；要根据学习者掌握学习内容所消耗的时间的差异，因人而异地作出适当的安排；要以传播理论为依据选用教学媒体；要发挥其自身在教学过程中的指导者、管理者、咨询者和促进者的作用，等等。

教学设计的系统观指出，从教学设计过程本身看，教学设计过程是一个系统，它由各个要素构成，这些要素主要包括：学习需要、学习内容、学习者的特征等方面的分析，教学目标、教学策略、教学媒体等方面的确定和选择，教学活动的具体展开，教学效果的评价等。这些要素相互联系和相互依赖，形成一定的结构，指向特定的目标，所有要素发挥各自的作用并形成一定的整体功能，构成一个有机的整体。

教学设计的系统观要求以系统论的思想和观点作为教学设计的指导思想。从系统论的角度出发，对参与教学过程的要素、各个要素构成的结构和教学环节等进行最优化的设计，以期获得最佳的教学效果。在最大程度上摆脱传统教学思想的束缚，克服只凭主观经验进行教学活动的倾向，充分体现现代教学的特点。只有对教学过程实行最优化的设计，才有可能使教学达到最优化。因此，教学设计的系统观是实现教学最优化的关键所在。

三、教学设计系统观的方案

在系统观教学设计思想指导下，人们从不同角度和侧面研究如何进行最优化的教学设计，从而产生了多种教学设计方案。现撷取几例，介绍如下。

（一）以班级为着眼点的方案

在课堂教学条件下（固定的教师、学习者、课程、教材和教学设施等），教学设计的着眼点应该是针对教学内容如何组织以班级为单位的教学活动。

（二）优化教学环境的方案

在进行教学设计时，着重考虑教学环境因素，并把其作为教学设计的重要参数。其目的是，通过优化教学环境并发挥其功能，提高教学效果和质量。

（三）以达到目标为目的的方案

在进行教学设计时，要根据教学任务和目标来设计教学活动。其特点是，针对教学任务和目标组织相应的教学材料，确定教学步骤、环节，设计教学过程的组织形式、教法、学法等。

（四）按逻辑顺序进行的方案

教学设计必须按严密的逻辑顺序进行，摒弃主观猜测和经验。重点分析学习者所处的状态，学习材料的结构，并根据具体情况选择教学模式、教学方法和教学形式等。同时预测各种可能会遇到的问题及应采取的相应对策。

（五）以交互作用为中心的方案

这种方案是根据参与教学过程诸多要素的相互联系和交互作用进行教学设计。其特点是，重视教学活动中信息的沟通与反馈，强调教学系统诸要素的联系、结构和功能。

以上仅是系统观教学设计的几种方案，它们并非相互排斥，也并非一种方案就对应一种具体的教学设计。有的方案可能集中体现了某种教学设计思想，有的教学设计则以某种方案为主，兼顾其他。由于教学过程的复杂性、教学条件的差异性，我们应该全面周密地进行教学设计，以期获得教学的最优化。

四、教学设计系统观的特点

(一) 融合性

系统观的教学设计一再强调，它并不完全反对或一概排斥教学设计领域中先后出现的各种理论观点，而是融合了教学设计的各种理论观点，并将各种理论观点灵活运用于教学设计之中，科学地吸收了各种教学设计观的合理因素，并使之得到了具体化。系统观的教学设计虽然兼容了各种教学设计观的长处，但它认为，应以系统论的思想和观点作为制定教学设计的主导思想，在教学设计中起统领作用。

(二) 分析性

系统观教学设计认为，教学设计的出发点是学习者。进行教学设计时，不仅要考虑到教学方面的要求，更要考虑到学习者原来具有的学习准备状态，以求教学设计从学习者的实际出发。因此，分析学习者原有的知识状况和发展水平，现实的发展水平和潜在的能力，分析现实的教学环境和教学条件是十分重要的。不仅如此，教学设计还要对学习需要、学习内容等方面进行分析。在全面分析的基础上，才能着手进行教学设计，才能保证教学设计的合理性和科学性。

(三) 选择性

系统观的教学设计特别强调选择性，它努力探讨教学过程系统所有因素以及它们之间的相互关系，为课程决策（课程、内容等）和教学决策（组织、策略、方法、媒体等）提供尽可能多的选择。在具体的教学设计中，系统观的教学设计对教学模式、教学策略、教学媒体的选择极为重视。这是系统观教学设计与传统的教学设计之间的显著差异所在。

(四) 工具性

系统观的教学设计是从问题入手进行设计的。因此它的功效之一，就是竭力使教学设计成为发现教学问题和解决教学问题的工具或指南。教学设计者力求使使用者对问题及处理办法一目了然，并且易于核查。一旦在操作过程中出现问题，也能找到解决问题的办法和可能解决问题的途径。这就大大方便了教师，克服了教学的盲目性和随意性，减少了教学过程中的曲折，避免了教学的失误，赢得了教学时间，提高了教学效率。

(五) 具体性

一般意义上的教学任务过于笼统，往往从整体上进行强调，没有把教学任务具体化并落实到教学过程中的各个环节上，不便于操作。而系统观的教学设计则要求把教学任务分解为具体的目标，并用准确无误的、具有可操作性的项目来表示，同时要求把这些项目落实到教学过程的各个环节上。这样，师生都能明确、具体地掌握这些已经分解过的教学任务，便于及时检查教学任务和学习任务的完成情况，并准确找出缺陷所在，以便及时加以补救。

（六）参照性

系统观的教学设计主张，评定教学效果时，要作出科学的、客观的测量，必须依据教学过程前后的变化和学习者的学习成就，不能靠猜测和估计。特别是在评定过程中，不能只看测量结果，必须参照教学过程的初始状态，必须参照学习者的初始水平。切忌只看结果，忽视起点的偏见。通过测量，如果教学效果未达到预期目标，不能只从教与学上查找原因，更不能责怪学习者，要从教学设计的流程中查找症结所在，并及时调整相关环节。

第三节　系统设计教学与传统教学

一、系统设计教学与传统教学的区别

人们经过长期的教学实践活动探索逐渐悟出，减少和克服教学活动的盲目性和随意性，增强和提高教学活动的有效性和可控性，必须在实施教学活动之前对其进行全面周密的策划和精心巧妙的设计。教学设计，特别是系统观教学设计的提出，正是人们对教学活动规律性的科学认识和理性思考的结果。它是规范教学活动并使其逐步达到最优化的最佳设计方案。那么，系统观的教学设计与传统的教学有哪些差别呢？这里我们借鉴了汉纳姆（Wallace H. Hannum）和布里格斯的部分研究成果（Wallace H. Hannum，Leslis J. Briggs，1982）。下面就教学的有关环节和要素对两者加以比较和分析。

（一）教学总目标

传统的教学根据课程标准，依据所开设的课程和使用的教材来确定教学总目标。教学总目标能否实现，则成为衡量教师教学能力和教学水平的标准。在确定教学总目标时，对学习者的能力和水平考虑不周到不细致，有时甚至没有顾及到学习者的具体情况；而系统设计的教学，不仅根据课程标准、所开设的课程和使用的教材来确定教学总目标，而且根据所隶属的更大系统的需求，特别是要根据学习者的学习能力和水平以及客观条件来制定教学总目标。这就是说，系统设计的教学，在最大程度上贯彻了因材施教的原则，突出了学习者在学习过程中的主体地位，确实是以学习者为中心展开教学设计的。

（二）学习者和具体教学目标

在传统的教学中，学习者在统一的课标、课程、教材、时间、进度等方面的严格制约下，进行着统一的学习活动，被要求达到统一的标准。简言之，传统的教学往往是"一刀切"。在传统的教学过程中，学习者事先不清楚教学目标，他们只能从教师的授课中和课本中间接地了解；而系统设计的教学则是按学习者的不同状况和条件制定不同的教学目标，使用不同的教材，安排不同的时间和进度，开展不同的教学活动。其教学目标明确具体，并事先明确地告诉学习者，使师生双方都能做到心中有数。目标教学之所以受到广大师生的青睐，是因为目标教学符合系统观教学设计的思想和要求。

（三）学习者的初始状态

传统的教学对学习者的初始状态关注不够。例如，教师对学习者的学习能力、学习习惯、学习特点、学习方法、学习态度、学习基础和认知结构等分析的不够深入和细致。所有的学习者都是面对相同的教学目标、相同的教学活动、相同的学习资料、相同的学习资源，等等；而系统设计的教学，考虑了学习者的初始特征，特别是有关学习方面的特征，并据此确定不同的教学目标，安排不同的教学活动，提供不同的学习资料，等等。显然，系统设计的教学照顾到了不同程度学习者的学习需要，使学习者能够在原有的基础上，最大程度地获取学习上的进步和成功。

（四）教材的选择

传统的教学使用的是指定教材，一般地区的学校和教师无权选择教材，不管教材是否符合学习者的实际情况；而系统设计的教学是按照教学目标的要求和学习者的实际挑选教材，甚至自编教材。随着我国课程和教材的进一步改革和发展，将会给学校和教师更大的自主权。基础教育实施课程改革以来，国家试行了三级课程：国家课程、地方课程、校本课程，国家课程的教材由国家中小学教材审定委员会审查批准后，各省市都可以选用，地方课程的教材由各地方确定，而校本课程的教材则由学校组织编写。我国一些有特色的学校，全部教材或部分教材及学习资料由本校教师来编写。由此看来，教材的选择权已逐步下放。

（五）教学内容的顺序

传统的教学是按照教材所呈现的教学内容的逻辑顺序依次递进，没有考虑到必要的条件，例如，学习者的可接受性问题等；系统设计的教学，不仅按照教材所呈现的教学内容的逻辑顺序逐步展开，而且根据学习理论的原则和必要的条件来安排教学内容的顺序，这样的安排，符合学习者的实际情况，便于学习者掌握教学内容，符合可接受原则的要求。可以说，系统设计的教学，在教学设计中不仅考虑到了教师教的顺序，而且考虑到了学习者学的顺序，教师教的顺序要符合学习者学的顺序。因此，系统设计的教学在教学内容的顺序的确定上，充分考虑到了学习者的学习，突出了学习者的主体地位，体现了以学习者为中心的理念。

（六）教学方法

传统的教学在教学方法的采用上受到了教师偏爱的影响，由教师把握能否驾轻就熟而决定采用何种教学方法，不管是什么样的教学内容，什么样的学习者，以及学习者在学习不同教学内容时的知识基础和技能水平如何，大多数教师采取了千篇一律的教学方法；而系统设计的教学在选择教学方法时则依据学习理论和教学模式的研究结论，由教学目标和教学内容所决定，同时考虑了学习者的学习基础和学法，在进行教学设计时，使教法与学法相互呼应，相互配合。因此，在系统教学设计的思想指导下，在科学地确定教学目标、深入分析教学内容的前提下，慎重选择了教学方法。

（七）教学媒体的选择

传统的教学，教师往往根据自己的喜好和可行性选择教学媒体，其效果如何，初次使用时是不甚清楚的。即使科技发展到了今天，我们很多学校都采用了多媒体教学，但是很多教师也仅仅是把黑板上的板书移植到了屏幕上，并不了解多媒体的技术特性，没能很好地发挥多媒体的强大功能；系统设计的教学，则在了解教学媒体的技术特性和教学特性、把握选择教学媒体的原则、明确教学媒体选择的基本程序基础上，主要依据教学目标和学习者的特点进行选择。选择何种教学媒体还要基于理论研究的结论和教学实践的证明。如果没有教学实践的证明，教师在采用前一定要证明其效果如何，而后决定取舍。

（八）教学时间

传统的教学在教学时间上是固定的，在这固定的时间内，所有的学习者必须完成固定的学习任务，但结果是学习者的掌握程度参差不齐；系统设计的教学，学习者所花费的时间因人而异，因为学习者掌握学习内容所需要的时间不同。例如，相同的学习内容，有的学习者需要花费 10 分钟才能掌握，有的则需要更长的时间才能掌握，才能达到相同或相近的学习水平。系统设计的教学，应用了过度学习的原理，给出学习者 150% 的学习时间。由于给予了学习者足以掌握学习内容的时间，因而能使绝大多数学习者掌握教学目标所规定的内容，获得比较理想的学习效果。

（九）掌握程度

传统的教学是少数学习者掌握大多数教学目标，使少数学习者能够获得学习上的成功，而大多数学习者只能掌握少数的教学目标，往往无法获得学习上的成功；系统设计的教学是大多数学习者掌握大多数教学目标，大多数学习者能够获得学习上的成功。显然，传统的教学在掌握程度上具有不确定性、不稳定性；而系统设计的教学，详细地分析了学习者的目前学习状态，如学习者的起点能力，包括知识、技能、态度等，准确地掌握了学习者的学习需要，找到了导致差距的成因，采取了有效的教学策略，选用了适当的教学媒体，并相应地采取了措施，因而能获得良好的教学效果。

（十）效果预测

传统的教学，教学效果按正态曲线分布，但很少能达到高水平。其原因在于，传统的教学强调所有的学习者在同一时间内，使用同一教材，按照同一进度去学习同一内容，这难以照顾到不同程度学习者的学习需要。教学要求上的"一刀切"必然导致教学方法的单一化和固定化；系统设计的教学效果呈偏正态曲线分布，使大多数学习者能够达到较高的学习水平。系统设计的教学考虑到了学习者的个别差异性，有效地采取了一系列教学措施，甚至是补救措施，因而能保证学习者取得预期的学习效果，教师能获得满意的教学效果。显而易见，传统的教学与系统设计的教学在教学效果上具有明显的差异性。

（十一）测试评价

传统的教学在测试评价上没有严密的安排，常常参照"常模"作出估计和评定。测试评价的目的主要是为了定分数、划等级、决定升留级和升学；系统设计的教学在测试评价上则是按照教学目标要求和学习者的起始状态，有步骤、有计划地进行测试评价，从中作出科学的测试和评定。其目的主要是从中获取学习者学习的反馈信息，检查学习者的进步状况，确定学习者对学习内容的掌握程度和水平，诊断其学习困难所在。同时，也要检查原教学设计方案的合理性和可行性，教师在教学过程、在具体实施教学设计方案过程中的问题和不足，以便从中发现缺陷，修正教学。

（十二）失效与对策

在传统的教学中，教学效果低效或无效，常常把责任推到学习者的身上，认为是学习者方面的原因造成的，责任不在教师。一旦教学效果低效或无效，传统的教学没有及时的替代物和应急措施。例如，无法改变教学目标，无法挽回逝去的教学时间，无法弥补所造成的损失。系统设计的教学认为，教学效果低效或无效，应该从教学设计上和教师的操作方面查找原因，在教师实施教学过程中查找问题，研究如何改进教学。教学效果一旦低效或无效，事先有替代物和应急措施。例如，为需要帮助的学习者事先准备几套预案。这样，就大大减少了教学过程中的失误，降低了损失，保证了教学的效果。

（十三）教师的作用

在传统教学中，教师往往从主观愿望出发，忽视学习者的主体地位和主观能动性，把学习者视为被动接受知识的容器，教师只是充当授课讲述的角色，成为"教授者"；在系统设计的教学中，教师不仅充当信息传递者的角色，而且同时发挥着指导者、管理者、咨询者、引导者、合作者、参与者、促进者的作用。具体表现为，对学习者进行全方位的指导，实施多方面的管理，给学习者提供随时随地的咨询服务，培养学习者的学习动机，激发学习者的学习兴趣，引导学习者进入最佳的学习状态，与学习者合作完成学习任务，亲自参与学习者的学习活动，共同全面促进学习者身心的健康发展。

二、教学设计与备课的区别

教学设计工作与教师教学工作的首要环节——备课之间，既有一定的密切联系，也存在着明显的区别。

（一）工作依据不同

教学设计工作的对象主要是学习需要、学习内容、学习者等方面的分析，教学目标、教学策略、教学媒体、教学过程等方面的设计以及教学设计的评价。教学设计工作的主要内容就是按照教学目标的要求，对这些要素之间的关系及相互作用的方式进行分析和策划，其结果是形成一个完整的教学设计实施方案。在传统的备课工作中，教师在上课前也要进行一系列的教学准备工作，要备教材、备学生、备教法等，也要形成一份教案。所以在工作对象方面，两者之间似乎不存在原则性的差异。然而，教学设计主要是以教学理论、学习理论为依据，对各种要素进行分析和操作，对教学过程的主要问题进行分析和解决；而在传统的教师备课过程中，教师一般是依据个体的实践教学经验，对各种要素进行分析和判断，对教学过程的主要问题进行分析和解决。

（二）工作内容不同

教学设计在教学理论、学习理论与教学实践之间起着中介作用，是教学理论、学习理论连接教学实践的桥梁和纽带。教学设计充分运用了教学理论和学习理论，能够较为系统地解决教学与学习问题。教学设计也充分运用了系统理论和传播理论，能够从教学系统和信息传播的角度分析和解决问题。虽然教学设计工作与传统的备课工作无原则性的差异，但是在具体的工作内容上还是有区别的。教学设计的学习需要的分析、学习内容的分析和学习者的分析就与传统的备课工作中的备教材、备学生、备教法，在内容上有较大的差别。特别是教学设计中的教学目标的设计、教学策略的设计、教学媒体的设计、教学过程的设计与传统备课工作中的相同方面存在着更大的差异性。教学设计完成后还需要一个评价的过程，而传统的备课工作，教师写完教案就结束了备课的工作。

（三）工作效果不同

教学设计除了要依据教学和学习理论外，还要依据系统和传播理论等。教学设计工作是建筑在这些理论基础之上，它们不断揭示出教学与学习规律，不断发现教学与学习中的问题，并提出了有效的解决方案和方法。而这些理论又及时地运用在教学设计过程中，这无疑提高了教学设计的科学化程度，必然带来良好的工作效果和工作效率。如果从技术层面上看，教学设计同其他应用科学原理的科学技术一样，科学化程度的不断提高，一定会使教学设计过程不断趋于最优化。在传统的备课工作中，教师主要根据自己在过去的教学过程中所积累的教学经验，确定工作的方式和方法，分析问题和解决问题，还不能充分利用现代教学、学习、系统和传播理论所提供的科学研究的结论。这样的备课工作必然存在着一定的盲目性和随意性，其工作效果和工作效率较低。

第二章
教学设计的理论基石

- 系统理论
- 传播理论
- 学习理论
- 教学理论

◉教学设计深受系统理论、传播理论、学习理论和教学理论的影响，这些理论成为教学设计的理论基础，不仅为教学设计提供了理论基础，而且为教学设计提供了基本方法和基本技术。系统理论为教学设计提供了科学研究的方法；传播理论为教学设计提供了选用教学媒体的技术；学习理论为教学设计提供了人类的学习规律，使教学设计符合学习者学习的内在规律性；教学理论为教学设计提供了教学规律，使教学设计符合教学的内在规律性，并指导了教学设计的具体操作。这些理论以综合的方式，在教学设计过程中得到了不同程度的应用。下面对这四种理论的基本思想和主要观点作以简介，以帮助我们更好地理解和应用教学设计的原理与技术。

第一节　系统理论

一、系统的概念和种类

（一）系统的概念

系统理论为教学设计提供了科学研究的方法。依据系统理论的思想和观点，不仅把教学过程，而且把教学设计过程也视为一个系统。此外，系统理论还为教学设计提供了系统分析方法，从系统理论所提供的思想和方法出发来研究教学设计，为教学设计打开了一个新的视角。

安德鲁斯（Andrews）和古德森（Goodson）在1980年对教学设计过程模式进行了研究，在其所研究的40多种教学设计模式中，大部分应用了系统论的某些思想和观点。可见，在教学设计中人们对系统理论的重视。系统理论为人们进一步认识事物的本质提供了依据。

系统论认为，整个自然界是以系统的形式存在的有机体，任何客体都是由诸要素以一定的结构组成的具有相对功能的系统，整个自然界是由不同层次的等级结构组成的开放系统，它处于永不停息的运动之中。用这些基本观点去观察世界，能较为具体地说明物质世界的本质联系。这也为系统地研究教学设计系统及各要素之间的关系提供了重要的方法论指导。

系统论认为，世界上的一切事物都是作为各种各样的系统而存在。任何事物、现象、过程都自成系统，又互成系统。何谓系统？"系统"一词出自希腊语"systema"，表示群或集合的抽象概念。其英文为"system"，解释为"group of things or parts working together in a regular relation"（同类事物按一定的关系相互作用的整体）（A. S. Hornby，E. V. Gatenby，H. Wakefield，1970）。系统论的创始人贝塔朗菲（L. V. Bertalanffy）把系统定义为"相互作用的诸要素的复合体"（L. V. 贝塔朗菲，1952）。一般认为，系统是相互间具有有机联系的组成部分结合起来的能够完成特定功能的整体（李诚忠，1986）。系统就其本质来说，就是元素及其关系的总和。

系统可大可小，大到一个国家、地球、太阳系、银河系，小至一个分子、原子、质子。自然界由无数大大小小的系统构成，人类社会也是如此。一座城市、一个工厂、一所学校、一项工程、一部机器、一个人，都可以把它们看成一个系统。可见，"系统无处不在，万物皆成系统"（杨春时，1987）。

系统的构成至少要有三个条件：一要有一定的元素，其中因分析的需要，而把其主要的元素称为要素；二要有一定的结构，即元素之间的相互联系，元素之间没有联系，不能构成系统；三要有一定的环境，系统是一定环境中的系统，它在一定的环境作用下，又作用于一定的环境，没有环境也就没有系统。系统的组成部分所包含的内容将以系统的设计者的需要而定。

（二）系统的种类

由于分类的标准不同，对系统有不同的分法：根据系统的组成内容不同，可将系统分为物质系统、社会系统等；根据系统的生成原因不同，可将系统分为自然系统、人工系统；以系统的形式或从它的复杂程度来分，可将系统分为小型系统、中型系统等；从系统与时空的关系上划分，可将系统分为静态系统、动态系统；从系统与环境的关系上划分，可将系统分为封闭系统、开放系统；从功能上分，可将系统分为控制系统、封闭系统等。

二、系统的结构和功能

（一）系统的结构

任何系统都是有结构的，"结构是指系统内部各组成要素之间在空间或时间方面有机联系或相互作用的方式或顺序"（高振荣，1987）[89]。任何系统的要素都是按照一定的次序排列和组合的，系统愈有序，结构愈严密。系统还具有层次性，特别是一个复杂的系统，各子系统之间的相互作用便决定了系统的发展。例如，在一个教学系统内，可能有课堂教学系统、自学系统、计算机辅助教学系统等，这些子系统构成了教学系统的结构。与此同时，教学系统还与学校的同级系统以及更高层次的系统发生作用。教学系统各子系统之间的结构决定了教学系统的性质和功能。教学设计者必须清楚地了解教学系统各子系统的结构，才能形成最佳的教学设计方案。

（二）系统的功能

结构和功能既有依赖性的一面，又有相对独立性的一面。它们之间的关系在实际的现实系统中存在着多种情况。

1. 组成系统结构的要素不同，系统的功能也不同

例如，电灯是用电加热灯丝，达到白炽程度而发光才能照明，提高耐久程度是改进普通灯泡的关键之一。爱迪生最初研制成功的是碳丝灯泡，可以连续照明 40 小时。1910 年，美国电气公司的库利奇采用钨丝代替碳丝，使照明的时间延长并增强了耐热性。1913 年兰米尔又在灯泡中充入惰性气体氮气代替真空，使灯泡的使用寿命大为延长。按照结构功能的观点来分析，这是由于组成灯泡系统结构中的要素改变了，因而使灯泡的功能得以提高。可见，组成系统结构的要素是决定一个系统功能状况的最基本的条件。

2. 组成系统结构的要素相同，但结构不同，其功能也不同

系统中各个要素的不同排列组合，同样会改变系统的功能。炭黑、金刚石和石墨，它们虽然都是由碳原子组成的，但是碳原子的结合方式不同，它们的性质截然不同。炭黑是一种无定型粉末；金刚石的碳原子分布均匀，结合紧密，成为一种无色透明，外形为八角体的硬质晶体；而石墨的碳原子层之间的间距大，结合力弱，形成一种软质鳞片状晶体，其强度、塑性和韧性

都接近于零。可见，要使系统获得更好的功能，就不能仅仅停留在改善单个要素的素质上，要在一定要素的基础上，致力于改善系统的结构。

3. 组成系统的要素与结构都不同，也能获得相同的功能

以计时来说，从古代的日晷到现在的机械表、石英表等，结构虽然不同，但同样具有计时的功能。再如运算手段也在不断改进，如算盘、计算器、计算机，都有着不同的结构系统，但都有相同的功能。人们总是经常地寻求设计一些简单、方便、低廉的代替性结构系统去实现某些复杂的、难以取得的或代价昂贵的结构系统来获得同样的或更好的功能。

4. 同一系统结构，不仅具有一种功能，而且可能有多种功能

任何一个系统都离不开环境，而同一结构的系统，由于在环境中对外界发生的作用不同，因而其功能的发挥也是多种多样的。例如，同一个人，在学校里他是教师，承担着教书育人的职能，同时他又是教研组长，又承担着指导教研组工作的职能；但当他回到家里时，他对妻子承担着丈夫的职能，对孩子执行父亲的职能。显而易见，同一个系统结构，却承担着多种功能。

了解系统的结构和功能，有助于我们科学地分析教学过程和教学设计系统各要素之间的关系，以策划最佳的教学设计，保证获得良好的教学效果。

三、系统的特性

（一）集合性

任何一个系统都是一个有组织的整体或复合的整体，它是形成复合体或单一体的事物或部分的集合或综合。对于某一系统来说，它的组成部分是构成系统的要素，整个系统就是由这些可以相互区别的各个要素组成的集合。因此，也可以说，各组成部分是系统中的要素，通常作子系统。

（二）整体性

系统是由两个或多个可以相互区别的要素，按照作为系统整体所应具有的综合性而构成。虽然构成系统的各个要素具有不同的功能，但它们是按照逻辑统一性的要求而构成的整体。系统不是各个要素的简单相加，否则它就不具有作为整体的特定功能。因此，即使每个要素并不都很完善，但它们可以统一成为具有良好功能的系统。相反，即使每一个要素都很完善，如果不能形成良好的功能，也不能称之为完善的系统。系统的功能要大于各要素之和的功能。

（三）相关性

系统内各要素之间是相互联系、相互作用的，在这些要素之间具有某种相互依赖的特定关系。例如，对于教学过程而言，教师、学习者、课程和教材、教学手段等是构成教学过程的结构性要素，它们之间通过特定的关系，有机地结合在一起，形成了具有特定功能的教学过程系统。再如，对于电子

计算机系统来说，各种运算装置、存储装置、输入和输出装置等各个硬件和操作系统、程序等各种软件都是构成要素，它们之间通过特定的关系，有机结合在一起，就形成一个具有特定性能的计算机系统。

（四）目的性

系统是有"目的"的，任何系统都是指向特定的目标，而要达既定的目的，系统就必定有一定的功能，通过系统的功能，完成特定的任务。如教学设计系统的目的，就是为了追求教学效果的最优化，提高教学效率和教学效果，使学习者能够学到更多的知识和技能，大幅度地提高学习者的能力，使其获得良好的发展。

（五）环境适应性

系统的环境是指那些影响系统性质或行为的事物，要使生命系统具有生命力，没有系统与环境的作用或交换是不可能的。即系统与外部环境之间存在着相互作用，系统要适应外部环境的变化。环境与系统的关系表现在两个方面：一是环境为系统提供一定的物质、能量要素（如信息等），这些要素在较大程度上决定了系统的性质；二是环境对系统产生了一定的制约，限制或者便于系统的运动。

（六）反馈性

为了维持系统的平衡和稳定，使其正常运行，系统必须具备自我调节的能力。系统是通过反馈这一环节，使自己处于一种相对稳定的状态。这里的反馈是指，从系统的环境中所收集到的有关系统产物的信息，特别是那些与产品的优缺点有关的信息或者由系统产生错误所导致的信息。

简而言之，系统论对教学设计的贡献主要有二：一是为制订计划和解决问题提供了系统工具。我们比较常见易懂的系统论工具就是流程图，在教学设计中，这种流程图也经常被用来表示从学习任务到教学设计模式完成的整个教学设计过程，在具体描述教学过程的流程时，我们更是经常使用。二是系统论为教学设计提供了系统方法，把一般系统理论运用于教学设计领域，不仅能够为我们提供一种思考和研究问题或事物的方式方法，有助于我们全面地考察教学设计过程中的每一个要素的作用和影响，同时也可以为教学设计提供一种发展的远景。例如，在教学设计系统中，我们要用系统的方法来思考和分析、策划和安排教学设计系统各要素，以及分析制约教学设计更大的系统（教学系统、教育系统、社会系统等）对教学设计所产生的影响。

第二节　传播理论

一、信息的内涵与信息的传递

(一) 信息的内涵

传播就是通过某种渠道，运用一定的方式方法，将信息从一地传到另一地。传播理论研究的是信息的传播过程、信息的结构和形式、信息的效果和功能等。传播理论对教学设计产生了重要影响。因为教学过程就是一个信息传播的过程，传播理论揭示了教学过程系统中各要素之间的动态联系及相互关系，描绘了教学过程系统中的信息传播过程，为教学设计者进行教学设计提供了理论依据。

在日常生活中，人们对信息有三种看法。一种是作为通信的消息来理解的。在这种意义下，信息就是人们在通信时所要告诉对方的某种内容。一种是作为运算的内容而提出的。在这种意义下，信息是人们进行运算和处理所需要的条件、内容和结果，表现为数字、数据、图表和曲线等形式。一种是作为人类感知的来源而存在的。人类正是不断地从外部世界获取有价值的信息，加以分析、归纳和整理，得到对于外部世界的规律性的认识，从而调整自己的行动，控制未来事物的发展进程，达到改造世界的目的。

信息作为科学名词是 20 世纪 40 年代以后的事。信息论的创始人申农 (C. E. Shannon) 认为，信息是用以消除随机不定性的东西。控制论的奠基者维纳则认为，信息就是我们在适应外部世界和控制外部世界的过程中，同外部世界进行交换的内容的名称。这些定义只是在某些方面触及了信息的本质。一般地说，"信息是指反映客观世界中各种事物的特征和变化的组合，是一种有用的知识"(高振荣，1987)[20]。凡是我们观察到的事物、现象等是直接的信息，经过加工整理的数据、资料、理论、观念等是间接的信息。无论是直接的信息或间接的信息，都是向人们提供关于事物运动状态的知识。当然，这种知识可能是简单的经验或事实，也可能是高深复杂的理论，有些经验和事实不足以称为知识，但它们却都是能够加工成知识的原材料，都具有知识的性质。可见，信息是关于事物运动状态的广义的知识。

如果把信息和观察者联系起来，信息就有了新的性质，并且具有不同的层次。这就是语法信息、语义信息、语用信息。语法信息回答的问题是：事物的运动状态是什么？语义信息回答的问题是：这种运动状态的含义是什么？语用信息回答的问题是：具有这种含义的运动状态对观察者有什么样的价值或效用？

(二) 信息的特征

对于信息的特征，人们持有不同的看法。归纳起来主要有：一是信息可以识别，信息可以通过感官直接识别，也可以通过各种探测工具间接识别，不同的信息有不同的识别方式；二是信息可以转换，信息可以从一种形态转化成另一种形态，如物质信息可以转化成语言、文字、图像、图表等信息形式，也可以转化成计算机的代码及广播、电视等信号；三是信息可以存储，人体存储信息叫记忆，计算机用内存储器和外存储器来存储信息，录音、录像也是存储信息的一种方式；四是信息传递，这是信息的本质特征，人与人之间依靠语言、表情、动作等来传递信息；五是信息可以再生，人们收集的信息处理后可以用语言、文字、图像等形式再生成；六是信息可以扩充，随着时间的变化，大部分信息将不断扩充；七是信息可以压缩，人们对信息进行加工、整理、概括、归纳就可以使信息精练，从而浓缩；八是信息可以共享，信息交易后，交易双方可以共享，而不能为一人所独占。

（三）信息的传递

这里我们主要介绍与教学设计密切相关的传播理论的基本思想和观点。

1. 施克拉姆的传播模式

关于信息的传递，威尔伯·施克拉姆（Wilbur Schram）提出了有意义信号的传播和接收的模式。如图2-1（转引自孙可平，1998）[20]所示。

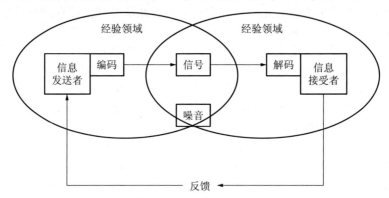

图2-1 施克拉姆的传播模式的一种变式

此模式包括四个要素：信息发送者、信号、信息通道、信息接受者。首先，信息发送者通过各种媒体，使用语言，借助手势、表情、语调等方式发送信息。这些信息包含了发送者的文化、经验、态度、能力等，所发送的信息并不是所有的都能被信息接受者接受。因此，所发送的信息必须经过某种形式的编码，被编码后的信息通过信息传播通道传播出去。信息传递有不同的通道，声波成为听觉通道，光波成为视觉通道。何种信息选用何种信息传播的通道才能获得最佳的效果，是教学设计者选择媒体时应着重考虑的。

然后，信息接受者对接到的信息进行解码，并将其附加一定的意义。要有效地完成这个过程，信息接受者对信息的细节必须有足够的感知和注意，这还取决于信息接受者的经验背景、个性特征、价值观等，同时与信号呈现的质量等因素也有关。此外，接受者确定信息意义的能力还取决于他思考和使用语言的能力。施克拉姆认为，只有在信息传播者和信息接受者的经验领域重叠的部分，传播才是有效的。我们认为，这是施克拉姆的一个重要观点。我们在进行教学设计时，必须考虑教师和学习者的背景经验，使传播有效进行。

从传播模式中可以看出，有效的传播不仅是发送信息，还要从接受者那里得到反应，即要通过反馈途径，从接受者那里获取反馈信息，了解发送出去的信息是如何被接受者解释的、接受者接受的效果如何，以便据此调整发送出去的信息。在信息传递的全过程中，信号的质量可能受到噪声的干扰，这些外部的、杂乱无章的干扰信号极易导致传播失误或接收困难。根据这一特性，在教学设计时，必须考虑教学信息处理过程中会受到许多具有竞争力的信息与环境噪声的干扰和硬性影响，必须考虑噪声消除的问题。

2. 拉斯韦尔的传播模式

美国的拉斯韦尔（H. D. Lasswell）1948 年在《社会传播的构造与功能》一书中用"5W"简明扼要地表述了传播过程中的五个要素和直线型的传播模式。如图 2-2 所示。

图 2-2　拉斯韦尔的传播模式

如果用拉斯韦尔"5W"分析教学过程的话，我们可以看到教学过程必然包括五个要素，这也是我们在进行教学设计时必须予以考虑的要素。我们把拉斯韦尔传播过程要素与教学过程的要素加以对比就十分清楚了。如表 2-1所示。

表 2-1　拉斯韦尔传播过程要素与教学过程要素的比较

who	谁	教师或其他教学信息源
says what	说什么	教学内容
in which channel	通过什么渠道	教学媒体
to whom	对谁说	教学对象
with what effect	产生什么效果	教学评价

从表中我们可以清楚地看出：教师是教学信息的传播者，学习者是教学信息的受传者，教学内容是所要传播的教学信息，教学媒体是传播教学信息过程中使用的渠道，教学评价是评价教学信息传播效果的工具。

3. 伯罗的传播模式

在拉斯韦尔的传播模式基础上，伯罗（D. K. Berlo）在 1960 年提出了SMCR 的传播模式。如图 2-3 所示。

在伯罗的传播模式中，主要涉及四个要素：信息源、信息、通道和受传者。这说明教学信息的传播过程不是由某一个要素决定的，而是由这四个要素之间相互关系共同决定的。伯罗把每一个要素进行了细化，具体说明了每一个要素的子因素，这对于我们在进行教学设计时会有很大的启发和借鉴作用。

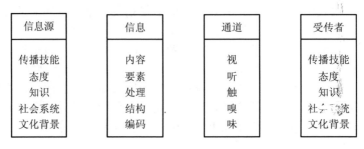

图 2-3　伯罗的传播模式

二、信号的形式及结构

信号的形式和结构影响着信息的接收，这里需要注意三个问题：语言的作用、信号的组织和能够引起注意的信号的特征。

（一）语言的作用

虽然有些信息可以通过非语言的形式传播，但大多数信息都可以用词或句子进行编码。所以语言是建构信号的基本因素。语言为组织信号提供了一种结构方式，人们可利用语言对信号进行编码和组织，也可用其对信号进行解码。所以语言是建构信号的基本因素。语言由词汇和语法构成，词汇受到文化、个体经验和价值的影响。语法分为两个层次，一个层次是表面结构，也就是句子的形式；另一个是语言深层次结构的感觉。

（二）信号的组织

传播过程中另一个关键因素是信号中所包含信息的组织化程度。那些有序的、结构和图式丰富的、相互之间密切联系的信息易于记忆和提取，而无序的信号由于缺乏结构而常常被人遗忘。这就告诉我们，教师向学习者传递的教学信息应该是有结构的、有系统的，这样才便于学习者学习和掌握；如果传递的教学信息支零破碎，使学习者把所接受到的教学信息"散装"在头脑中，这样的知识不便于记忆和提取。由此看来，学习者本身也需要学习和掌握那些有系统的、有结构的知识。因此，教师在教学过程中，需要不断提高所传授教学信息的组织化程度，学习者在学习过程中，也需要不断提高所接受教学信息的组织化程度。我们在教学设计时，应该充分注意到这一点。

（三）信号的特征

这里我们还要考虑一个问题，那就是信号的传播速率对信号负载量的影响。快速传送的信息对接受者施加了更重的信息负载。一般认为，接受者控制信号的程度越高，传播的效果越好。特别是在教学情境中，如果学习者能够改变教学信息传送的速率，那么他的学习效果会更好。

信号的形式和结构中还有一个要考虑的问题是，信号要能够吸引接受者的注意力。众所周知，在传播信息的过程中，信号会受到大量噪声的干扰。因此，我们在进行教学设计时，教学设计者必须对信号精心设计，而且还要排除影响接受者注意和编码的那些刺激信号，选择何种教学媒体就显得十分重要了。要使信号能够引起接受者的注意，我们要清楚，一是和接受者的视听特点有关。有的人喜欢来自于视觉媒体传送的信息，有的人喜欢来自于听觉媒体传送的信息，有的人喜欢来自于视听媒体传送的信息。正像年幼的儿童喜欢听故事，而年长者喜欢自己阅读一样。二是接受者使用传播通道的情况。例如，人们在看电视，这既使用了听觉通道，又使用了视觉通道。多种通道传播的有效性如何，主要依赖于信号的信息负载量是否超过了通道的容量。三是信息的数量。信息数量过多，就会导致许多不必要的刺激，而人们又必须对这些信息进行分类和选择，从而影响了接受者解码的效果；信息数量过少，也容易使接受者由于缺少信息而导致解码错误或无法解码。所以，在教学中同时使用视听媒体并不总是有效的（如多媒体），因为同时使用视听媒体反而使信号的复杂性增加，接受者无法注意到关键的信号刺激。

三、传播的背景

瑞奇根据李特约翰（Little john）的观点，将传播发生的背景划分为个人之间的、小组中的、机构中的和大众媒体的四类。

个人之间的交流（传播）可以是公开的，也可以是私下的；可以面对面的，也可背对背的。传播理论认为，支配个体之间传播的动力有七种：各种类型的人际关系、个人之间的需要、向他人呈现自己的方法、人们向他人表明自己的分析方式、人们具有的社会观念、彼此之间的吸引力、彼此之间的冲突。

教学活动常以小组的形式进行，因此，教学设计者理解小组的相互作用是必要的。在小组传播情境中，具有相互依赖、较强的目的性、密集形式的传播三种特性。据此，可以分析小组的相互之间传播的情况。

机构是由更多的人员所组成的、具有层次结构的群体。机构内部的传播模式在很大程度上取决于它的结构、机构、机构的成员的需要。如果要影响机构的传播状况，必须了解机构的传播模式和有影响力的管理者。

最常见的传播背景是大众传播。大众传播的特点是单向快速，信息接受者可控制信号的接收。在这种情况下，信息接受者对信息源的可信度的认识是最为关键的因素。信息接受者与信息之间的关系、信息接受者的社会行为规范、影响接受者态度的重要标志等因素是在进行教学设计时必须要考虑的。

以上我们概括地介绍了传播理论的基本思想和观点，这些基本思想和观点都可以应用到教学设计中。

第一，教学设计可应用传播理论的一些具体方法。例如，对学习者的分析，其宗旨就是要了解学习者原有的经验、兴趣和动机等，以便使信息发送者清楚信息接受者具备哪些经验。传播模式中的反馈是为了了解信息接受者是如何解释所发出的信息，接收的效果如何。教学设计也必须通过反馈环节不断地了解学习者的学习需要，以便及时修改教学信息，使传送的教学信息更加科学合理、高效流畅。

第二，传播理论十分重视传播媒体的分析和选择，不同的媒体将产生不同的传播效果。教学设计也十分重视教学媒体的分析和选择，因为教学媒体是传递教学信息的通道，哪种通道便于学习者理解和接受教学信息，哪些通道有利于提高教学效率和效果，这是进行教学设计时必须加以考虑的。同时，应用传播理论可以使教学设计者科学地考查学习者接受信息的能力，以便有效地提高学习者理解和接受教学信息的能力和水平。

第三节　学习理论

一、学习的内涵及学习理论的功能

（一）学习的内涵

学习理论是研究人类学习的本质及其形成机制的心理学理论，教学设计正是为了创设有效的学习情境，促进学习者有效地进行学习而创造的一门科学。教学设计要根据学习者的学习需要，为学习者确定不同的教学目标，制定不同的教学策略，选择不同的教学媒体，设计不同的实施方案，以实现促进学习者学习、提高教学质量的目的。实现这一目标，离不开学习理论的支持。这些学习理论在一定程度上描述、解释和预言了学习的规律性。在教学设计的整个过程中，各种安排和策划、各个环节和方法都必须符合学习规律。

"学习"作为学习心理学中的一个术语，其内涵与人们日常生活中所理解的有所不同。我们日常所理解的学习是泛指人的行为的改善，而学习理论中所讲的学习是泛指有机体因经验而发生的行为的变化。加涅认为，学习是人的倾向性或能力的变化，但这种变化要保持一定时期，且不能单纯归因于生长过程。梅耶（Mayer）则认为，学习是由经验引起的、一个人知识或行为相对持久的变化。不同学派的学习理论对学习有不同的理解和认识。归纳起来主要有三类：学习是指刺激—反应之间联结的加强（行为主义）；学习是指个人认知结构的改变（认知学派）；学习是指自我概念的变化（人本主义)。这些定义从不同角度揭示了学习的性质。

一般地说,"学习是指学习者因经验而引起的行为、能力和心理倾向的比较持久的变化。这些变化不是因为成熟、疾病或药物引起的,而且也不一定表现出外显的行为"(施良方,1994a)[5]。我们可以从以下几方面来理解这个定义:第一,这种变化持续的时间不是短期的而是长期的;第二,这个变化是指大脑中知识内容结构的变化或者是学习者行为的变化;第三,变化的原因是环境中学习者的经验变化,而不是由于成熟、疾病、药物等引起的。从定义中可以看出,教学设计就是要优选恰当的技术、工具、方法等,以帮助学习者获得知识和能力的持久变化。

(二) 学习理论的功能

1. 学习理论给研究者提供了学习领域的知识,分析探讨从事学习研究的途径和方法。学习理论主要阐明了学习的哪些方面的问题值得研究和探讨,哪些自变量应受到控制,哪些因变量应予以分析,可以选用何种方法和技术,等等。简言之,学习理论是人们对学习问题进行科学研究的指南。

2. 学习理论对有关学习法则的大量知识加以归纳和概括,使其进一步系统化、条理化和规范化,以便于学习者掌握。我们在进行教学设计时,要应用学习理论所归纳、提炼和概括出来的学习法则,以使我们的教学设计符合学习法则,遵循学习者的内在学习规律,这样才能促进学习者有效学习的发生。

3. 学习理论要解释学习的发生和发展过程,说明为什么有的学习者通过学习能获得良好的效果,有的则效果不佳。学习法则告诉人们的是"应该如何"学习,而学习理论则揭示了"为什么"要这样学习,而不要那样学习的原因。学习理论阐述了学习的基本规律,而教学设计必须遵循学习的基本规律,才能有效地创设学习情境,科学地促进学习者的学习。所以,教学设计必须建立在学习理论基础之上。

二、行为主义学习理论与教学设计

(一) 行为主义学习理论的基本观点

在教学设计发展的初期,正是行为主义学习理论发展的鼎盛时期。行为主义学习理论无疑对教学设计产生了很大的影响。

行为主义学习理论强调环境对学习产生的影响。这种理论认为,当学习者对某种特殊的刺激作出了适当反应时,就表明产生了"学习"。这种刺激与反应的联结是行为主义学习理论的关键点。行为主义学习理论强调,当学习者对特定刺激作出适当反应时,对学习的结果应当作出适当的强化,以巩固学习的成果。教学设计根据这些观点,特别重视学习环境的分析与设计。

教学设计者应用行为主义学习理论的思想和观点,在教学设计过程中,构建了一系列教学设计的程序和技术环节,开辟了一条教学与技术相结合的新路。例如，行为目标、可操作式测量方法、教学系列测评和评价等，都直接成为教学设计的工具和方法。

（二）斯金纳的程序教学对教学设计产生的影响

斯金纳（B. F. Skinner）所提出的程序教学对教学设计的影响也较大。教学设计中的一些重要方法，如行为目标、通过必要的措施发展教学、对教学效果的测定等都来源于程序教学的理论。程序教学的思想还引起了人们对教学组织形式的思考。根据程序教学的理论，人们认识到，教学设计中所设计的教学也可采用程序教学中的学习方式——直线式和分支式。教学设计的教学组织形式也可效仿之，如图2-4（孙可平，1998）[58]所示。

直线式：

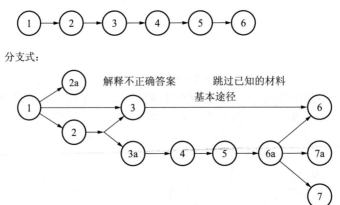

图2-4　教学设计中两种教学组织形式

在斯金纳的程序教学理论中，设计了一系列有序的学习项目，让学习者进行回答，学习者的反应则是通过学习结果的评价得到立即的强化，强化的重要方法之一就是练习。学习者通过刺激—反应—强化的小步子进行学习，从而获得教学目标要求他们学习的知识。这种学习形式虽然使学习者在一定程度上完成了学习目标，但存在着突出缺点，通过小步骤的学习，加上重复的步骤，常常使学习者感到疲倦和厌烦。

为了克服直线式的不足，诺曼·克劳德（Norman Crowder）提出了分支式程序教学。这种设计技术是：在大块信息后紧跟一些与其有关的多项选择，其答案指引学习者达到不同的目的。如果学习者作出正确答案，他就可以跳到新的信息结构上去；如果学习者没有作出正确答案，则会导致不正确的解释或产生新的问题。如果学习者有学习困难时，就需要进行一系列的补救指导。每个步骤都要用一系列的测验问题对学习者的掌握情况进行考查，在证明学习者掌握了必要的知识和技能后，才能引导学习者学习新的材料。

这两种不同的形式对教学设计产生了重要的影响。在教学设计中，对确定如何设计教学步骤，如何使用学习者的反应、反馈的种类与数量，教学的类型，以及如何解决学习者的学习错误等问题都有了比较清晰的认识。

三、认知主义学习理论与教学设计

（一）认知主义学习理论的基本观点

认知主义学习理论主要受认知心理学发展的影响，与行为主义学习理论相比，它更注重学习者内部因素，而不是像行为主义学习理论那样注重学习环境对学习的影响。认知主义学习理论的主要观点有：1. 学习中存在着不同水平的认知过程；2. 学习的积累及其合理恰当与否，取决于学习者已有的认知结构；3. 学习是知识在头脑中不断组织和表征的过程，学习过程应是学习者的一种积极的构建过程；4. 在教学设计过程中，要根据认知的过程对学习的任务和行为进行分析。

显而易见，这种理论十分重视认知结构和认知过程，它是通过对学习者认知结构和认知过程所作的假说来解释和说明学习过程的。主张认知主义学习理论的学者认为，认知结构和认知过程，就是教学刺激与学习者之间相互作用的结果和过程。学习者在学习过程中重视学习活动的主体并起着重要作用，学习者是教学意义的建构者之一。

认知主义学习理论不仅从学习的概念上影响了教学设计，而且它也为教学设计提供了有用的技术。认知主义学习理论主导下的教学设计，重点关注的是知识与技能的获得，以及在认知过程中所形成的认知能力。

（二）信息加工理论对教学设计的影响

认知主义学习理论的一个分支——信息加工理论对教学设计的影响较大。它把人类的学习过程视为通过一系列假设的信息加工转换的过程实现的。这种虚拟模型有效地解释和说明了学习的过程。加涅等学者在总结其他人提出的信息加工模型的基础之上，对在教学设计中如何使用信息加工模型做了详细的说明。如图2-5（转引自孙可平，1998）[61]所示。

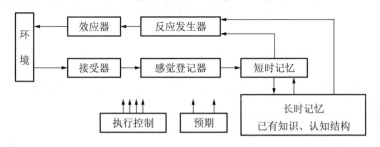

图 2-5　学习和记忆的信息加工模型

加涅的学习和记忆的信息加工模型表明：当我们从感觉接受器接受来自于环境的信息后，信息首先进入感觉登记器并存储大约1/4秒的时间。环境中有许多刺激都进入感觉登记器，却只有少数刺激得到了注意，没有得到注意的刺激就不再进一步加工。得到注意的信息进入短时记忆（工作记忆）并存储大约10—20秒的时间，信息只有通过工作记忆才能存储、提取和呈现。同样，并不是在短时记忆中所有信息都转入长时记忆，只有那些被复述、编码的信息才能转入长时记忆。存储在长时记忆中的信息有四个特点：一是这些信息一定具有某种意义，没有意义的信息无法保存在长时记忆中；二是存储在长时记忆中的信息组织化，这些信息不是杂乱无章地存储在头脑中的，而是以一系列命题、概念、概念所构成的关系网络形式存储的；三是它的无限容量和永久性，长时记忆的存储容量是无穷无尽的；四是能够从长时记忆中把已有的信息提取到工作记忆中，把新信息与旧信息结合起来，理解将要接受的新信息。

认知主义学习理论提出了一系列与教学设计相关的认知概念和加工信息的技术。这种理论认为，实践活动不仅具有练习和强化的功能，更重要的是它能够加快信息的存储速度，构建新的认知结构。在练习这个问题上，认知学习理论认为，练习对于任何学习任务都是重要的。这并不是因为练习具有一定的强化作用，而是因为如果合理地安排练习、选择适当的使用时机，练习会促进信息转换，使其便于在长时记忆中存储。这对教学设计中如何设计学习者的练习提供了强有力的理论依据。还有奥苏伯尔（D. Ausubel）、诺瓦克（J. Novak）等人在学习理论中倡导的先行组织者技术也被广泛地应用到教学设计中。先行组织者的优点在于使学习者明确教学单元的教学目标，为学习者提供学习的背景，协助学习者了解他们原有的相关知识，等等。这些问题在教学设计过程中都必须加以考虑。

四、建构主义学习理论与教学设计

（一）建构主义的基本观点

建构主义是学习理论中行为主义发展到认知主义后的进一步发展。20世纪80年代以来，随着世界范围内课程改革的广泛发展，建构主义学习理论对教学设计产生了越来越深刻的影响。建构主义学习理论认为，学习是学习者主动地建构内部心理表征的过程，它不仅包括结构性的知识，而且包括大量的非结构性的经验背景；学习过程包括两方面的建构：一是对新信息意义的建构，二是对原有经验的改造和重组；学习者以自己的方式建构对于事物的理解，从而不同的人看到的是事物的不同方面，不存在唯一标准的理解。

（二）建构主义关于教学的基本观点

1. 情境教学

让学生到现实世界的真实情境中去感受、去体验（即通过直接经验来学习），而不仅聆听别人（教师）关于这种经验的介绍和讲解。因此，教学应使学习在与现实情境相类似的情境中发生，以解决学生在现实生活中遇到的问题为目标，使教学过程与现实问题的解决过程相类似。

2. 自上而下的教学设计

首先呈现整体性的任务，同时提供理解和解决问题的工具，让学生尝试进行问题的解决。在这一过程中，学生可发现完成任务所需首先完成的子任务，以及完成各级任务所需的知识技能，在掌握这些知识技能的基础上，最终使问题得以解决。

3. 支架式教学设计

为学生提供一种概念框架，而不是具体的学习内容，框架中的概念可以引导学生启动并对问题作进一步的理解。这种概念框架在学习过程中如同建筑业的脚手架，学生可沿此支架，由最初的教师引导多一些，逐步过渡到自己调控从而步步攀升，不断进行高水平的认知活动，最终完成对所学知识的意义建构，同时其智力水平也得到不断提高。

4. 交互式教学设计

强调教师与学生、学生与学生之间的相互作用。通过合作和讨论，可以使他们相互了解彼此的见解，看到自己抓住了哪些，漏掉了哪些，从而形成更加丰富的理解，以利于学习的广泛迁移。在小组讨论中，学生要不断反思自己的思考过程，对其各种观念加以组织和改组，促进自身建构能力的发展。

（三）建构主义学习理论对教学设计的启发

按照建构主义学习理论的基本观点，学习是学习者在原有经验、知识、概念、技能等基础上所进行的积极、主动的意义建构的过程，而且学习者是按照自己的方式建构的。学习者在学习过程中，不仅建构结构性的知识，而且要建构非结构性的经验背景。在学习过程中，不仅对新信息进行意义建构，还要不断地对原有经验进行改造和重组。这一观点对于教学设计是非常有启发和借鉴作用的。特别是建构主义学习理论把其基本观点应用到教学中，对于如何进行教学提出了自己的主张。这些关于教学的设计方法都可以直接运用到教学设计之中。

建构主义学习理论特别强调学习者在学习过程中的自主建构、自主探究和自主发现，真正突出了学习者在学习过程中的主体地位。同时要求将自主学习与基于情境的合作学习、基于问题解决的研究性学习结合起来，这种主张无疑有利于培养学习者的创新意识、创新能力和合作精神。教师在教学设计过程中，要切实以学习者为中心，建立民主、平等的师生关系，要积极引导他们开展自主学习、合作学习、探究学习、发现学习，教师要成为合作者、参与者、促进者和引导者。

以上我们简要地介绍了行为主义学习理论、认知派学习理论和建构主义学习理论的基本思想和观点，这些思想和观点都为教学设计提供了理论基础。例如，我们在对学习需要、学习者、学习内容进行分析时，必须根据学习理论对学习者原有的认知结构、能力、态度、动机、兴趣、个性等方面进行考查，在进行教学设计时，也要对教学策略、教学信息的呈现方式进行选择。在教学设计的思考过程中和具体环节的设计上，要体现以学习者的学为中心，设计学习者能够自主建构、自主探究和自主发现等自主性学习的方式。总而言之，学习理论对教学设计的过程产生了重要的影响。

第四节　教学理论

一、教学时间对教学效果影响的研究

教学理论是为解决教学问题而研究教学一般规律的科学，因而成为教学设计的直接理论来源。教学理论为教学设计提供了科学依据，教学设计的产生也是教学理论不断发展的结果。教学理论在诸多方面对教学设计产生了影响。

（一）卡罗尔的学习模式

在侧重教学时间对教学效果影响方面，有五种教学模式是比较著名的，其中有四种教学模式是在卡罗尔（J. B. Carroll）的学习模式基础上构建起来的。所谓卡罗尔的学习模式是一个描述学习程度的方程式。

卡罗尔认为，学习程度是学生实际用于某一学习任务上的时间与掌握该学习任务所需的时间量的函数，如下所示：

$$学习程度 f = \left(\frac{实际用于学习的时间量}{学习所需要的时间量} \right)$$

在卡罗尔的学习模式中，实际用于学习的时间量由三个变量构成：学习机会（能够提供给学习者的学习时间）、毅力（学习者愿意投入在学习活动上的时间）、能力倾向（在理想条件下掌握该任务所需要的时间）。学习所需要的时间量也由三个变量构成：教学质量（包括全部的教学传递技术）、学习者理解教学的能力（一般的智力和语言能力）、能力倾向（学生在适应教学质量、理解教学后，学习所需的时间）。由此上面的公式就可以转换成下面的公式：

$$学习程度 f = \left(\frac{允许学习的时间 + 毅力 + 能力倾向}{教学质量 + 理解教学的能力 + 能力倾向} \right)$$

（二）布鲁姆的掌握学习理论

在卡罗尔的学习模式基础上，美国心理学家布鲁姆（B. S. Bloom）提出了适合所有学习者的掌握学习理论。布鲁姆承认，掌握学习的原理主要是根据卡罗尔的学习模式。在布鲁姆的掌握学习理论中，关于成绩的正态分布与偏态分布的研究对教学设计的影响较大。布鲁姆认为，即使学生的能力倾向是正态分布的，而且确实与学生的学习水平有关，那么，只有在给所有学生完全同样的教学（同样的教学时数、教学质量以及学生用于学习的时间）的情况下，并采取适当的测量方法，学习成绩最终才有可能呈现正态分布。如图2-6所示（施良方，1994a）[365]。

能力倾向的分布　　　　　　　　　　学习成绩的分布

图2-6　所有学生都得到完全一样的教学后的成绩分布曲线

如果学生的能力倾向呈正态分布，而教学的种类和质量、学生用于学习的时间量都适合每一个学生特征和需要的话，那么，"大多数学生（也许超过90%）都能掌握我们所要教给他们的东西"（布鲁姆），学生的学习成绩便呈现偏态分布。如图2-7（施良方，1994a）[366]所示。

能力倾向的分布　　　　　　　　　　学习成绩的分布

图2-7　每个学生都得到最适当的教学后的成绩分布图

布鲁姆的掌握学习理论对教学设计的基本思想和具体步骤也产生了很大的影响。如许多教学设计目标都是根据布鲁姆的观点，着眼于大多数学习者去改进教学。因此，国外许多教学设计者将教学设计的标准定为80/80（至少有80%的学习者达到80%的教学目标）。

布鲁姆的掌握学习理论对教学设计的启发主要是，在教学设计时，如何安排足以使学习者掌握学习内容所需要的时间，如何使学习者在学习上积极地花费时间，如何加强学习者的个别辅导，如何改进教学，如何提高学习者理解教学的能力等问题都应引起我们的思考。

二、对学习任务的研究

（一）布鲁纳关于学习任务的观点

布鲁纳从学习者的特点出发，认为教学理论应包括：唤起具有动机的学习经验；探索达到知识结构化的方式；探明教学过程的最佳顺序；明确教学过程中采取奖励与惩罚的步骤和性质四部分内容。

由此知识可以用三种方式呈现给学习者，这三种方式也说明了学习者形成知识的顺序和方式。呈现知识的第一阶段是行为把握，即依靠动用手足去把握对象；呈现知识的第二阶段是图像把握，即以映像的方法去把握对象；呈现知识的第三阶段是符号把握，即用语言、数量等抽象形式去把握对象。布鲁纳提供了呈现教学序列的一般策略，即行为知识、图像知识到符号知识。如果再进一步精确教学的序列，则要根据学习内容的性质、学习者的能力、教学的最终目标来确定。这种观点对如何设计教学内容的呈现序列具有重要的参考价值。

（二）加涅关于学习任务的观点

布鲁纳的教学论思想极大地影响了美国的教学观念，成为教学设计思想中重要的思想理论基础。但是，对教学设计影响最大的是加涅的有关教学思想。他的教学模式被直接应用于教学设计过程。

加涅认为，设计教学的最佳途径，是根据所期望的教学目标来安排教学工作，其原因是教学是为了完成特定的教学目标。对教学目标的分类，实际上也就是对学习的最终结果的分类，即根据学生在学习后所获得的各种能力来分类。在设计教学之前，必须先确定学生要习得哪些能力。加涅提出了五类学习结果：理智技能、认知策略、言语信息、动作技能和态度。

加涅不仅对这五类学习结果的表现形式作了区分，而且还说明了它们各自所需的学习条件，各种能力有其各自的特点，因而所需的条件也各不相同。加涅认为，把学习结果作为目标，有利于确定达到目标所需的学习条件。所以，只要通过对学习结果的分析，便可为教学设计提供可靠的依据，从而顺利地实现教学目标。表2-2（施良方，1994a）[331]归纳了五种习得的能力，也是五种学习的结果。

表2-2　五种习得的能力

能力的种类	例子	功能	表现的范畴
理智技能	用隐喻来描述某一物体	进一步学习和思维的成分	在具体应用时，能表现出知道如何进行理智的操作
认知策略	采用"磁场"这个概念	控制学生学习和思维的行为	用有效的手段解决各种实际问题
言语信息	"在1个标准大气压下，水的沸点是100℃"	(1) 为学习提供指导 (2) 帮助学习的迁移	陈述信息，或用其他方式传递信息
动作技能	打字	调节动作表现	在各种情境中从事动作活动
态　度	喜欢在闲暇时听音乐	调节对行动的选择	对每一类物体、人物或事件选择每种行动方针

加涅对理智技能、认知策略、言语信息、动作技能、态度五种学习结果的学习条件所作的分析，为教学设计中如何考察教学情境及其限制因素提供了明确的方向，也为教学设计的途径和步骤提供了理论支持，为教学顺序的确定提出了思路。在此基础上，加涅进一步提出了教学活动的具体化。

加涅认为，对学习者而言，教学是由一系列精心设计的外部事件所构成，这些外部事件用以支持学习内部过程的发生和进行。据此，加涅根据认知结构学习理论的信息传播与加工的特征，即从学习的内部加工过程中的九个阶段演绎出了九阶段教学事件（instructional events）。加涅指出，教学设计的目的就是要影响学习的内部加工过程。因此，学习者学习过程，都是与教学阶段相一致的。加涅的分析告诉我们，教学设计者要精心周密地安排这些教学事件，细心巧妙地设计教学环境，以有效地促进学习过程的发生和进行。教学事件与学习（内部心理加工）过程的关系如表2-3（Robert M. Gagne，Leshie J. Briggs，Walter W. Wager，1988）[182]所示。

表2-3 教学事件与学习过程的关系

教学事件	内部心理加工过程
引起注意	接受神经脉冲的图式
告诉学习者目标	激活执行控制程序
刺激对先前学习的回忆	把先前学习提取到工作记忆
呈现刺激材料	形成选择性知觉
提供学习指导	语义编码；提取线索
诱导行为	激活反应器官
提供反馈	建立强化
评定行为	激活提取；实现强化
增强记忆与促进迁移	提供提取的线索和策略

三、突出学习者地位的研究

上述理论研究都突出了学习者的地位，但出发点略有差异。教学时间对教学效果的影响，侧重强调了与教学效果有关的时间变量及这些变量与最佳学习的关系；对教学任务的研究则侧重强调了有利于学习的循序渐进的教学阶段；而突出学习者地位的研究，在学习者个别差异的基础上，侧重研究了构建有效教学的问题。

（一）皮亚杰的认知发展阶段论

瑞士儿童心理学家皮亚杰（J. Piaget）认为，儿童的认知发展是一个逻辑化的过程，一切水平的认知活动都与动作有关。儿童认知的逻辑化过程最早出现在动作水平上，然后由动作图式内化派生出运算图式。因此，他把儿童认知发展分成感知运动阶段（0—2岁）、前运算阶段（2—7岁）、具体运算阶段（7—11岁）和形式运算阶段（11—16岁）。

这种划分对于教学设计是有意义的，因此，许多教学设计者都试图把皮亚杰认知发展阶段理论运用到教学实践中。但是他们也认识到，把这些原理转换成教学设计的具体步骤并非是一件易事。其中最突出的问题是难以辨别教学的逻辑结构。但皮亚杰的认知发展理论对教学设计还是有启发的，体现为：一是教学应侧重学习操作和逻辑结构，而不是内容；二是教学方法应促进平衡过程（如按个人进度活动、发现的方法等），应该让学习者知道在推理过程中的矛盾和冲突；三是通过与学习者的思维运算相匹配的教学进行有关内容的学习。

（二）帕斯卡和列尼的教学序列

通过多年的研究，教学设计者们竭力地使皮亚杰的认知发展理论能直接描述如何进行操作和使用，即转换成功能性的理论（就是指该理论能够直接描述如何进行操作和使用）。帕斯卡（Pascual）和列尼（Leone）进行了大胆的尝试，他们根据皮亚杰的理论，提出了一种具有可操作性的教学序列：

第一，寻找新的相关信息。

第二，使用"心智能量"（人们进行心理操作的能力，或者说是工作记忆的操作能力）操作这些信息。

第三，使用与激活的图式相一致的解决办法满足了原来的任务要求，获得了更高水平的执行策略，学习便发生了。

他们还假定了影响教学序列的四个要素，分别是：

（1）"心智能量"的生长速度。

（2）智力发展的个别差异，影响学习的因素可能是教学内容的呈现方式，而不是教学内容本身，因为呈现教学内容的方式受制于儿童的感知能力，如果教学内容的呈现方式不当，可能降低儿童形成复杂的执行图式的速度。

（3）情感，情感是影响学习的重要因素，学习者的学习动机、恐惧、对赢得赞扬的渴望、解决冲突的能力等都是影响学习的重要因素。

（4）与教学内容相关的特殊经验，此因素是学习者独立发展高级学习策略的前提条件，是发展知识和技能的先行组织者，也是引起注意的重要线索，还是解决认知冲突的关键因素。

由此可见，帕斯卡和列尼将皮亚杰的理论进一步具体化了。还有许多教学设计者运用皮亚杰的理论对教学设计进行了深入的研究。研究的一个方面是以学习者的认知发展理论为基础来设计教学过程，构建教学设计过程。

第三章
教学设计过程模式

- 教学设计过程模式的发展与要素
- 教学设计过程模式的类型与特点
- 教学设计过程模式的系统化探析

●模式，通常是指可以使人模仿的标准样式。在现代科技中，一般是指研究对象所具有的某种规范的结构或框架。把这一概念引入到教学设计中，是为了说明在一定的教学设计理论指导下，经过长期教学设计实践活动所建立起来的教学设计过程的基本结构。教学设计过程模式用简约的方式，提炼和概括了教学设计实践活动经验，解释和说明了教学设计理论。教学设计过程模式既是教学设计理论的具体化，也是教学设计实践活动的升华。因此，它成为教学设计理论与教学设计实践操作的中介，同时也简化了复杂的教学过程及各要素之间的关系。

第一节 教学设计过程模式的发展与要素

一、教学设计过程模式的发展阶段

美国学者迈克尔·艾略特（Michael Eliot）在 1988 年总结了 20 世纪 60 年代以来各个时期、不同理论背景下的教学设计过程模式，并分析了各种教学设计过程模式的特点。他认为，教学设计过程模式的发展应分为三个阶段，且每一个阶段表现出不同的特点。进入 90 年代以来，教学设计在第三阶段的基础上又有所发展。因此，我们可以把 90 年代至今的教学设计过程模式的发展确定为第四阶段。

（一）把教学设计视为应用科学

这个阶段教学设计过程模式的主要特点是，把行为主义学习理论应用到教育和各种培训之中，强调把行为目标作为教学设计的标准，注重学习的行为及其先决条件，侧重学习任务的分析，注意教学设计的序列化。因此，教学设计的主要任务就是分析和分解学习内容，并将其转化成各种类型的行为目标，根据这些具体的行为目标，选择恰当的教学媒体和教学方法，为教师的教学提供切实可行的教学序列。这种以行为主义学习理论为基础的教学设计思想促进了教学系统设计方法的应用。这个阶段教学设计的倡导者是斯金纳、梅格、加涅、布里格斯等一些心理学家。

在这种模式中，教学设计者是专门的分析专家，教师则是把分析专家的实施方案转化为具体的教学活动的操作人员。这种模式的优越性在于它反映了教学设计的实效性和可操作性。但这种模式过分强调分析和分解学习内容，缺少对学习者获取知识过程的阐述；过分强调分解教学环节，对教学的整体性重视不够。因此，这种教学设计模式导致的教学必然是教师处于主导地位，学习者处于被动地位，而且师生的交往性较差。

（二）美学对教学设计产生了重要影响

第二阶段在第一阶段的基础上，摒弃了教学设计的缺憾，教学设计者侧重从美学的角度出发，运用美学的方法来设计教学活动。不仅如此，还关心美学形式对学习产生的积极影响，强调用美学效果来吸引学习者的兴趣。同时认为，不应该只考虑认识的发展，还要考虑到学习者的情感因素；不应该把教学设计成直线型的序列，而要以综合的方式设计教学。强调教师以综合的方式传授知识和技能，要选择那些师生之间交互性较强的教学策略和教学序列，强调能够在教与学的过程中，不断地吸取和结合新知识和新技能，使教学设计和其指导下的教学成为一个开放的系统。教学设计者和教师不仅是设计师和操作人员，而且应该成为教学艺术家。

第二阶段的教学设计模式虽然还不够成熟，但比第一阶段的教学设计模式有所改善，而且未来教学设计的发展方向初露端倪，对今后的教学设计理论和教学设计模式的发展产生了重要影响。

（三）教学设计着重研究解决问题的过程和方法

经过教学设计实践活动，人们逐渐认识到，学习是一项复杂的活动，教学设计不应该依据预先确定的目标，制定固定的、机械的教学环节。也不像行为主义学习理论所说的那样，可以通过刺激—反应（S—R）的过程进行。学习必须通过学习者的自行探究，自我解决学习问题，才能最终完成学习过程，获取良好的学习效果。即学习是学习者自己的事情，学习者是学习的主人，学习者本身必须发挥主观能动性，通过自己的独立钻研，解决学习过程中的问题，才能达到学习目标。为此，教学设计者设计了较为复杂的探究性的学习目标，以使学习者能够成为学习过程中解决问题的探究者。因此，教学设计者成为了创造者，教师则是实现教学设计创造物的技师。

（四）教学设计把学习看做一个动态的构建过程

进入 20 世纪 90 年代，教学设计在第三阶段的基础上又有所发展。因此，我们可以把 90 年代至今教学设计的发展确定为第四阶段。在这一阶段，教学设计过程模式又发生了一些变化，教学设计者把学习看做一个动态的过程。此时，教学设计者和教师进一步认识到，学习能否获取成功，还与学习者原来具有的知识和经验储备状况密切相关。原有的知识和经验越丰富，就越有利于新知识的学习和掌握；反之，原有的知识和经验越贫乏，就越不利于新知识的学习和掌握。而且随着信息时代的到来，信息呈几何级数增长，有学者指出，90 年代以后，人类知识的总量每 3 年左右就增长一倍。所以，学习者获取知识和经验的范围在逐步扩大。

教学设计的主要目的不再是建立起一套供学习者学习的步骤，更重要的是指导学习者自己构建获取知识的结构和体系，以适应现代社会的发展和变化，增强学习者的适应性。显而易见，这一阶段的教学设计过程模式是受到了建构主义学习理论的影响。此时的教学设计者就成为学习者学习背景的设计者和说明者，教师就成为学习者的指导者。

由教学设计过程模式的发展历程中，我们不难发现，教学设计过程模式的发展受到了相关理论发展的影响。例如，教学设计过程模式先后受到了系统理论、传播理论、学习理论和教学理论的影响。在学习理论中，受到了行为主义学习理论、建构主义学习理论等的影响。随着教学设计理论基础的不断发展，随着人们认识水平的不断提高和教学设计理论和实践活动的深入发展，教学设计过程模式将日臻完善。

二、教学设计过程模式的要素

教学设计模式从功能上看，可以分成教学设计概念模式与教学设计过程模式两种。教学设计概念模式的主要功能是辨别教学设计过程中的各种变量，描述变量之间的关系；教学设计过程模式的主要功能是确定教学设计的步骤，侧重教学设计的实践，目的是便于在教学实践中应用。

系统论认为，任何系统都是由若干个要素构成，这些要素按其功能形成一个指向特定目标的结构，从而完成一定的任务。教学设计过程也是一个系统，它也由若干个要素构成。虽然教学设计过程模式的主要功能是确定教学设计的步骤，便于教师使用，但它也十分重视对该系统要素的分析。

（一）安德鲁斯和古德森的教学设计过程模式要素说

在前面的论述中我们曾提到过，安德鲁斯和古德森在 20 世纪 80 年代研究了 40 多种教学设计过程模式。研究发现，在这些教学设计过程模式中，有 70% 的模式应用了系统论的某些思想和观点。研究还捕捉到，这些教学设计过程模式主要围绕四个目的展开研究：通过问题解决和系统方法的反馈特性来改进教学和学习；通过监测和控制系统的功能来改善教学设计管理，发展教学设计过程；通过设计系列的事件序列或部分，包括教学设计系统的内在反馈和修正序列，改善评价过程；通过在教学设计模式中，以理论为基础的方式，检验和建构教学理论和学习理论。

在此基础上，他们归纳总结出教学设计模式的十四个步骤及任务：

（1）需要的评估。

（2）考虑不同的解决教学问题的方法。

（3）形成系统。

（4）明确限制。

（5）形成广泛目标和可以观察的详细子目标。

（6）生成与总目标和子目标相匹配的前测和后测测验。

（7）分析总目标和子目标的类型并对下属技能序列化。

（8）确定学习者的特点和准备状态。

（9）形成与科目和学习者需要相匹配的教学策略。

（10）选择媒体以实现教学策略。

（11）产生以策略为基础的教学课件。

（12）对课件进行形成性评价以诊断课件使用者的学习困难。

（13）在诊断基础上，对课件进行修改。

（14）发展有关安装和维持以及定期修理教学程序的材料和过程。

这十四个教学步骤及任务，反映了当时教学设计过程模式的基本特点和基本要素。只不过，他们的分析过于复杂化。教学设计过程模式为了能够在教学实践中加以应用，应以简洁的方式表达教学设计过程的要素，这么复杂、涉及要素过多的教学设计过程模式，不便于在教学实践中具体操作执行。

（二）瑞奇的教学设计过程模式要素说

瑞奇在安德鲁斯和古德森两人研究的基础上，总结归纳出教学设计过程模式的六个要素，它们分别是：

(1) 确定学习者的需要。

(2) 确定目的和目标。

(3) 建构评价过程。

(4) 设计和选择教学传递的方式方法。

(5) 试用所设计的教学系统。

(6) 安装和维持系统。

瑞奇指出，这六个要素基本反映了教学设计的发展、评价和维持学习情境的中心思想，它是对教学设计过程模式的一般性概括。这种概括不仅适用于整个教学项目的设计过程，而且也适用于某一特定项目的设计过程。如果这六个要素与不同的教学情境相结合，就会形成各种不同类型的教学设计模式。因此，瑞奇认为，这六个要素具有普遍的指导意义。

(三) 斯密斯和瑞根教学设计过程模式要素说

斯密斯和瑞根 (P. L. Smith & T. G. Ragan) 认为，教学设计的发展主要表现在教学设计过程模式的变化上。总的发展趋势是由原来的单一的应用科学形式转向多样性的综合化形式。教学设计过程模式无论发生怎样的变化，它都必须处理教学设计过程中的四个基本问题，它们是：

(1) 学习者或受培训者的特点是什么？

(2) 教学目标是什么？

(3) 教学资源和教学策略是什么？

(4) 怎样评价和修改？

对这四个教学设计过程中的基本问题的认识和处理不同，便形成了各种不同类型的教学设计过程模式。也有的研究者认为，之所以形成众多的教学设计过程模式，是因为构建教学设计过程模式的条件不同。例如，理论基础不同，使建构的教学设计过程模式就有了差异，即使理论基础相同，其他条件不同，也会形成模式的差异性。随着教学设计理论的不断发展，教学设计实践活动经验的不断丰富，人们会建构出完善高效的教学设计过程模式。

第二节 教学设计过程模式的类型与特点

一般把教学设计模式的类型分为三类，每一类都建构在不同的理论基础上。它们分别是：建构在一般系统论理论基础上的教学设计模式；建构在传播理论基础上的教学设计模式；建构在学习与教学理论基础上的教学设计模式。由于构建者的经验差异，每一类模式又表现出不同的特点。

一、构建在一般系统论理论基础上的教学设计过程模式

这类模式的特点是从系统理论的基本思想和观点出发，把教学设计过程

看做一个系统，规定了该系统的总目标，教学设计过程的各个环节和步骤都为其总目标服务并受其限制。下面主要介绍巴纳赛和布里格斯的教学设计模式。

（一）巴纳赛的教学设计过程模式

巴纳赛（B. H. Banathy）是美国著名系统教学设计专家，他根据系统理论和社会发展的基本思想，构建了教学设计过程的系统模式。他认为，教学设计的目的是为了探索人们所期望的一种教学状态的过程。根据这一观点，他设计了一个空间螺旋模型以呈现这个探索过程。如图3-1所示（转引自孙可平，1998）[88]。

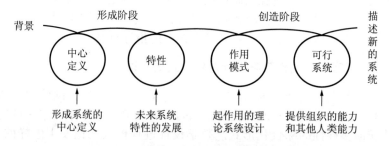

图3-1 巴纳赛的教学设计过程的螺旋模型

他建构的教学设计过程模式分为两个阶段四个环节。第一阶段是教学设计的形成阶段，这个阶段包括两个环节，一个是中心定义，一个是其特性。第二个阶段是教学设计的创造阶段，这个阶段包括两个环节，一个是作用模式，一个是可行系统。同时整个设计过程都体现了反馈和控制。

此外，巴纳赛又把他的教学设计过程模式在空间上进行了展开，他把教学设计过程划分为五个不同的领域。

第一个领域是创设空间，是教学设计的预备阶段。其主要任务是探索社会的特点及其意义；创设未来系统的图景；准备设计。

第二个领域是知识空间，其主要任务是对知识系统进行探索，包括社会的特征及其意义；中心价值（观念）和图景；如何进行设计和描述社会系统。

第三个领域是形成设计和解决问题空间，其主要任务是形成设计的中心定义和系统的特点；设计系统的作用和设计可行的系统。

第四个领域是探索空间，其主要任务是评价和选择。

第五个领域是描述未来模式的空间，其主要任务是描述未来系统的环境；描述未来系统的模式。

这五个领域在空间上相互关联、相互作用，形成一个完整的教学设计系统。如图3-2所示（转引自孙可平，1998）[89]。

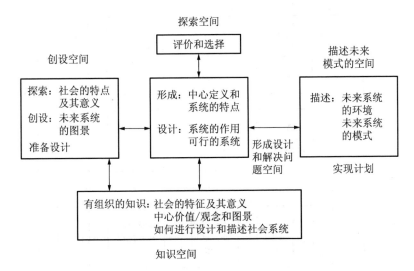

图3-2 巴纳赛的教学设计过程模式的五个领域

（二）布里格斯的教学设计过程模式

布里格斯建构了一个概括性的教学设计过程模式，他把幼儿园至中学毕业这一期间视为一个教学设计系统。其所构建的教学设计过程模式如图3-3所示（转引自孙可平，1998）[91]。

在布里格斯的教学设计过程模式中，他并没有详细描述教学设计过程的基本程序和方法，而主要描述了进行课件和项目发展的一种有组织的规划。因此，这个模式适用于教学项目和教学课件的设计和开发。布里格斯认为，以学校为系统的教学设计最重要的是要调整教学的有关限制，了解学习者的能力水平，在此基点上进行一系列形成性评价，并采取相应的补救措施。简言之，布里格斯的教学设计模式主要是以系统论的基本思想和观点为基础，着重考虑学习者能力水平的一种教学设计过程模式。

综上所述，这些以系统理论的基本思想和观点构建的教学设计过程模式的主要特点有，一是普遍认为教学设计过程是一个复杂的系统，它是由许多相互关联、相互作用的要素和部分组成的一个复杂的系统；二是强调教学设计的整个过程，善于从全过程上把握教学设计。其局限性是，过分强调教学设计的整个过程和全面要素的分析，忽视了教学设计的具体过程和步骤，忽视了教学的具体传送方式。

我们认为，教学过程是一个复杂的系统，教学设计过程模式也是由诸多要素构成的一个复杂系统，需要考虑的方面相当多。因此，我们不能把教学设计过于简单化。而应该系统地考虑教学设计过程各方面的关系及各要素的功能。无论是对教学设计过程各要素的分析，还是对教学设计方法的选用，都时刻需要以系统论的基本思想和观点作指导，这样才有可能把握教学设计的全过程并使之符合系统论的思想和观点。同时，我们要发挥创造性，灵活

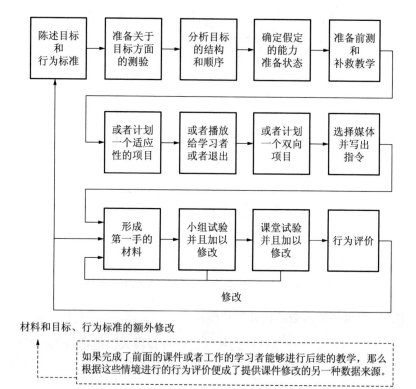

图 3-3　以学校为系统的教学设计过程模式

地把系统论的思想和观点运用到教学设计实践中，形成具有实践意义的教学设计过程模式。

二、构建在传播理论基础上的教学设计过程模式

教学设计的过程模式，大都建构在系统理论、学习和教学理论基础上，但也有少量的教学设计过程模式是以传播理论为基础建构的。显然这类模式十分注重信号传播对学习的影响，重视设计过程中的艺术技巧。但是这种模式并非排斥了系统理论、学习理论和教学理论。下面简介其中两个主要的教学设计过程模式。

（一）马什的一般传播模式

一般传播模式是以马什（P. O. Marsh）设计的模式为代表。此模式共有十九个步骤，外加一个产品导向。

第一个阶段是基本设计阶段，为其他各阶段提供信息输入。此阶段有四个步骤：选择策略、写出接受者的概况、强调中心观点、建立行为目标。第二个阶段是对第一个阶段的扩充，如中心观念衍化为较为具体的几步，并形成一个总体内容框架，根据总体策略与学习者的特征选择具体的教学呈现方

式，同时选择信息的组织方式。第三个阶段是控制信号的复杂性。传播渠道（听、视、多媒体）与信息密度（由变化速度、信息冗余度与信息结构的复杂性决定）的选择决定了传播背景，而在教学中必须考虑信息的复杂性对学习者是否恰如其分。第四个阶段，教学设计者还必须考虑学习者所期望的反应类型。马什认为，使用音乐、彩色以及视觉组合，可以获得冷淡或吸引人的效果，但这些因素不会增加信号的复杂性。

从以上的简要描述中可以看到，马什的教学设计过程模式包括了学习者和学习内容方面的关键决策，也包括了最终教学设计过程模式特性的分析。这种模式既是一个体现系统理论的学习过程模式，又是一个复杂化的信号传播模式。这种模式特别关注了信号的控制以及传播渠道的设计等。

（二）莱特和皮亚特的文本组织模式

莱特（Wright）和皮亚特（Pyatt）认为，在教材页面上内容的组织影响学习，并在此基础上构建了教学设计过程模式。在这个模式中，使用了两种技术。一是将信息中的中心观念提取出来；二是组织信息的技术。通过这两种技术的学习，学习者可以较快地判断信息的关键之处。他们认为，要确定页面的内容有六个方面：现状、轮廓、表现、印刷样式、系索词、风格。这六个因素对页面产生交互影响，产生了对学习过程的统一影响。其中现状是指每页的总体框架，是信息的结构，每页上的内容都置于这个结构中；轮廓包括平衡、空间等特性；而表现、印刷样式、系索词是指信息呈现的特征，表现则是指使学习者对信息关键方面引起注意的技术；印刷样式是指打印学习材料的外表；系索词是指标题、重点要求、主题句、关键词等，这些对材料的可读性产生影响；风格是指整个页面的特征和写作风格。他们强调统一考虑这六个因素，并通过学习内容的有意义的划分，再考虑教学的其他因素以引导学习者的注意力。

三、构建在学习和教学理论基础上的教学设计过程模式

构建在学习理论和教学理论基础上的教学设计过程模式比较多，这些模式虽然以学习理论和教学理论为基础，但是也遵循了系统理论的基本思想和观点。下面我们选其主要的教学设计过程模式加以简介和分析。

（一）迪克和凯瑞的教学设计过程模式

迪克（W. Dick）和凯瑞（L. Carey）两人设计的模式得到了普遍的欢迎和应用。他们设计的模式的最大特点是最接近教师的实际教学，即在课程规定的教学内容、教学目标的条件下，研究如何传递教学信息。因为大多数教师无法改变现有的课程及其所规定的教学内容和教学目标，他们只能在微观上研究"如何教"的问题，即怎样更快、更好地组织教学信息并用有效的方法传递给学习者。因此，他们设计的模式的步骤和环节比较符合教师的实际教学情况，贴近教师的实际教学，也比较具体详细。如图3-4所示（转引自

孙可平，1998)[93]。

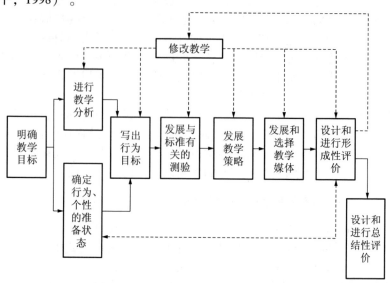

图 3-4　迪克和凯瑞的教学设计过程模式

　1. 明确教学目标

　　教学设计过程的第一步是要确定在教学之后，学习者应该能够做什么。也就是说，首先要明确教学目标。制定教学目标的依据是：教学目的，学习者学习需求评估，现实中的学习问题，工作分析或一些其他因素等。

　2. 进行教学分析

　　制定教学目标后，需要确定目标中包含的学习类型，分析完成教学目标任务所需要的步骤。也需要对完成教学目标能力所需的子技能进行任务分析，得出完成教学目标所需的能力或子能力及这些能力之间的关系。

　3. 确定行为、个性的准备状态

　　设计者还需明确在教学之前，学习者必须具备何种知识和能力。也就是说，要明确学习者在进入教学活动之前的学习准备状态。这并不是说，要罗列学习者所具有的所有的知识和能力，而是针对教学目标的学习者应具备的知识和能力。

　4. 写出行为目标

　　在上述基础上，设计者要详细描述学习者在完成学习任务后，他应该能做什么或有什么样的表现。行为目标的陈述内容包括，学习者将要学习的行为，行为发生的条件，完成学习任务的标准。

　5. 发展与标准有关的测验

　　发展与标准有关的测验是指，设计者要编制标准参照测验。测验项目、测验内容应该是行为目标中所揭示出来的学习者的习得能力。也就是说，所编制的标准参照测验要与行为目标相一致。

6. 发展教学策略

在完成上述步骤后，设计者接下来要考虑采取什么样的教学策略。如教学前和教学后的活动安排，知识内容的呈现方式，练习、反馈和测验等如何进行。教学策略的选择要依据学习原理、学习内容以及学习者的特征。

7. 发展和选择教学媒体

在确定教学策略之后，设计者就要考虑可选用的教学媒体。不同的教学媒体会产生不同的教学效果，所以发展和选择教学媒体要考虑实际的教学效果。同时也要考虑与教学材料、教学活动、学习者相匹配。

8. 设计和进行形成性评价

任何一个教学设计方案在实施前都要进行评价，设计和进行形成性评价的形式，可以是个别形式，也可以是小组形式和全班的形式进行测试。每一种评价结果都是为设计者改进教学提供有价值的信息和数据。

9. 修改教学

在形成性评价之后，设计者要总结、归纳和解释所获取的数据，确定学习者遇到的问题以及产生这些问题的原因，并修改教学步骤和环节。还要重新修订行为目标或陈述，改进教学策略和教学方法，从而保证有效教学。

10. 设计和进行总结性评价

迪克和凯瑞认为，尽管总结性评价是确定教学是否有效的步骤，但在这一模式中，他们不认为总结性评价是教学设计的一个环节。这一步骤是评价教学的绝对价值和相对价值，总结性评价是教学结束时所进行的。

（二）加涅和布里格斯的教学设计过程模式

加涅和布里格斯的教学设计过程模式也很有影响，他们设计的教学设计过程模式描述了教学设计的序列。因为加涅认为，"教学是一系列精心为学习者设计和安排的外部事件，这些事件用于支持学习者内部学习过程的发生"（转引自孙可平，1998）[94]。据此，加涅和布里格斯应用信息加工的学习理论，列出了九大教学事件，这九大教学事件分别是：

（1）引起注意。
（2）告知学习者学习目标。
（3）回顾所需的先决技能。
（4）呈现刺激材料。
（5）提供学习指导。
（6）引发学习行为。
（7）提供行为正确与否的反馈。
（8）评估学习行为。
（9）增强保持与迁移。

九大教学事件建构在信息加工的学习理论基础上，并按其基本思想，为学习者提供了有效学习的基本程序。这些教学事件可用在各种类型的学习过程中，并可根据不同的教学目标进行适当的调整。加涅指出，具体的教学设计主要集中在（4）、（5）、（6）三步上。教学设计者要根据实际情况灵活地运用教学技巧，巧妙地安排教学活动，以优化每一教学事件，保证教学的整体效果。在此基础上，他们构建的教学设计过程模式也包括九个阶段：

（1）教学目标。

（2）教学分析。

（3）起点行为和学生的特征。

（4）作业目标。

（5）标准参照的测验项目。

（6）教学策略。

（7）教学材料。

（8）形成性评价。

（9）总结性评价。

加涅和布里格斯的教学设计过程模式如图3-5所示（谢利民，2007）[237]。

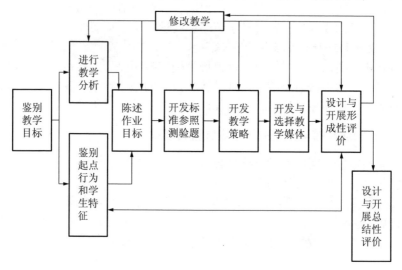

图3-5 加涅和布里格斯的教学设计过程模式

（三）梅里尔的教学设计过程模式

梅里尔（M. D. Merrill）把他设计的教学设计过程模式称之为"部分呈现理论"，他从以下三个方面考察了教学材料的设计过程：

（1）对学习结果进行分类（内容、业绩）。

（2）呈现形式（讲解、探究）。

（3）呈现要素（一般性的、举例）。

首先确定学习结果，他把内容分为四类：事实、概念、过程、原理。学习内容的业绩有记忆、应用和发现。其次，考虑教学的呈现形式（教学传递方法），呈现的方式虽然只有两种，但呈现的要素可以是一般性的定义、程序、原理、例子，把呈现方式与呈现要素加以匹配，就能形成多种教学传递方法。

在梅里尔的"部分呈现理论"中，最重要的是它对呈现教学的方式作出了规范和描述。这些规范是在分析了内容类型、要达到的学习结果（行为水平）、选择的呈现形式等方面的基础上总结归纳而成。规范方法是其中最主要的部分，在整个理论中占据统治地位，其他方面都是服务于方法。

部分呈现理论作为一般性的模式，可以适用于任何学科和任何教学情境，但它基本上是以集体教学定位的。图3-6（转引自孙可平，1998）[97]就是这样一个例子。

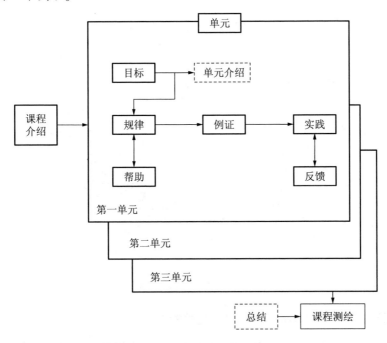

图3-6　部分呈现理论应用示例

这是一个教学培训项目，其课程被划分为几个单元，每一单元都有一个主要的目标，针对每一目标所实施的教学都包括有关信息的介绍、规律、例子、实践、反馈和帮助。学习者在接收了呈现顺序和数量后，就可以选择符合自己需要的计划了。

（四）凯普的教学设计过程模式

凯普（Gerrod E. Kemp）的教学设计模式也是建构在学习和教学理论基础上，在他的著作《教学设计过程》中，把教学设计过程展开为九个要素：

（1）辨明教学问题，分析教学项目的目标。

（2）考察学习者的特点，在教学设计时须引起注意。

（3）辨明学科的内容，分析与教学目标有关任务的各组成部分。

（4）向学习者陈述学习目标。

（5）在每个教学单元中将内容程序化。

（6）设计教学策略，使每个学习者能够有效地完成所要求的内容。

（7）根据教和学的模式，计划教学传递方式。

（8）开发教学材料。

（9）建立评估体系。

凯普把以上九个要素归纳成由三个同心椭圆组成的图形，如图 3-7 所示（莫里森，2007）。这九个要素按顺时针方向排列，从"教学问题"出发，到"评价工具"结束。

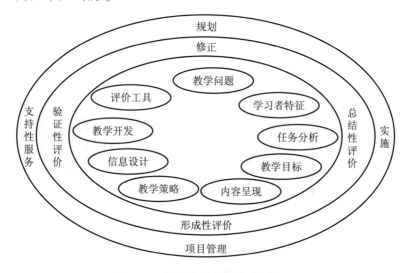

图 3-7　凯普的教学设计过程模式

（五）斯密斯和瑞根的教学设计过程模式

斯密斯（P. L. Smith）和瑞根（T. G. Regan）把教学设计过程模式划分为三个阶段：教学分析、策略设计和教学评价。在第一阶段，分析学习环境、学习者、学习任务，之后编写测验题目；第二阶段，确定组织策略、传送策略、管理策略，之后编写与制作教学材料；第三阶段进行形成性评价，对设想的教学过程予以修正。如图 3-8 所示（谢利民，2007）[238]。

四、教学设计过程模式与四大理论基础的关系

教学设计过程模式丰富而复杂，不同的模式指向不同的目标，发挥特定的功能。大多数模式是以系统理论、学习理论、教学理论、传播理论为基础构建的。这些模式也融合了教学设计的实践经验。里奇描述了四种理论与教学设计过程模式之间的关系。如图 3-9 所示（盛群力，1998a）。

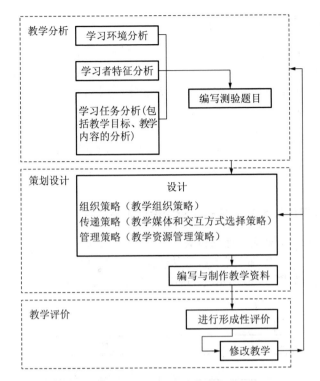

图 3-8　斯密斯和瑞根的教学设计过程模式

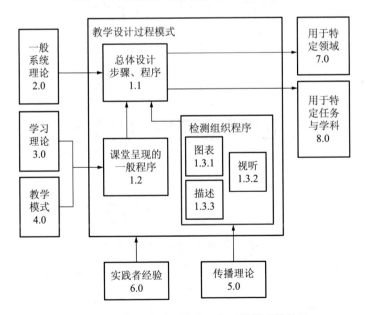

图 3-9　教学设计过程模式四大理论基础的关系

五、我国的教学设计过程模式与特点

教学设计在 20 世纪 60 年代初诞生于美国，直到 80 年代中期，教学设计的理论才开始被引介到我国。教学设计被引入到我国以来，就一直受到了教育技术学、教育心理学、课程与教学论等领域的专家、学者的普遍关注，也引起了广大教师的浓厚兴趣，于是广泛开展了教学设计的理论研究和实践应用。国内教学设计研究专家和学者借鉴了国外教学设计领域的研究成果，依据并综合了系统理论、传播理论、学习理论和教学理论等理论的基本思想和观点，结合我国的实际情况，先后提出过一些教学设计过程模式，下面作以简介。

（一）以现代技术学为基础的教学设计过程模式

1. 邵瑞珍的教学设计过程模式

我国教育心理学家邵瑞珍教授等从现代技术学的角度，将完整的教学设计过程进行了分析，如图 3-10 所示（邵瑞珍，1988a）。其主要步骤如下。

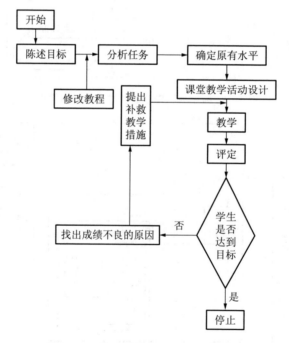

图 3-10　邵瑞珍的教学设计过程模式

一是陈述目标。尽量用可观察和可测量的行为术语陈述预期学生要获得的学习结果。

二是分析任务。分析从学生的原有水平达到教学目标所需要的从属知识和技能，并确定它们之间的层次关系。

三是确定学生原有水平。根据学生的原有基础确定达到教学目标的起点能力。

四是课堂教学活动设计。根据教师在任务分析中所确定的概念与技能，选择适当的教学手段和活动的准备。

五是教学。指课堂上教师和学生之间的信息传播与反馈的过程。其一般模式是：呈现教材——学生反应——强化与校正反馈。这一步是第四步的实施或执行。

六是评定。对照教师提供的教学目标，确定每一个学生是否达到规定的教学目标。如果教学目标已达到，则一次完整的教学过程已经完成，这一新的学习结果就成为下一轮教学的起点。如果未达到教学目标，就找出原因，提出补救教学措施和修改教程，重新进行任务分析工作。

2. 张祖忻等人的教学设计过程模式

张祖忻等人从八个方面阐述了他们的教学设计过程模式。如图 3–11 所示（张祖忻，1992）[28]。

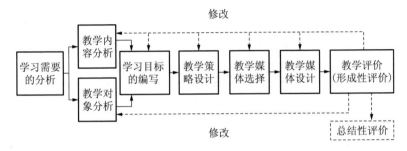

图 3–11　张祖忻等人的教学设计过程模式

一是学习需要的分析。这是开展教学设计的逻辑起点，分析学习需要主要解决的问题是：为什么要开展教学？教学目标是什么？开展教学设计具备哪些条件？

二是教学内容的分析。分析教学内容主要解决的问题是：把课程总目标分解为一系列子目标（单元目标），根据单元目标进行学习任务分析，确定单元目标所需从属知识与技能。

三是教学对象的分析。分析教学对象主要解决的问题是：学习者参加学习时所具有的一般特点和起点能力，如从事某项特定学习任务的基础知识与技能，及心理、生理等特点。

四是学习目标的编写。编写学习目标主要解决的问题是：根据学习者的起点能力和教学内容的分析结果，把单元教学目标进一步分解为一系列子目标，即学习目标。

五是教学策略设计。设计教学策略主要解决的问题是：课的划分、教学顺序的安排、教学活动的设计、教学组织形式的选用等。

六是教学媒体的选择。选择教学媒体主要解决的问题是：根据学习目标、教学策略和教学媒体的特性加以选择，并注意各种教学媒体各有所长、各有所短。

　　七是教学媒体的设计。设计教学媒体主要解决的问题是：将教学内容与方法等转换为印刷或视听媒体制作（如绘制、摄录）的详细、具体的施工蓝图，对所需经费、设备提出预算。

　　八是教学评价。评价教学设计主要解决的问题是：采用形成性评价，在设计成果推广应用之前，先在一定范围内试用，以了解教学系统的试用效果，如可行性、可用性和有效性等。

（二）以系统论为基础的教学设计过程模式

1. 孙可平的教学设计过程模式

　　孙可平的教学设计过程模式通过四个阶段将教学设计的四个基本问题逐渐展开，如图 3-12 所示（孙可平，1998）[104]。

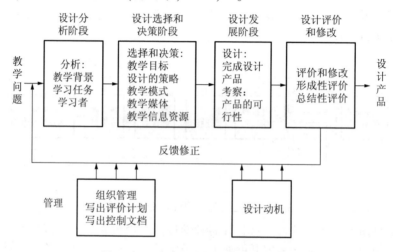

图 3-12　孙可平的教学设计过程模式

　　第一个阶段是教学设计的分析阶段，在这个阶段要求设计者要对学习背景、学习任务、学习者进行分析和把握；第二个阶段是教学设计的选择和决策阶段，在这个阶段要求设计者对教学模式、教学信息资源以及设计的方式、方法作出选择和决策；第三个阶段是教学设计的发展阶段，在这个阶段要求设计者创造性地设计出产品，并考察产品的可行性；第四个阶段是教学设计的评价阶段，在这个阶段要求设计者对整个设计作出评价和修改。

　　此外，还有两个重要的过程：管理过程和设计动机过程，它们始终贯穿于整个教学设计过程之中。这个教学设计过程模式基本上反映了教学设计的基本思想和教学设计的方法和过程。

2. 盛群力的教学设计过程模式

　　盛群力的教学设计过程模式的主要步骤是：一是备课。备课是教师对自己的教学活动进行计划和准备的过程，包括备学生、备任务、备目标、备检测、备过程。二是上课。上课是教师灵活地执行计划，实施展开教学活动的过程，包括启动、导入、展开、调整、结束。三是评课。评课是教师本人或其他评课人员对学生学习目标达成度及教学活动作出价值判断和改进教学的过程，以达标度作为评价学生学习效果的主要依据，以过程和结果的统一作为评价教师教学效果的准则。四是说课。说课是教师对备课、上课乃至评课等方面进行口头或书面呈现、阐释及自我评价的过程。教学设计过程模式流程如图 3-13 所示（盛群力，2005b）。

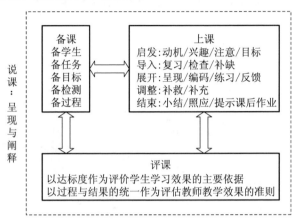

图 3-13　盛群力的教学设计过程模式

　　这一模式旨在体现以目标为本的系统观设计，即从确定目标开始，然后逐渐导向目标，最终评估目标。同时这一模式也体现了以状态变化为本的系统教学设计观，即从学生现有的状态出发，逐渐转换为一系列过渡状态，最终达到重点（目标）状态。更为重要的是，此模式将教学设计理念、操作程序和教师教学的基本工作（备课、上课、评课、说课）等联系起来，从而使系统设计教学成为教师改进教学工作的工具。

（三）"主导"—"主体"教学设计过程模式

　　"主导"—"主体"教学设计过程模式如图 3-14 所示（何克抗，2002）[239]。这一模式具有四个特点（何克抗，2002）[238-240]：

　　一是可根据教学内容和学生的认知结构情况灵活选择"发现式"或"传递—接受"教学分支。

　　二是在"传递—接受"教学过程中基本采用"先行组织者"教学策略，同时也可采用其他的"传递—接受"教学策略（甚至是自主学习策略）作为补充，以达到更佳的教学效果。

　　三是在"发现式"教学过程中也可充分吸收"传递—接受"教学的长处（如进行学习者特征的分析和促进知识的迁移等）。

　　四是便于考虑情感因素（即动机）的影响：在"情境创设"框（左分支）或"选择与设计媒体"框（右分支）中，可通过适当创设的情境或呈现的媒体来激发学习者的动机；而在"学习效果评价"环节（左分支）或根据形成性评价结果所做的"教学修改"环节（右分支）中，则可通过讲

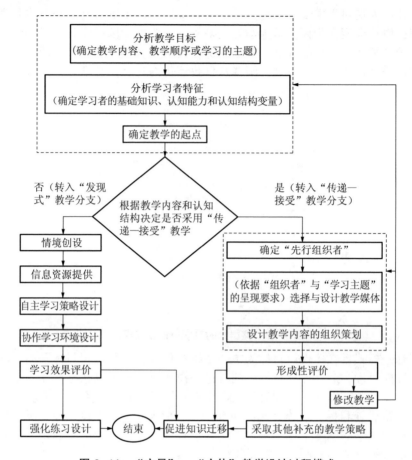

图 3-14   "主导"—"主体"教学设计过程模式

评、小结、鼓励和表扬等手段促进学习者三种内驱力的形成和发展（视学习者的年龄与个性特征决定内驱力的种类）。

"主导"—"主体"教学设计模式从方法和步骤上说，是以教为主和以学为主的教学设计方法和步骤的综合，但其指导思想却与上述两种教学设计有本质的不同，双主教学设计强调既要发挥教师的主导作用，又要体现学生在学习过程中的主体地位。在实际教学中，需根据学科特点和具体教学内容的特点选择相应的教学设计模式。

第三节   教学设计过程模式的系统化探析

以上我们从教学设计过程模式的理论基础角度，分别介绍了国内外构建在不同理论基础上的教学设计过程模式。这些教学设计过程模式具有不同的特点和功能，但都体现了教学设计的基本思想。我们在进行实际的教学设计时，应该结合教学实际，创造性地运用国内外教学设计过程模式，尤其是要借鉴每一种教学设计过程模式的优点，领会其基本思想，掌握其要义，做到为我所用，切忌盲目照搬。

一、教学设计过程模式的要素

从以上介绍的国内外教学设计过程模式中可以看出，构成教学设计过程模式的要素有许多个，因此形成了很多不同类型的理论模式。安德鲁斯和古德森归纳总结出教学设计过程模式的十四个基本要素，瑞奇在他们两人研究的基础上，总结归纳出教学设计过程模式的六个要素，斯密斯和瑞根则提出了教学设计过程模式的四个基本要素。的确，教学过程是复杂的，参与教学过程的因素是多种多样的。因此，在教学设计时，不能忽视每一个因素对教学过程的影响作用。从整体的角度看，构成教学设计过程模式的基本要素主要有四个。

（一）教学对象

以谁为中心进行教学系统的设计，这是教学设计的根本问题。也是在教学设计之前必须认真考虑和回答的问题。长期以来，在传统教学思想影响下，过分注重教师的教，忽视学生的学；过分强调教师教的过程，忽视学生学的过程，结果导致研究任何教学问题，总是从教师角度出发，以教师为中心进行研究。不仅理论研究如此，教学实践活动也是以教师为中心展开。教学设计则明确指出，以学习者为中心展开教学设计，要分析学习者的特点，评定学习者的初始状态，预测学习者发展的可能空间。

（二）教学目标

通过精心设计的教学活动和学习活动，要使学习者学习和掌握哪些基础知识和基本技能，智力获得怎样的发展，培养什么样的能力，达到什么水平，培养什么样的态度等有关学习者发展的问题，在教学设计时，都必须用具有可观察、可测定性的术语精确地加以表述。即在分析学习需要、学习内容和学习者的基础上，确定教学目标，编写行为目标。确定教学目标，这是教学系统设计的一项基本要求，一旦教学目标确定，其他方面的设计便围绕教学目标展开。

（三）教学策略

教学目标确定之后，我们就要选择教学策略，以期实现我们的预期目标。教学策略的设计包括许多方面，主要有采用何种经济而有效的教与学的形式，安排什么样的教师教的活动和学习者学的活动，设计何种教的方法和学的方法，选择什么样的教学媒体及怎样进行设计，怎样利用现有的教学资源及挖掘潜在的教学资源，安排什么样的课型，设计怎样的教学环节和步骤等一系列问题在这部分展开。此外还有一些更具体的问题需要加以分析和考虑。在整个教学设计过程，教学策略的设计具体而详细，发挥着十分重要的作用。

（四）教学评价

经过以上几步，就会完成一个教学设计的"产品"。其"产品"是否符合教学目标的要求，是否符合学习者的实际，能否保证取得最优的教学效果，是高耗低效，还是低耗高效，对所采用的教学形式、教学方法，安排的教学活动、步骤是否具体、可行等一系列问题必须作出检验。这就需要对教学设计的成果进行评价，并根据评价结果进行修正。根据实际需要和可能，可进行形成性评价、总结性评价。

二、教学设计过程模式的构成

下面我们就依据教学设计理论研究成果和教学设计实践经验，结合我国中小学教学的实际情况，阐释我们对教学设计过程模式的理解和认识，并作以简要分析。我们把教学设计过程模式分成三个阶段、八个要素，并将在以后各章中展开论述，这里先作以简介。

（一）学习需要的分析

教学系统同其他系统一样，都有一定的目标，教学目标确定的依据之一就是对教学系统环境的分析。这是系统理论中的一条重要原则——教学系统的目标应根据更大的教育系统的环境要求来确定，这是我们进行教学设计的逻辑起点。例如，在普通教育中，教学目标不仅要根据人的身心发展规律和特点的要求来确定，而且还要根据社会对人才培养的需要来制定。在成人、职业技术教育中，教学目标则应通过受训者所准备从事的职业、岗位的具体要求来确定。

由此可以看出，在制定教学目标之前，必须分析教学系统的环境，分析教学系统环境的过程，就是对学习需要进行分析。我们只有在客观地分析了学习需要的基础上，才能提出并确定教学设计课题的目标。同时，还有许多其他问题需要考虑。例如，开展教学设计应具备哪些条件？有哪些不利因素？哪些因素必须考虑进去？哪些因素可以从轻考虑？等等。总之，在学习需要的分析中，必须解决教师"为何教"，学习者"为何学"的问题。

（二）学习内容的分析

在教育目标指引下，各级各类学校都要确定不同的培养目标。在各自培养目标的导引下，须确定课程目标，并具体设置课程。根据课程目标，确定课程标准（教学大纲）、选编教材。在此基础上，确定单元目标和课时目标。在确定目标的过程中，就要着重分析学习者需要学习哪些知识和技能，达到什么程度和水平。培养何种能力和态度，使其身心获得怎样的发展。学习内容的分析与学习者的分析密切相关。我们不仅要考虑教师如何教授这些内容，更要考虑学习者怎样学习这些内容。总之，在学习内容的分析中，必须解决教师"教什么"，学习者"学什么"的问题。

（三）学习者的分析

奥苏伯尔和加涅等心理学家的研究表明，学习者对某项学习目标的学习已具备的知识和技能、了解和掌握的程度是教学工作成败的关键。这就告诉我们，完成教学设计的蓝图，必须分析学习者在进入学习过程前所具有的一般特征，必须确定学习者的初始状态，必须注意学习者认知结构的特点，必须了解学习者的学习准备状况。因此，要分析学习者的生理、心理特点，从事某项学习的知识和技能的储备状态，并据此进行教学设计。单纯地根据教学内容进行教学设计而不考虑学习者的水平和能力，不可能获得良好的教学效果。总之，教学设计要以学习者为中心，时刻考虑"谁学"的问题。

（四）教学目标的设计

在对学习需要、学习内容和学习者分析结果的基础上，就需要对教学目标进行设计和编写。教学系统方法和现代教学理论强调：教学目标应该预先确定；教学目标应该说明学习结果，并以具体的、明确的术语加以表述；在教学活动前，必须把教学目标明确地告知学习者，使师生双方都明确教学目标，做到心中有数，以使教学、学习活动有的放矢。也有专家（马杰，1962）提出，应以学习者通过学习后所期望达到的行为改变的具体指标来确定教学目标，泰勒（R. Tyler）早在20世纪30年代就有类似的思想。不管从什么角度确定教学目标，教学目标必须明确、具体。明确具体的教学目标有利于教学策略的制定和教学媒体的选择，同时也为教学评价提供了依据。

（五）教学策略的设计

教学目标确定后，就要进行教学策略的设计。教学策略是实现教学目标的重要手段，是教学设计研究的重点。教学策略主要研究下列问题：课的类型与结构、教学的顺序与节奏、教与学的活动、教与学的方法、教学的形式、教学的时空安排、教学活动失效对策等。简言之，教学策略主要解决教师"如何教"和学习者"如何学"的问题。

教学策略的设计需要考虑诸多因素，我们必须创造性地开展教学设计工作，灵活地安排教学活动，巧妙地设计各个环节，合理地安排各种因素，使之形成一个优化的结构，以发挥整体功能，求得最大的效益，我们应遵循的原则是"低耗高效"。

（六）教学媒体的设计

过去可供选择的教学媒体仅仅是黑板、粉笔等。随着生产力水平的提高，尤其是伴随着现代科技的迅猛发展，为教育提供了越来越多的教学媒体。所以，现在可供选择的教学媒体多种多样，选择的余地也很大。我们应该根据学习内容的需要、学习者的特征、教学目标的要求、教学策略的安排等选择最恰当的教学媒体。教学媒体有许多种类，各种教学媒体各有其优势和不足，没有一种能对所有教学情境都适用的教学媒体，我们应遵循"经济有效"的原则来选择教学媒体。

不仅要选择教学媒体，还要具体设计教学媒体。教学媒体的设计是根据教学的实际需要和具体要求，将教学内容与方法转换为印刷的或视听的等具体详细、具有可操作性的实施方案，以把学习内容充分展示给学习者，使学习者花费最少的时间，投入最少的精力，用最简洁的方式，获取最大的学习效果。

（七）教学过程的设计

通过以上三个分析环节和三个设计阶段，教学设计者就应着手设计教学过程了。即用流程图的形式，简洁地描述教学过程的流程，简明扼要表达各要素之间的相互关系，直观地表示教学过程，给教师提供一个可供参考的教学过程的流程。教学设计专家完成的更多的是教学设计过程模式的理论模型，实际具体完成教学设计任务的主体是教师。所以一般情况下，作为新任教师和青年教师，应该详细地把教学过程流程图勾画出来，还可以配以文字说明。如果已经熟练地掌握了教学过程流程的设计，已经做到了心中有数，那么流程图可以逐渐简化，配以少量文字说明，甚至可以不用文字说明了。

（八）教学设计的评价

经过以上各个环节，就得到了教学设计的初步产品，即教学设计实施方案。设计的教学方案能否带来理想的教学效果？学习需要、学习内容和学习者的分析是否准确、到位？教学目标的确定是否明确、具体？教学策略的设计是否合理、科学？教学媒体的选择与设计是否经济、有效？要回答这些问题，就必须对教学设计的成果进行评价。

我们主要采用形成性评价，也就是在教学设计成果推广使用之前，先在一定范围内试用，以期了解教学设计的可行性、有效性、实用性等效果。其中，教学目标的达成度是教学设计实施方案评价的主要方面。如果没有达到预期目标，则要修改教学设计实施方案，然后再试用，再修改，直至满意为止。也可采用总结性评价。

上述三个阶段八个方面所构成的教学设计过程，可用一个流程图表示，如图 3-15 所示。

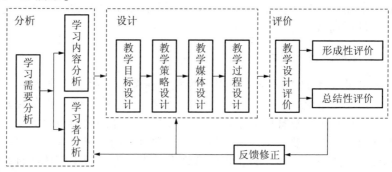

图 3-15   教学设计过程模式流程图

三、教学设计工作的特点

(一) 教学设计工作的系统性

教学设计的分析教学问题、设计问题方法、实施教学方案、评价教学效果、获取最优设计的过程体现了教学设计工作的系统性。在教学设计过程中，在分析论证所存在的教学问题前提下制定教学目标，一旦教学目标确定，其他各个环节都将围绕目标的实现而展开，从而保证了目标、策略、评价的一致性。教学设计从教学系统的整体功能出发，综合考虑了各个要素及其相互之间的关系。诸如教师、学习者、教材、媒体、评价等各个方面在教学过程中的地位及作用，并从整体上策划和安排了各个要素，使之相辅相成，构成一个完整的有机整体，产生结构上的整体效应。

教学设计过程的系统性，决定了各要素之间相互联系、相互制约的关系。例如，确定教学目标与教学评价就体现了相互联系、相互制约的关系：教师需要根据教学目标选择评价的手段和编制测验试题，离开了教学目标，评价的结论就失去了有效性；在实际的教学设计的工作中，最初的考虑有时不够全面周密，随着设计的深入，思想上受到启发，就会发现前面设计的不足和缺憾，对前面的设计就要进行修正和完善，同时，对下一步的设计也就有了设想。一般情况下，设计完一步，再设计下一步。但在实际设计时，而是来来回回、反复修改、全面平衡、综合考虑。这样才能保证教学设计的系统性，才能使各个要素发挥各自的作用，并形成一个优化的整体结构，最大限度地发挥教学设计系统的整体功能。

(二) 教学设计工作的具体性

教学设计过程不仅十分复杂，而且十分具体。因为在实际进行教学设计时，任何一个细节都不能忽视。例如，在对学习内容分析时，教学设计者必须与学科专家合作，仔细分析学习内容所涉及的概念、定义、原理、公式，所包含的技能以及潜在的思想教育因素等。让学习者学什么、学到什么程度、通过何种手段训练技能、怎样检测学习效果等一系列具体问题必须具体考虑和设计，以使学习内容的选择与组织符合教学目标的要求，符合学习规律。对教学策略的设计也是如此，我们必须具体考虑采用何种教学形式，具体落实何种教法和学法，具体安排教学的顺序和结构，具体设计课的结构及各部分的时间分配，具体布置教的活动与学的活动。如果教学失效，也必须事先安排补救措施。

在教学设计时，虽然需要从系统的角度出发，从整体上考虑整个教学过程，但对具体问题必须具体考虑。考虑得越具体，失误就越少。当然，这个具体并不是说必须面面俱到，多而全，我们必须给教师留有充分发挥创造性的余地和空间。但是关键点等必须考虑到、设计好。由此看来，教学设计是一项艰苦的脑力劳动，需要付出大量的心血和精力，才能较好地完成教学设计工作。

（三）教学设计工作的灵活性

教学设计工作虽然是按照步骤、有计划进行的，但是也呈现出高度的灵活性。我们前面设计的教学设计过程模式流程图，仅仅是简明扼要地描述了教学设计过程各要素及其相互关系。在实际教学设计时，有时不一定是按照流程图所表明的程序开展设计的。这既无必要，也不可能完成所有的工作步骤。例如，中小学教育属于基础教育，其总的教学目标是由国家教育行政管理部门统一制定的。因此，往往不需要到社会上去进行对学习需要的分析论证工作。如果是对企业、公司、医务、商业等领域的人员进行培训，分析学习需要至关重要。

所以说，教学设计的原理不仅适用于普通教育，而且适用于各级各类学校的教育，对不同层次上的培训也有显著功效。在教学设计前，我们应根据不同的情况和要求，决定从何处着手开始设计，侧重解决哪些问题，略去哪些环节。总之，我们既要遵循教学设计的逻辑程序，又要根据实际情况，创造性、灵活地开展教学设计工作。

（四）教学设计工作的合作性

教学设计实践经验说明，完成一个教学设计实施方案，一般需要四方面的人员合作。他们是教学设计专家、教师、学科内容专家、评价专家。其中，教学设计专家负责整个教学设计工作，协调各方人员、各方面的工作。教师熟悉学习者的特点，懂得教学规律、学习规律，教学方法和学习方法，具有教学实践经验。学科内容专家对有关学科知识和技能能够熟练把握。教学设计者应具备管理教学设计过程的能力。教师在教学设计者的指导下完成具体设计工作。学科内容专家主要负责编写、审查和修改学科内容，把握学科内容的科学性及准确性。评价专家掌握评价的理论和方法，负责在试用教学设计成果时收集实验数据并加以分析，实事求是地评价教学系统的实际效果，为修改工作提供依据。

四、教学设计过程模式的应用

由于教学设计的原理与技术对教学、培训等具有普遍的指导意义，因此，教学设计的原理与技术可在不同层次上应用。我们这里从学校教育教学的角度出发，来说明教学设计的原理与技术的应用问题。

一是教学设计的原理与技术可以应用于一所学校，对整个学校的教学系统进行重新设计，以全面开展教学改革，提高教师的执教能力，大面积提高教学质量，这项学校教学设计工作量和难度很大，需要教学设计专家、教研员、全体教师共同参与完成；二是可以对学校某一学科（例如，英语、数学等）的教学进行重新设计，以优化某一学科的教学，在学校教学活动中，学科的教学设计工作需要在教研员的指导下，由某一学科的教研组来共同完成；三是可以对一门具体的课（例如，初一语文）的教学进行重新设计，以期改进教师的教学工作，提高其教学质量，这项工作应在教研员或教研组长的指导下，由同年级同一课程的任课教师共同参与完成；四是可以对一个单元的教学进行重新设计，以改善某一单元的教学，突破教学难点，解决在教学过程中所遇到的问题，这项工作应在教研员或教研组长的指导下，由教师本人来完成；五是可以对一节课（一个课时）的教学进行重新设计，甚至可以对一个具体教学问题进行设计，以有效地解决一节课或一个具体的教学问题。也就是说，我们需要进行什么层次的教学设计，我们就实事求是地开展什么层次的教学设计。由此看来，教学设计的原理与技术可在不同层次上应用，教学设计是提高教学质量的重要手段。

第四章

学习需要分析

- 学习需要分析的目的和意义
- 学习需要分析的步骤和方法

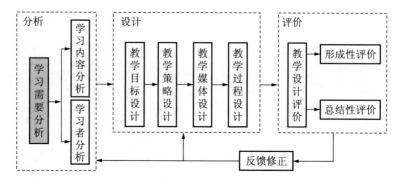

●在学习了教学设计的基本原理，了解了教学设计的基本程序的基础上，就可以着手进行教学设计了。在教学设计的前期，了解一些情况，分析一些问题，是做好教学设计的起点。只有在充分分析的基础上，才有可能设计出理想的教学实施方案。由此可见，在教学设计之初，必须做的第一件事就是了解情况和分析问题。以便做到心中有数，有的放矢，使教学设计实施方案符合教学实际情况，能够科学地、准确地指导教学实践活动，从而保证获得良好的教学成效，达到提高教学质量的目的。

第一节　学习需要分析的目的和意义

教学设计是一个问题解决的过程，学习需要的分析则是问题解决过程的起点。因此，深入教学实际进行调查研究，了解教学中存在的问题和需要，确定教学问题的性质，收集大量的资料和可靠的数据，才能为学习内容和学习者的分析，教学目标、教学策略、教学媒体、教学过程的设计，以及教学设计成果的评价奠定坚实的基础。同时，学习需要的分析能够使教学设计有效地利用教学资源，使教学设计具有较强的针对性和实效性。

一、学习需要分析的目的和意义

（一）学习需要的概念

什么是需要？考夫曼（R. Kaufman）认为，需要是当前结果和期望结果之间的差距；考菲（R. T. Coffing）认为，需要是人们对"应该是什么"这个认知概念的心理体验；哈莱斯（J. H. Harless）认为，需要是某种偏离了标准情境的实际情境中所存在的问题。以上三个概念尽管表述有所不同，但都表达了这样一种共同的含义：需要是由现实和渴望之间的差距所引起的，表现为结果的差异、人们的内心体验、现实情境中存在的问题。所以，需要是"是什么"和"应该是什么"之间的差距。

什么是需要分析？考夫曼认为，需要分析是界定现实结果和渴望结果之间差距的一般过程；考菲认为，需要分析是收集需要的有关信息；哈莱斯认为，需要分析是确定如何解决问题的系统方法。以上三种表述也不尽相同，但都表达了共同的含义：需要分析就是以系统的方法，找出"是什么"与"应该是什么"之间的差距。

需要分析的一般模式是：第一，制定目标并排列出它们的重要程度，即决定渴望的结果；第二，决定每一个目标的现在状态或现存的条件；第三，分析、确定目标和现在状态之间的差距；第四，指定优先考虑的差距。这仅仅是需要分析的一般模式，教学设计者常常根据自己对需要分析的理解和认识，建构不同的需要分析模式。

什么是学习需要？在教学设计中，学习需要是一个特定的概念，是指学习者学习的"目前状况与所期望达到的状况之间的差距"（布里格斯，1981）。即学习需要是指学习者学习成绩的现状与教学目标（或标准）之间的差距，是指学习者目前水平与期望学习者达到的水平之间的差距。期望主要是指社会发展对学习者提出来的要求，学校和班级对学习者提出的要求，以及学习者对自身的要求等方面。对于学校教育来说，这种期望具体体现在课程标准中。而目前状况是指学习者群体或个体在知识、技能、能力、态度等方面的不足，同时也指出了要解决的问题，规定了教学任务和目标。

例如，某中学希望自己90%的学生以85分以上的成绩通过英语统考测验，而实际上只有 75% 的学生达到了 85 分以上，15% 的学生还没有达到要求。这种差距就是学习需要。同时也明确了今后英语教学的目标和任务。再如，某小学一名语文教师，希望通过一年的作文教学，使自己所教的学生作文成绩获得"优"的占 40%，"良"的占 60%，同时消灭不及格现象。而测试结果表明，"优"的占 35%，"良"的占 52%，同时有 13% 的学生作文不及格。这样就分别找到了 5%、8%、13% 的差距。这一差距就是学习需要，同时，该教师也明确了今后作文教学的目标和任务。

(二) 学习需要分析的目的

学习需要的分析是一个系统的调查研究的过程，其主要目的是：

(1) 发现学习者在学习过程中存在的主要问题。

(2) 分析产生问题的主要原因，以确定在教学设计时解决该问题的方法和途径。

(3) 分析现有的教学资源及约束条件，以论证解决该问题的可能性。

(4) 分析问题的重要性，以确定优先解决的教学设计课题。

实际上，学习需要分析是一个形成教学设计项目总的教学目标的过程。与国外教育技术领域有关论著中提及的学习需要的评价、前端分析等概念的基本含义相似。其中前端分析是哈莱斯 1968 年提出的一项技术，意即在教学设计的前期要分析教学中存在的问题，以使后续工作有的放矢，避免人力、物力、财力的浪费，提高解决教学问题的针对性，增强教学设计的效果，保证教学设计实施方案可靠有效，进而达到提高教学质量的目的。

分析学习需要的核心是要了解学习者在学习过程中遇到的主要问题，以及解决这些问题的必要性和可行性，而不是研究解决问题的方法。只有明确问题及其原因，才有可能提出明确的解决问题的方法。分析学习需要的重点是分析学习者的学习状态，而不是分析教师的状态，尽管教与学是密不可分的。

(三) 学习需要分析的意义

1. 有利于处理好手段与目的的关系

过去，教学媒体的使用往往取决于个人的主观判断和业务兴趣，从事电教的教师也是从职业兴趣出发，考虑教学设计的需要，有人把这种现象称之为"用方法找问题"。在深入调查研究、了解问题前，先确定解决方法不是明智的决策。罗米斯佐斯基（A. J. Romiszowski）在 1981 年指出，这种情况较常见于那些以教育技术为专职的人员。由于他们致力于推广教育技术，所以容易颠倒问题与方法之间的关系。"用方法找问题"不利于教学设计工作的开展，而现在应该先了解问题，即"用问题找方法"，这正是学习需要分析的逻辑程序。

开展教学设计，选用教学媒体本身不是目的，它们仅仅是实现特定教学目标的手段。所以，分析学习需要，要求我们重视教学目标的确定。如果教学目标的确定脱离教学实际需要，那么为实现教学目标而运作的各种手段将不能发挥应有的功能，甚至发挥相反的作用。在实际教学中，人们所关心和研究的往往是如何改进方法、形式、媒体等，而较少考虑所确定的教学目标是否符合客观的实际需要，这是我们应着重解决的一个问题。只有客观、实事求是地分析学习需要，确定教学目标，并为此采取有效的教学策略，才能取得良好的教学效果。

任何事物的发展都有一个过程，现代教育技术理论的发展也是如此。20世纪50年代后期，教育技术研究的重点是"如何教"（媒体与方法的研究）；60年代后期，教育技术研究的重点是"教什么"（教学目标的研究）；70年代后期，教育技术研究的重点是"为何教"（学习需要的研究）。可见，现代教育技术研究范围在不断扩展，说明人们在这一领域的认识在不断深化，同时正确处理了三者之间的关系，从而更加有利于做好教学设计。教育技术发展的一个侧面如图4-1所示（张祖忻，1992）[42]。

图4-1　20世纪50年代至70年代教育技术发展的一个侧面

2. 有利于解决教学中的主要问题

在学习需要的分析中，发现教学中存在的问题，寻找问题的原因，找到解决问题的方法是学习需要分析中的重要任务。只要深入教学实际，就可以了解所存在的教学问题。例如，在学校教学中，有些学生的学习成绩低于课程标准规定的要求；有的教师希望改进教学方法；学生人数增加，而师资短缺；现有课程内容需要修订或补充以反映该学科领域中新的成就；需要开设新的课程；学生存在偏科现象；学习成绩出现分化等。这些问题的存在说明有必要通过教学设计来解决。

通过调查研究，发现学习者目前的学习现状与教学目标之间存在差距，这仅仅是分析学习需要的一个方面。另一方面，还要分析产生这种差距的原因。因为不同性质的教学问题，只有通过不同的方法才能解决。出现教学问题的原因往往是复杂的、多方面的。因此，还要透过现象看本质，找出产生问题的主要原因。有些教学问题，应通过教学设计来解决，有些则可采用简单的改进措施即可。例如，由于学生人数太多导致教学质量下降，则可适当增加教师或改变教学组织形式。对于必须通过教学设计解决的问题也要分析研究，采用何种解决方法最佳。

考夫曼认为，能否发现教学过程中存在的实际问题，弄清楚产生问题的原因，并选择最佳的解决方法，是保证教学工作成败的关键所在，学习需要的分析正是做好这项工作的有效工具。学习需要的分析，运用合乎逻辑的思维方法，分析各种教学问题，评价各种需要，使人们能及时发现教学中亟待解决的突出问题。有时，需要解决的问题很多，这时我们要通过学习需要的分析，获取真实的情况和具体的数据，为选择方案的决策提供可靠的科学依据。

二、学习需要的类型

伯顿（J. K. Burton）和梅里尔（P. F. Merrill）为了便于对学习需要进行分析，把与教育有关的需要分成六类（伯顿，梅里尔，1997）。

（一）标准的需要（normative need）

标准的需要是指个体或集体在某方面的现状与既定标准比较而显示出来的差距。既定标准包括国家各种类型的标准测试。例如，计算机和英语的等级考试、会考和高考等。也包括国家认可的各种各类教学大纲等。当一个对象的行为低于所建立的标准，那么标准的需要就产生了。如何确定标准的需要呢？第一步，获取标准，如课程标准（教学大纲）、考试大纲、标准分数线等；第二步，收集对象与标准相比较的资料和数据；第三步，比较后确定标准的需要。

（二）比较的需要（comparative need）

比较的需要是同类个体或集体通过相互比较而显示出来的差距。在学校教育中的比较是把一个班级和另一个班级相比较或者比较两个同等的班级来确定的相互间的差距。当不同集体之间存在差距时，那么比较的需要就存在了。例如，某班级看到与自己相似的班级建立了"图书角"，便感到自己也"需要"建立"图书角"。怎样确定比较的需要呢？第一步，确定比较的领域，即比较什么？是学习成绩，还是环境设施？是师资水平，还是学习者素质？第二步，收集对象和比较对象在比较领域的资料和数据；第三步，确定两者之间的差距。此外，还要分析判断这种需要的重要程度，以便确定是否满足这种需要。

（三）感到的需要（felt need）

感到的需要是指个体认为的需要，是个体必须改进自己的行为或者某个对象行为的需要和渴望。这种需要显示出在行为或技能水平与渴望达到的行为或技能水平之间的差距。这时，教学设计者还要明确与改进行为有关的需要和由于某种渴望而激发的需要之间的区别。如有的学习者为了改进自己的社交能力，产生了改进自己的社交技能的"需要"。再如，有的学习者认为在信息时代自己应该掌握基本的计算机技能，这也是一种感到的需要。确定感到的需要需要收集资料和数据，比较好的方式是使用面谈和问卷，以获取信息。然后分析这种需要的重要性，以决定是否满足这种需要。

（四）表达的需要（expressed need）

表达的需要可以看成个体把感到的需要表达出来的一种"需要"。人们常常愿意尽力满足表达的需要。例如，某高中准备开设一些选修课程，请学习者将自己想学习的选修课程写在登记表上，这就是一种表达的需要。它表达了学习者要学习某门课程的需要。同样，确定表达的需要也要收集资料和数据，可采取各种具体的方法，例如，面谈、问卷、填写登记表、座谈等。可以从这些资料中获取所需信息，也可从学习者的各种具体行为表现中捕捉各种反馈信息，以确定表达的需要。是否满足这种"需要"，教学设计者还要作出价值判断。

（五）预期的需要（anticipated need）

预期的需要是指将来的需要。一般来说，教学设计者通常考虑的是现实的需要，实际上考察学习者将来的需要是教学设计的重要组成部分。例如，一个学校的校长要在学校中改革现行的教学方法，以有效地促进学习者的主动学习，他的预期需要是全体教师将来能够掌握合作学习的方法进行教学。再如，给普通高中的学生开设一些实用技能型课程，使他们毕业后适应就业的需要。对预期需要进行分析的方法主要是面谈和问卷。还有一种就是确定某些潜在的问题领域。例如，在职业培训中，假设某种手工操作的技能可以转变为用计算机控制的技能，那么，教学设计中就可以把这点看成一种预期的需要。

（六）批评性事件的需要（critical incident need）

批评性事件的需要是一种很少发生，但一旦发生却可能引起重大后果的需要。例如，核事故、医疗事故、自然灾害等。获取这种需要的资料和数据，主要通过分析潜在的问题入手，也可通过提出问题入手。例如，计算机主机出了故障怎么办？要是通信系统出了问题，怎样传达信息？这种需要在教学中也经常出现，在特种行业的职工培训中更是经常出现。例如，在化工企业，必须增加诸如起火、爆炸、药品溢出等紧急事故的培训内容。

以上介绍了与教育有关的六类学习需要，这六类学习需要的核心含义是：当"现状是"与"应该是或必须是"两者之间存在差距时，就产生了"需要"。确定"需要"的程序是采取恰当的有效方法，收集相关的资料和数据，从比较分析中作出价值判断，以确定是否满足这种"需要"。所以，我们应了解学习需要的各种类型。只有清楚了学习需要的各种类型，才便于对学习需要进行科学的分析。

第二节　学习需要分析的步骤和方法

一、学习需要分析的步骤

（一）分析当前教学中存在的问题

教学设计者在分析学习需要时，首先考虑的问题是当前教学中存在着什么问题。这就是说，教学中存在的问题是找出当前现状与期望目标之间差距的起点。因此，分析和研究当前教学中存在的问题是进行学习需要分析的重要环节。教学中往往存在着许多复杂的问题，因为有诸多因素参与教学过程的活动，我们不可能一一加以分析，下列这些问题值得我们认真思考。

1. 学习者是否达到教学目标的要求？

一般来说，教师在确定教学目标时，依据了课程标准（教学大纲）的规定、课程要求和学习者的实际情况。我们要找出教学目标与学习者学习之间的差距，可通过系统的观察（如听课）、标准测验等方法来测定，也可通过对学习者行为的非正式评估。如果大多数学习者达到了教学目标的要求，说明教学目标是符合实际的；如果相当多的学习者未能达到教学目标的要求，这说明所制定的教学目标太高，是大多数学习者无法达到的。这样就找到了学习者学习成绩的现状与教学目标（或标准）之间的差距。

2. 教师所采用的教学策略有效吗？

教师上课前设计的课型、安排的教学顺序、采取的教学形式、确定的教学活动、采取的教学方法等都是精心策划和巧妙安排的，但不等于能取得良好的教学效果。我们仍要通过观察、谈话、问卷等形式进行评估，看一看所涉及的教学形式是否有效，所确定的教学活动是否是低耗高效的，所采用的教学方法是否恰当，以及教学的起点、环节、步骤等是否具有科学性。一般情况下，通过这样的分析，我们就能找出差距和问题。

3. 教师所使用的传送信息的方法奏效吗？

有时，在现有的教学条件下，大多数学习者都能达到教学目标的要求。而在许多情况下，有相当一部分学习者不能达到教学目标要求。这时候，教师往往在课外花费大量的时间和精力为学习者补课。通过增加时间、消耗精力和其他教学资源来提高教学质量的做法，是教学中的极大浪费。"堤内损失堤外补"的做法不符合巴班斯基提出的教学过程最优化的思想，同时也增加了教师和学习者的负担，这不是一种我们所追求的低耗高效的教学。这时，考虑如何改变教学信息的传播形式才是明智之举。例如，使用视觉媒体、听觉媒体、多媒体以及其他有效的教学媒体。同时更为重要的是，一定要排除教学信息传递过程中的一些干扰（诸如，注意力不集中、课堂纪律涣散等），保证教学信息准确、及时传递给学习者。

4. 教学能否使学习获得成功？

通过教学，使不同程度的学习者获得学习上的成功是教师的重要任务。如学习者获得了学习上的成功，心理上就会产生一种愉悦感，进而会提高学习兴趣，增强学习动力，增加克服学习困难的勇气和信心，学习者就会努力学习，努力学习的结果又会获得新一轮学习上的成功，从而形成良性循环的运行机制。这不仅会对当前的学习产生良好的效果，而且会对今后的学习产生持久的影响。因此，保证学习者获得学习上的成功是教师教学的重要职责。反之，学习者通过学习总是遭受挫折和失败，久之就会降低学习兴趣，产生厌学心理。这种厌学心理又会给学习者学习带来新的挫折和失败，从而形成恶性循环的运行机制。所以，教学设计者在分析学习需要时，还要着重看教师的教学使学习者获得了什么，是成功，还是失败。为了使学习者获得学习上的成功，许多学校开展了成功教育的实验研究，值得我们重视和借鉴，特别是对于一些薄弱学校和班级。

5. 学习内容的难易程度如何？

学习内容的难度随着年级的增高而逐步加大，这是一个客观事实。但并不是说学习者无法学习，关键在于教师处理学习内容的方式。对于教学中的重点，教师是怎样确定的？是否是重点？怎样突出重点？对于教学中的难点，教师是怎样确定的？是否是难点？怎样突破难点？对于教学中的关键点，教师是怎样确定的？是否是关键点？怎样解决关键点？这时我们就要看教师能否做到化难为易、化繁为简、化深为浅。真正做到了这一点，学习者完全可以掌握较难的学习内容。因此，在分析学习需要时，教学设计者要着重看教师对于较难学习内容的处理手段和方式，以及教师处理较难学习内容的过程及结果。

6. 学习者起点的分析正确吗？

教学总是在一定的起点上开始的。在这里我们特别强调教师对学习者起始状态的分析结果。就其知识体系而言，总是在学完了先前的知识和技能，然后才能学习后续的知识和技能。也就是说，是在旧知识和技能的基础上学习新知识和技能的。在学习新知识之前，教师要分析学习者的知识准备状况，并在教学中做到以旧引新。如果学习者完全忘记了学习新知识所需要的旧知识，教师应加强新知识与旧知识的联系，使新知识较好地纳入到学习者头脑中的原有认知结构中去，帮助学习者较好地掌握新知识。因此，教学设计者要分析教师的教学是否做到了这一点。

（二）学习需要分析的步骤

教学中的问题很多，以上仅从六个方面加以列举。要深刻地揭示这些教学问题，还必须采取有效的方法对学习需要进行系统分析。下面主要介绍凯普等人提出的学习需要分析的四个步骤，我们在教学设计实践中可根据实际情况灵活应用。

1. 规划

规划首先是确定分析对象，然后是选择收集有关学习需要的数据的方法和策略。教学设计者应该确定是否每一种类型的需要都要采集数据，收集数据的技术有问卷、评估量表、面谈、小组会议、案卷查寻等；然后进行系统的分析；最后确定收集数据的对象。例如，我们要对某一学年的教学进行设计，分析学习需要的对象可能是教师、学生、家长、教辅人员等。教学设计者必须确定侧重选择哪些人员作为分析对象。

2. 收集数据

收集数据要考虑样本的大小和结构，如果对每一个对象都进行学习需要分析显然是不合逻辑的和不经济的。所以，样本必须是每一类对象中具有代表性的个体。此外，还要考虑日程安排和分发、收集问卷等工作。问卷的回收率是收集数据的关键，希望能达到75％—85％的回收率。

3. 分析数据

分析结果是经过优化后列出的，需要的优化顺序可根据经济价值、影响、某种顺序量表、需要呈现的频数、时间顺序等进行排列。一种常用的优化方法是德尔菲法（Delphi method）。例如，寄给多个小学校长一份学习目标清单，请他们根据自己的思考列出目标主次；然后选出其中 40 个主要的目标，再寄给校长，让他们重新排列；从中再选择 20 个最主要的目标，第三次寄给校长，直至选出最重要的学习目标为止。

4. 编辑最终报告

这一步包括概括地分析研究的目的；简要地描述分析的过程和分析参与者；可用表格或简单的描述说明分析结果；以数据为基础提出必要的建议。如表4–1所示。

表4–1　学习需要评价表

年级班级：	学习科目：		授课教师：
现　状	目　标	差　距	原因分析

有时候，由于受到各种条件的限制，无法直接从调查中获取学习需要的数据。这时经常使用的一个方法就是用目标分析来确定学习需要和教学问

题。因此，人们也把目标分析看成学习需要的一部分。教学设计者到底选择哪一种分析方法，则取决于诸多因素，例如时间、费用、规模等。以上四个步骤如图4-2所示（转引自孙可平，1998）[158]。

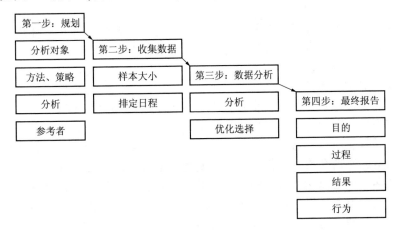

图4-2 凯普的需要分析和评估过程

二、学习需要分析的方法

(一) 考夫曼的分析学习需要的系统方法

考夫曼等人也提出了分析学习需要的系统方法。如图4-3所示（考夫曼，1979）。考夫曼的分析方法分为六步，分析学习需要可从任何一步开始，如从第一步开始，成为外部的需要评价；从第二步或以后几步着手进行，则称之为内部的需要评价。学习需要是一种现状与目标之间的差距，分析学习需要就是一个对照目标找差距的过程。外部的需要评价与内部的需要评价的主要区别是参照系的不同，无优劣之别。

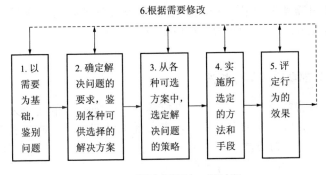

图4-3 解决问题的一般过程

（二）内部参照需要分析法

内部参照需要分析法，是指在学习者所在的组织结构内部，把教学目标与学习者的目前学习现状进行比较，找出差距，确定学习需要的一种分析方法。这种分析方法比较适合我国普通学校教育，学校的培养目标体现在课程标准和教材之中，我们可以用课标作为对学习者的期望。

这种分析方法的基本步骤是：一是要将学习者的目前学习现状目标具体化，即把对学习者的期望状态用可观察的、可测量的行为术语描述出来，形成完备的指标体系；二是要根据指标体系设计测验试题、问卷、观察表等，并实施测试、问卷等；三是要根据指标体系分析所获取的数据及学习者近期的能够反映学习者学习情况的学业成绩等；四是要根据指标体系召开教师等相关人员的座谈会或对他们进行问卷调查，了解学习者目前的学习状态。

教学设计是以学习者为中心展开的。因此，国外教育技术领域的一些学者主张从学习者那里直接获取相关信息，作为分析学习需要的策略之一。值得一提的是罗塞特（A. Rossett）在 1982 年提出从五个方面向学习者收集信息，了解情况，论证学习需要的方法（转引自迪克，1985）。

（1）先从总的方面提问，如"最近，你在工作中有哪些困难"。

（2）列出以后教学或培训中可能包括的学习内容项目，请学习者对学习各项内容的重要性发表看法，如可问"为了提高工作效率，你认为下列技能项目中，哪些是需要学习和掌握的"。

（3）进行一些测试，了解学习者对特定学习内容的掌握情况。

（4）了解学习者对学习特定课程的态度，如可问"你愿意与领导一起参加管理培训吗"。

（5）请学习者就如何有效地解决存在的问题发表意见，探讨能解决问题而投资少、见效快的最佳方案。

罗塞特的分析学习需要的方法，适合于在普通学校、职业院校和成人教育中开展学习需要的分析。通过上述途径收集到的信息，要进行分析和整理，包括量化处理，以此作为进行教学设计的依据。当然，我们也要灵活地加以运用。

（三）外部参照需要分析法

外部参照需要分析法，是指根据机构外社会或职业的要求来确定对学习者的期望值，并以此为标准分析学习者目前的学习现状，找出其差距，确定学习需要的一种分析方法。这种分析方法能够揭示出学习者学习的目前状态与社会或职业实际需求之间存在的差距，这种分析方法的特点是按照目前的和将来的社会发展需要，找出教育教学过程中存在的主要问题，从而修正教育教学目标。这种分析方法比较适合我国职业院校。

这种分析方法的基本步骤是：一是要对往届毕业生进行跟踪访谈、问卷调查等，从中获取意见和建议；二是分析毕业生所在单位对毕业生的考核情况，了解他们对毕业生的评价，了解社会需求和要求改进学校教学的有价值的信息；三是设计问卷并发送到与所学专业相关的单位，以获取社会对人才能力素质的需求等有价值的信息；四是深入到单位第一线进行现场调查，以获取对人才能力素质的第一手信息；五是进行专家访谈，了解专家对社会目前及社会未来发展对人才需求的观点和看法。

（四）问题的性质分析

在对学习需要分析时，有时需要对问题的性质作出判断，以便确定该问题是否通过教学设计的途径加以解决。下列这些问题是对问题性质进行分析时需要考虑的。

（1）所列出的"差距"是不是学习需要？所面对的"问题"是否构成问题？

（2）所发现的"问题"是否为另一个深层次问题的表面现象？

（3）对于更深层次的问题，是否能够解决？

（4）这一问题有没有必要通过教学设计来解决？

以上是从总体上进行考虑，在普通教育中，可以从以下几方面思考：

（1）解决问题的重要性如何？即该问题是否值得通过教学设计来加以解决？

（2）能否通过其他简单的方法（如改进教学方法、调整教学进度和时间、采用其他教材）来消除差距，使学习者同样能达到教学目标的要求？

（3）学习者各方面是否有能力达到教学目标？学习环境是否需要改善？

（4）能否进一步激发和培养学习者的学习动机，使他们提高认识水平，从而达到教学目标的要求？

（5）教师要求学习者达到教学目标的要求，那么学习者在学习时间、学习资源、基础知识、基本技能等方面是否存在困难？

第五章
学习内容分析

- 学习内容结构与范围分析
- 学习结果的分析
- 学习内容分析的过程与方法

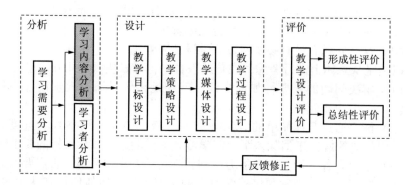

●通过学习需要的分析，了解了教学过程中存在的问题及原因，为教学设计工作奠定了初步基础。接下来就要分析和确定学习内容，即分析和确定学习者应学习和掌握哪些知识、技能和态度等。学习内容的分析，将影响教师对教材的把握、学习者学习的水平、教学目标的确定以及教学媒体的选用效果等。因此，采用科学的方法分析学习内容是教学设计的一个重要环节。只有正确地分析学习内容，才能获得最优化的教学设计实施方案，从而获得良好的教学效果。

第一节　学习内容结构与范围分析

一、学习内容分析的目的与意义

(一) 学习内容分析的目的

学习内容一般是指为了达到教学目标，要求学习者系统学习的知识、技能和行为规范的总和。学习内容的分析旨在规定学习内容的范围和深浅度，揭示学习内容各部分之间的联系，以保证达到教学最优化的内容效度。

学习者进入教学过程前的学习状态，即原来具有的知识、技能和态度等，一般称之为起点能力。通过一段时期的教与学的活动，学习者获得了知识，提高了技能，改变了态度。这种通过教学活动以后形成的知识、技能和态度等，一般称之为终点能力。确定教学目标就是要明确学习者通过学习活动应形成怎样的终点能力。对学习者分析的一个重要方面就是要确定学习者的起点能力，而对学习内容的分析则是要对学习者的起点能力转化为终点能力所需要的从属知识、技能和态度等进行详细阐释的过程。

具体来说，学习内容分析的主要目的是：分析学习内容的结构，确定学习内容的范围和深度，这与"教什么"、"学什么"有关；揭示学习内容中各项知识与技能之间的相互关系，为教学顺序的安排打下基础，这与"如何教"、"如何学"有关；介绍学习内容分析的过程和方法。

(二) 学习内容分析的意义

1. 只有进行学习内容的分析，才能为科学准确地确定教学目标奠定坚实的基础。因为学习内容是制定教学目标的重要依据，教学目标的内容主要来源于学习内容。如果对学习内容的分析有误，将直接影响到教学目标的确定。

2. 只有进行学习内容的分析，才能确定学习内容的范围（学习者必须达到的知识和技能的广度）、深度（学习者必须达到的知识深浅程度和能力的质量水平），同时也明确了教师应该"教什么"，学习者应该"学什么"的问题。

3. 只有通过学习内容的分析，才能揭示学习内容各组成部分之间的关系，也为教学顺序安排奠定了基础。同时，给教师提供了"如何教"和学习者"如何学"的指导，从而保证学习者达到教学目标所确定的标准。

二、学习内容结构与范围分析

(一) 学习内容结构分析

学习内容有一定的结构体系，存在着不同层次。无论是对学习者而言，还是对教师来说，他们所面对的首先是一门课程，如语文、数学、外语等。一门课程又分为若干个单元，如"英语语法概论"课程，它又分为名词、动词、形容词、介词、副词、句子等单元。一个单元又可分为若干个课时。在普通教育中，一般是这样划分的。图5-1是学习内容的一般分法。在职业教育培训中，一般按工作岗位（job）、任务（task）、技能（skill）等方面对培训内容进行分层。

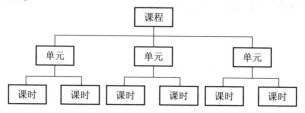

图 5-1　学习内容的层次

　　这里我们需要说明的是，学习内容的分层没有固定、一成不变的标准。学科不同，每一学科单元的范围和深度也是相对不同的。所以，我们应根据学科的特点、学习内容的实际情况和教学与学习上的需要来具体确定学习内容的分层。

　　这种结构仅仅是一种简单的示意图，而有的课程各单元之间是相互独立的，所以在顺序上可互换位置，如图5-2所示。而在有的课程中，一个单元的学习构成了学习另一单元的基础，如图5-3所示。所以，单元的顺序安排就显得尤为重要了。还有的课程，各单元之间的联系是综合的，如图5-4所示，在单元的顺序安排上，1、2、4单元可互换顺序，但3、4单元次序不可更改。

图 5-2　学习内容相对独立的单元

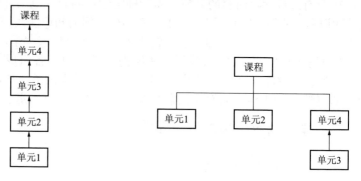

图 5-3　一个单元为另一个单元的基础　　图 5-4　学习内容单元间的综合联系

　　学习内容的层次划分没有一个统一的尺度，因各学科之间有较大的差异性。单元的划分也要因学科、学科内容的实际来确定。所以，我们应该根据不同的课程目标，不同的学习内容，以及教学的需要和学习者的实际情况来科学地划分学习内容。如历史课程常按年代、时间的进程排列；地理课程常按先整体、后局部的顺序排列；外语、化学、生物等课程常按由简单到复杂的过程排列；物理、数学课程常按由先决技能到复杂技能的顺序排列。

（二）学习内容范围分析

下面我们将从传统的学习内容范围分析与现代认知的学习内容范围分析的差异中，了解学习内容范围分析的一些主要特点。

1. 学习内容范围不同

在传统的学习内容范围分析中，学习内容范围是指学科范围或知识领域，其范围越大，刺激点也就越多，学习者的学习行为也就越复杂。这无疑导致了学习者要学习的内容越来越多，知识点越来越多，同时考查点也越来越多。学习内容范围的定义方式，在一定程度上反映了传统的划分知识的思想，这样一种划分曾经非常有效，也被广大一线教师所接受。但是随着教学设计理论与实践的发展，这种关于学习内容范围的划分受到了挑战。

一些持有认知观点的教学设计者认为，学习内容的范围可用基本技能、一般文化的考虑、职业的考虑、个体的考虑四种基本类别来确定。其中基本技能除包括读、写、算、听以外，还包括计算机技能、批判性思维技能、创造性思维技能等。这些技能在任何学科领域中都是重要的组成部分。例如，批判性思维技能，它的最基本含义是具有分析和逻辑技能，且能够运用这些技能；一般文化的考虑包括物理的、生物科学的、人类学的、数学的、社会科学的等基本内容，这些内容构成了各学科的基本框架，应是学习内容最主要的部分；教育越来越重视职业的和个体的考虑，普通教育也逐渐增加了职业技术教育的内容，出于对职业的和个体的考虑，在学习内容中增加了个人交往技能、专业技能、组织能力等。

2. 出发点不同

在传统的学习内容范围分析中，学习内容的分析包括两个层次：一是从宏观角度考虑学习内容的安排（宏观分析属于课程理论研究的范围）；二是从微观角度考虑学习内容的构成部分（将学习内容进行技术性的处理，把学习内容分为知识、技能等）。教学设计主要是将学习内容进行技术性的分解，了解学习内容包括的知识、技能等，它对学习内容的范围的考察属于微观层次。

两个层次的划分观念，限制了教学设计者对学习内容的全面了解和整体把握，忽视了学习内容的产生背景，因而无法深入认识学习内容的实质。实际上，课程和教学设计是从两个角度来看待学习内容的，不属于两个层次，两者相互促进。教学设计虽然是对学习内容进行技术性的分解，但是，教学设计也必须考虑宏观背景，教学设计应该在宏观背景的基础上，深入地分析学习内容的范围。

3. 着眼点不同

在传统的学习内容范围分析中，考查学习内容范围的目的是确定学习内容的刺激点数目，以把握学习者所反应的学习行为。也就是通过分析，确定所谓的知识点、重点和难点以及考查点，以便教师在教学过程中呈现这些知识点，突出这些重点，突破这些难点，使学习者在学习过程中，重点学习这些内容，这也无疑成为教师考试时的重点内容。

而认知的方法考查学习内容的范围，则是在系统论的指导下，为了把握整个学习内容的结构，分析学习内容之间的逻辑关系，学习内容整体将在学习者头脑中如何与原有的认知结构相结合，形成新的认知结构，为学习者的下一阶段的学习奠定坚实的基础，不断促进学习者的学习和发展。

以上两种方法存在着一定的差距，但两者都重视对课程目标的确定，并把其作为分析学习内容的起点。加涅认为，确定学习内容范围的最关键因素是课程目标和学习结果，这两个要素决定了学习内容分析的结果。课程目标、单元目标、课时目标是进行学习内容分析的最好开始。

第二节　学习结果的分析

在学校教育中，学习内容具有不同的特点，据此可将学习内容划分为不同的类型。这些不同的学习内容对学习者的学习能力要求和对教师的执教能力要求都有很大的差异性。因此，在教学设计过程中，有必要对学习内容进行分类，以把握各种不同类型的学习内容之间的差别。在对学习内容分类的理论中，加涅的有关学习结果的分类理论具有较高的指导作用。

加涅认为，设计教学的最佳途径，是依据所期望的目标来安排教学工作，因为教学是为了实现特定的教育目标。对教学目标的分类，实际上也就是对学习结果的分类，即根据学习者在学习后所获得的各种能力来分类。因此，在教学之前，必须先明确学习者要习得哪些能力。加涅提出了五类学习结果：理智技能、认知策略、言语信息、动作技能、态度。这种分类可以使人们更好地计划学习、管理学习以及进行教学工作。

一、理智技能

理智技能（intellectual skills）作为一类学习的结果，是指能使学习者运用概念符号与环境相互作用的能力。它们是学校中最基本、最普遍的教育内容，包括最基本的语言技能到高级的专业技能。

理智技能学习与言语信息学习不同，言语信息关注知道某些事情或某些特征；理智技能关注学会如何做某些理智的事情。换言之，言语信息与知道"什么"有关；理智技能与知道"怎样"有关。例如，知道什么是分数和小数，什么是英语的直接引语和间接引语，是言语信息的学习结果；而学会怎样把分数化为小数，把直接引语转换为间接引语，则是理智技能的学习结果。

按照安德森的观点，理智技能学习的是一种程序性知识。而且，理智技能学习最主要的特征是它依赖其他简单知识的学习。理智技能的学习还可以被进一步分成八类：信号学习、刺激—反应学习、动作链索、言语联想、辨别学习、概念学习、规则学习、问题解决或高级规则学习。在学校教育中以辨别、概念、规则、问题解决的学习为主。

辨别是将刺激物的一个特征和另一个特征或将一个符号与另一个符号加以区别的习得能力，包括视觉、听觉、嗅觉、触觉、味觉等方面的辨别。例如，儿童能够看出"目"和"自"的区别，能辨别三角形和正方形等。掌握辨别技能是形成概念的基础，因为只有辨别了事物之间的特征，才能发现事物的共性。

概念是在一系列事件中找出共同特征并给同类事物赋予同一名称的一种习得技能，例如，能在一组词汇中，将同义词和反义词归类。概念又可分为具体概念和抽象概念。具体概念反映了具体的事物，如动物、水果、花、树等；抽象概念反映了对象的各种属性，如"安全""教育""正义""勇敢"等。

规则是揭示两个或更多概念之间的关系的一种言语表述。规则可以是一个定律、一条原理、一套确定的程序。例如，"句子第一个词的第一个字母应大写"是一条英语语法规则，这条规则是由"句子""第一""词""字母""大写"等概念及相互关系所组成的。我们说学习者学会了某条规则，是指他能够在作业中按照这条规则做作业。使用规则是一种习得能力，它使人有可能用符号来做事。规则学习是以概念学习为基础的。

问题解决是把一些简单的规则组合为复杂、高级的规则。问题解决作为一种学习的结果，是学习者在解决问题过程中的思维的产物。问题解决的应用性更为广泛，加涅提出"学习者在试图解决一个特定的问题时，可能把属于不同内容范围的两条或更多的规则结合在一起，组成一条能够解决该问题的高级规则"（加涅，1985）[50]。

这些理智技能是由简单到复杂排列，每一种理智技能都是以前面较简单的技能为先决条件的，如图5-5所示（施良方，1994）[328]。

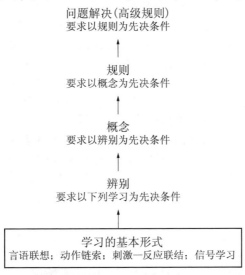

图 5-5　理智技能的层次由简单到复杂（自上而下）

二、认知策略

认知策略（cognitive strategies）是指"学习者藉以调节他们自己的注意力、学习、记忆和思维等内部过程的技能"（加涅，1985）[55]。认知策略是一种特殊的技能，它是个体对自己的认知过程进行调节和控制的能力。

认知策略与理智技能有所区别，理智技能指向学习者的环境，使学习者能处理"外部的"数字、文字和符号等；而认知策略则是在学习者应付环境事件过程中控制自己"内部的"行为。在认知信息加工学习模式中，认知策略起着调节作用：注意哪些特征；如何编码以便于提取；如何从事问题解决过程；怎样才有利于迁移。总之，认知策略是学习者管理或操作自己学习过程的方式。

加涅认为，学习者能否解决问题，既取决于学习者是否掌握了有关的规则，又取决于学习者控制自己思维过程的策略。学习者在选择运用认知策略方面存在着个别差异。即使所有学习者都掌握了同样程度的理智技能，但由于有些学习者采用的认知策略比较合适，因而表现出来的问题解决能力就强一些，反之，问题解决能力就弱一些。理智技能与认知策略是同一学习过程的两个方面，学习者在学习理智技能的同时，也形成了调节学习、记忆、思维的方式。因此，认知策略无法脱离具体内容的学习。脱离了具体内容的学习，就不可能习得和运用认知策略。

三、言语信息

言语信息（verbal information）作为一类学习结果，是指学习者通过学习后，能够记忆诸如事物的名称、符号、地点、时间、定义、对事物的描述等具体的事实，能够在需要时将这些事实表述出来。之所以称为"言语"，主要是指表述的方式。在学校教学过程中，学习者对信息的习得，通常是教师以口头或教科书以文字进行传授的学习结果。教师判断学习者是否通过学习获取了信息，主要是看学习者能否把所获得的信息表述出来。

教学目标之一就是向学习者传递各种言语信息，学习者一般是通过听和看习得的。言语信息与理智技能密切相关，但又有所区别。例如，学习者通过讲述某件事，把要传递的信息表述出来了，这就表明他已具有了言语信息的能力；但讲述的技巧，造句的优劣，则属于理智技能的范畴。

学校教育主要是通过言语信息把人类积累起来的知识一代一代地传递下去。它的重要性，加涅归纳为三点：一个人需要知道某些事实；言语信息有伴随学习的功能；作为一门专业知识的信息是重要的，是任何领域的专家必须掌握的。各种言语信息的复杂程度不同，加涅把它们区分为三种类型：命名，即给物体的类别以称呼；用简单的句子表述事实；知识群，即各种命题和事实的聚合体。

按照我们的理解，加涅所说的言语信息，实际上就是我们通常所说的知识或书本知识。学习知识是十分重要的，加涅认为，言语信息对学习者而言具有三种功能：它们常常作为进一步学习的必要条件，不知道基本的知识，就不能习得复杂的规则；它们将直接影响学习者将来的职业及生活方式，在现代社会生活中尤其是这样；有组织的知识是思维运行的工具，当学习者试图解决一个新问题时，他往往先要思考头脑中这方面已有的知识，然后再作出选择是否能解决新问题。

以上三个方面属于认知学习。比较以上三个方面的认知学习，我们可以了解到，在感知觉的基础上，通过记忆，学习者获得大量的言语信息，是较简单的认知学习；在感知觉的基础上，通过思维，获得有关外部事物的概念、规则乃至高级规则，并将这些概念、规则应用于实践，解决实际问题，是比较复杂的认知学习；在上述学习的同时，学习者还要学会如何控制自己的学习，学会如何学习、如何思维，这是更高级的认知学习，是形成学习者创造能力的核心。

四、动作技能

动作技能（motor skills）是一种习得的能力，以此为基础的行为结果，表现为身体运动的迅速、精确、力量、连贯等方面，如幼儿穿衣、吃饭；学生写字、爬梯子、打球等。动作技能的学习常与认知学习交织在一起，例如，语文课要学习书写动作；物理课要学习使用仪器和工具；音乐课要学习演奏乐器等。动作技能中包含着认知成分，例如，学习英文打字，除学习打字动作技能外，学习者还必须了解有关单词拼写、文章格式、移行规则等。不学习这些知识，动作技能也学不好，这是动作技能学习的特点之一。

只有通过长期不断的练习，动作技能才能日益精确和连贯。只有当学习者不仅能完成某种规定的动作，而且能在一定的时间内，精确地完成连贯的动作，才能认为他已获得了动作技能。因此，在教学设计中，要把一个整体的动作分解成一组从属动作，先使学习者学习某一从属动作技能，然后再把从属动作连贯起来学习。同时，还要说明学习这些动作技能所需掌握的相应知识，包括某种技能的性质、功能、动作难度、要领、注意事项、进程、时间等具体问题。

五、态度

态度是一种影响和调节个体行为的内部状态，也是一类学习结果，一般把它归为情感领域。也有人把它定义为，"习得的、影响个人对特定对象作出行为选择的有组织的内部准备状态"（邵瑞珍，1997b）[200]。特定对象包括事物、人和活动。当教学目标要求使学习者形成先前未有的态度或改变现存的积极的或消极的态度，这就要求学习者进行某种态度的学习任务。

为了使学习者形成或改变态度，学习者应该学习什么？心理学研究表明：态度包括认知成分（对人、事物、活动的认识），情感成分（对人、事物、活动的好恶），行为倾向成分（选择行动的可能性）。态度影响着学习者行为的选择，例如，有的学习者不喜欢英语，那么在英语学习的过程中就表现被动和消极，但这并不表明教学中可以忽视这项学习内容。

目前，教学设计中，从两方面进行态度学习内容的分析：当学习者表现出教学目标所要求的态度时，应能做什么？为什么要培养学习者这种态度？第一个问题实质是对理智技能或动作技能学习内容的分析。以培养小学生某些行为规范的教学目标为例：当学生表现出愿意按行为规范去做时，就有必要教他们学习这些行为。例如，学习唱好国歌、升旗时肃立、正确行队礼；学习衣着整洁、红领巾配戴端正；学习正确刷牙漱口方法；学习交通规则等。只有学会做这些，"遵守行为规范"的态度才能落到实处。第二个问题则要求学习者了解培养某种态度的意义。如上例，要使学生懂得培养良好行为的意义，就涉及言语信息的学习。如，让学生学习有关国旗的知识；学习保护牙齿有益健康的道理；学习有关交通的知识，了解某些人因不遵守交通规则而蒙受损失的事例、数据等事实。由此可见，态度学习内容分析，可从认知学习内容和运动技能学习内容的分析着手。

加涅不仅对上述五类学习结果的表现形式做了相对的区分，而且还分别阐述了五类学习结果所需要的学习条件。由于每一种能力具有不同的特点，因而所需要的条件也各不相同。加涅认为把学习结果作为教育教学目标，有利于确定实现目标所需要的各种学习条件，使教师在教学过程中尽可能地予以满足。

第三节　学习内容分析的过程与方法

一、学习内容分析的过程

学习内容分析的过程会因学科的不同、学习内容的不同而有所差异，但也有一些共同的基本步骤。

（一）确定教学的基本目标

通过对学习需要的分析，我们基本明确了学习者目前的学习现状与教学目标之间的差距，也随之形成了教学的基本目标。教学的基本目标将指明学习者应该学习的内容和完成的学习任务，或者希望学习者通过进一步的学习，获得什么样的学习结果，教学基本目标将控制学习内容分析的基本框架。如以前没有明确教学基本目标，在分析学习内容时应加以明确。

（二）首次评估学习内容

我们要依据教学的基本目标、课程理论、认知理论、学习分类理论等，对整个学习内容做初步的考察和论证。我们要做的主要工作是，了解教学任务的背景和类型、教材的体系和结构、组成部分及主要内容。了解学习者的学习准备状态，他们在学习过程中可能遇到的问题和困难，明确现有的教学资源等。

（三）确定单元教学目标

我们已将课程划分为若干个单元。因此，要确定单元教学目标，以将总目标进一步具体化。但是，学习任务的类型不同（认知的、技能的、态度的等），其教学目标也要有所区别。确定单元教学目标，是要了解学习者在完成这一单元学习后，其认知的、行为的、情感的等方面有何变化，以及变化的程度和水平。

（四）学习内容的具体分析

为了实现单元教学目标，还要对学习内容做详细的分析和分解。例如，学习者需要学习什么知识，学到什么程度，需要多少学习时间；学习者需要掌握哪些技能，达到什么水平，需要何种条件，知识与技能的关系怎样；我们要培养学习者什么态度，态度会有怎样的改变，需要什么样的情境等一系列问题都要做具体而详尽的分析。

（五）再次评估学习内容

接下来就要收集必要的资料和数据，考察单元教学目标的效度，效度是指每一类型学习内容和单元教学目标符合总目标的程度。删除与单元教学目标无关的部分，同时补充可能遗漏的学习内容。特别是对学习内容的具体分析上，一定要检查前后知识、技能的联系，教师教的顺序和学习者学的顺序，对可能遇到的困难所采取措施的有效性。

以上仅仅是分析学习内容的一般过程，教师如果没有把握，可重复某个步骤；如果有把握，可省略某个步骤，以确保学习内容的分析更加省时有效。这些步骤可增加、可减少，皆因学习内容而定。

二、学习内容的分析方法

在学习内容的具体分析过程中，关键是要找到分析学习内容的方法。在教学设计实践中，许多人根据不同的理论，提出了不同的学习内容的分析方法。这些方法区别较大，有的简单，有的复杂；有的按线性顺序排列，有的按立体结构顺序进行。下面介绍一些常用的方法，我们可根据实际需要选用，最好根据具体情况，创造性地运用。

（一）归类分析法

这种分析方法主要应用于言语信息学习内容的分析，其目的是确定为达到教学目标而需要学习的知识项目。这种分析方法被广大教师采用，归类分析法基本步骤如下。

1. 理清教材的知识体系

知识体系是指各个知识点之间的相互关系，即结构知识。知识体系的确定要根据课程标准（教学大纲）、教材、教参的有关部分来确定。课程标准（教学大纲）有利于从学习内容的整体上考虑，教材、教参有利于从学习内容的细节上深入考虑。下面是应用这种方法的实例。

实例1：小学《自然》中"电磁现象"这一单元的知识体系，如图5-6

所示（钱建昌，1998）[175]。

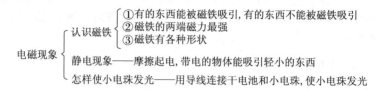

图 5-6　小学《自然》中"电磁现象"这一单元的知识体系

实例 2：初中"代数"中"加法的运算律"知识体系，如图 5-7 所示（钱建昌，1998）[176]。

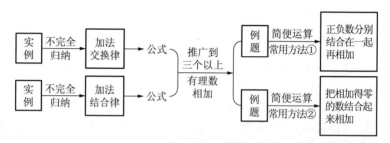

图 5-7　初中"代数"中"加法的运算律"一节的知识体系

2. 确定知识点

理清教材的知识体系后，下一步是确定知识点。知识点也是教师教和学习者学的要点。知识点是指认知、技能、情感等各个领域中的一些内容，各个知识点之间不交叉、不重复。可分两步来确定：第一步从知识体系中确定哪些内容是需要学习者掌握的。知识点的确定，不但要考虑教材，还要考虑学习者的学习基础。第二步在所确定的知识内容中引出相对独立的成分，即知识点。如上例，可确定"以加法交换律、结合律，简便运算中的常用方法"为知识点。

3. 确定重点和难点

确定知识点后，按照常规，还要考虑知识点的重点和难点，有的教师还要确定关键点。知识点应包括知识、能力、动作技能、态度等方面的学习内容。为简明起见，我们可以列一个表，如表 5-2 所示。

表 5-2　学习内容归类表

	知识点	重点	难点	关键点
1				
2				
3				
……				

　　在这里我们不妨把学习内容的分析与传统教学的"备教材"作以简单的比较。传统的"备教材"因缺乏明确的方法与具体要求，往往忽视了对学习者起点能力的分析，忽视对学习内容中知识与能力的剖析。学习内容分析的这一方法，实质上是对学习者的起点能力转化为终点能力，对从属知识、技能和能力进行详细剖析的过程，目的在于确定学习内容的范围与深度（这与学什么和教什么有关），揭示学习内容中各项知识、技能和能力之间的相互关系，为制定教学策略提供依据（这与如何学、如何教有关）。

（二）图解分析法

　　这种分析方法是用直观的形式，揭示学习内容的要素及其相互联系的分析方法。这种方法主要用于认知学习内容的分析。图解分析的结果是一种简明扼要、提纲挈领地从内容和逻辑上高度概括学习内容的一套图表或符号。它将有助于教师思考下列这些问题：所列各项是否包括了学习内容的所有要点？学习内容要点的安排是否有利于学习者的学习？这种方法也易于觉察内容的残缺之处和多余部分，以便于及时修改和完善。图解分析方法的具体步骤如下。

　　（1）列出与教学目标相关的事实、概念、原理等。

　　（2）把所列内容按顺序排列。

　　（3）用线条把各要素连接起来。

　　（4）图解成型后，全面核查内容的完整性、要素之间的逻辑性，如有必要，补充或修改。

　　（5）补充实例，提出教学建议。

　　下面是应用这种方法的实例，如图5–8所示（张祖忻，1992）[89]。

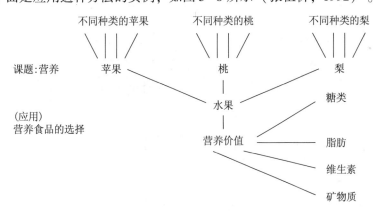

图5–8　图解分析实例

（三）层级分析法

这种分析主要用于揭示教学目标所需要掌握的从属技能的一种分析方

法。这是一种逆向分析的过程，就是从已确定的教学目标开始考虑：要求学习者获得教学目标所规定的终点能力，学习者必须具备哪些次一级的从属能力？而培养这些次一级的从属能力，又需要哪些再次一级的从属能力？依此类推，一直分析到学习者的起点能力。我们可以看出，各层次具有不同的难度等级，越在底层的难度越低，越在上层的难度越大。而在归类分析法中则没有这种差别。这种方法的基本步骤如下。

（1）确定学习者必须获得的终点能力。

（2）确定次一级的从属能力。

（3）确定再次一级的从属能力。

……

（N）如此剖析，一直到学习者的起点能力为止。

下面是应用层级分析法的实例，如图5–9所示（Robert M. Gagne，Leslie J. Briggs，Walter W. Wager，1988）[149]。从图5–9可以看出，终点能力（11）的学习是以（7）、（8）、（9）、（10）四项从属技能的学习为先决条件，该层级的学习直到事实的学习——简单减法为止。

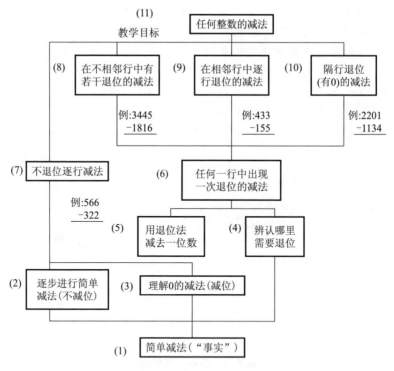

图5–9　"整数减法"学习任务的层级分析

如能达到将教学目标的从属能力分别区分出来，构成一个课程图的话，进而选择恰当的教学方法便有了科学依据。分析的步骤很简单，但具体操作起来却不是一件易事。需要教学设计者、课程专家、教师等人员的密切配合。

（四）结构分析法

层极分析法是按照线性的顺序来分析学习内容的，但完成学习任务的各个步骤不总是按线性程序进行的。同时，也很难全面分析教学和学习活动中的各种关系，也无法确定存在着的问题。为解决这一问题，博姆和雅各皮尼（Bohm & Jacopini）提出了结构化任务分析方法。

这种方法是从任务分析的整体来考虑的，其基本思路是，任务分析工作可以从几个方面展开，并可以由几个小组分别完成，再把这些分析单元按照某种关系组织成为任务分析的总体结构。在这种任务分析方法中，博姆和雅各皮尼确定了三种基本顺序结构，如图 5-10 所示（加涅，1992b）[177]。三种基本结构的变形结构，如图 5-11 所示（加涅，1992b）[178]。同时，运用这些基本结构，构建一个完整、相互嵌套的结构，如图 5-12 所示（加涅，1992b）[179]。

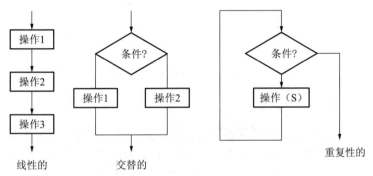

图 5-10　三种基本顺序结构

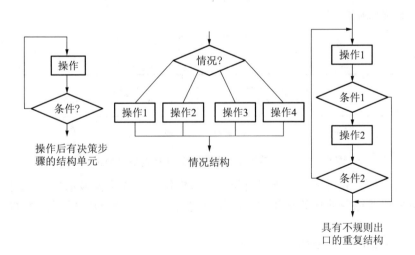

图 5-11　三种基本结构的变形结构

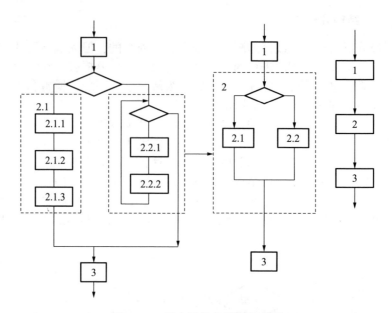

图5-12　基本结构的嵌套示意图

（五）信息加工分析法

信息加工分析法是由加涅提出来，是以信息加工理论为基础提出的一种分析心理操作过程的内容分析方法。这种分析方法能够比较清晰地揭示达到终点目标所需的心理操作过程或步骤。图5-13（张祖忻，1992）[92]显示求算数平均数的计算过程，清晰地表明了当学习者掌握了教学目标规定的技能后，将能够做什么。

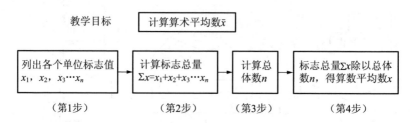

图5-13　"求算数平均数"学习任务的信息加工分析

信息加工分析法不仅能把内隐的心理操作过程或步骤显示出来，同时也能够描述或记录外显的动作技能的操作过程。"刻纸拓印"学习内容的分析就是其中一例。

刻纸拓印的步骤是：

第一步：画稿——用单线画出稿样轮廓；

第二步：复印——将画稿分别印在图画纸上；

第三步：剪形——将所印的图样逐个剪下；

第四步：刻纹——用刻刀按印稿将结构刻出；

第五步：衬贴——将剪下的图样分别贴在底板纸上；

第六步：印刷——用滚筒等使底板吃足油墨，接着把印纸覆上，压印成画。

前面已提到，动作技能学习包含着认知成分。在信息加工分析中，对学习有关动作技能所需掌握的知识要点，可将它们依附在有关技能步骤下。如图5-14所示（张祖忻，1992）[94]。

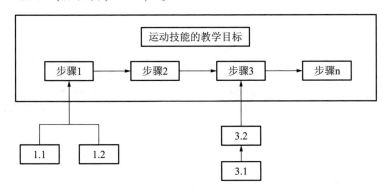

图5-14　信息加工分析中"认知内容"的显示

完成某些学习任务的各个步骤并不都是按照线性程序进行的。当任务某一步骤结束后，可能出现几种情况，这时我们需要作出判断。如图5-15所示（张祖忻，1992）[94]，第三步骤代表一个决策点，如遇情况A，继续做第4、5步骤；如遇情况B，则继续做第6、7步骤。也就是说，对于这类学习内容，我们可以使用流程图来表明其操作过程。图5-16是一个认知学习任务的流程图实例（张祖忻，1992）[96]。图5-17是一个运动技能学习任务的流程图实例（张祖忻，1992）[97]。

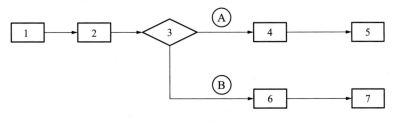

图5-15　涉及决策的程序

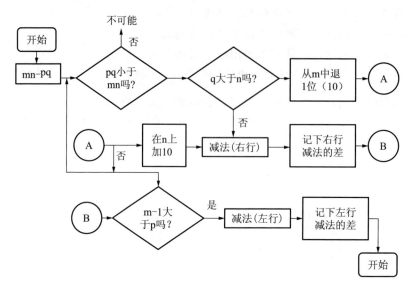

图 5-16　"两位数减法"学习任务的信息加工分析

（六）综合分析法

我们知道，许多学习内容的组成部分往往是很复杂的。因此，需要综合使用几种方法。为此，迪克和凯里（W. Dick & L. Carey）在 1985 年提出了综合分析的方法。这种分析方法如下。

1. 依据终点教学目标对学习内容进行信息加工分析，揭示心理操作的顺序。

2. 分析心理操作的顺序中的各个步骤，指出哪些是学习者已掌握的，哪些是需要学习的。需要学习的步骤便构成从属的教学目标，它们是终点教学目标的先决条件。

3. 进一步分析需要学习的步骤，确定其所需的从属技能。具体方法应视学习任务的性质而定：

（1）理智技能可采用层级分析法。

（2）心理运动技能学习任务，可采用层级分析法、程序分析法（是对心理运动目标的各组成部分作细化描述的方法）。

（3）言语信息学习任务，可采用归类分析法。

（4）态度学习任务，可采用程序分析法、层级分析法、归类分析法。

（七）索引卡法

学习内容的分析工作细致而又复杂，常常有必要对分析的结果进行修改和调整、补充或删除。因此，我们需要掌握一种有效的计划技巧。比较行之有效的一种方法是索引卡法。做法是：将教学目标和各项从属知识和技能等学习内容分别写在各张卡片上，卡片的大小一般以 10×12 厘米为宜，然后

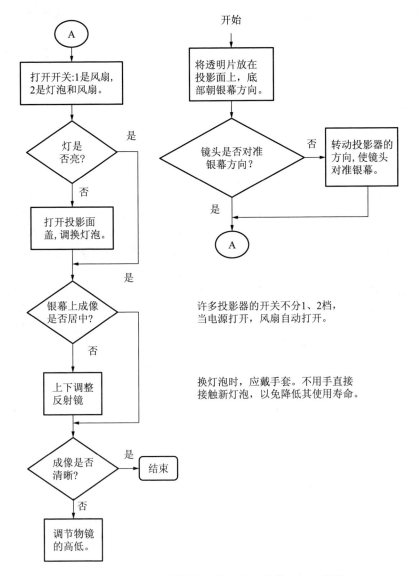

图 5–17　"投影器操作"学习任务的信息加工分析

对它们之间的关系进行安排，经过充分研讨和修改后，再转抄到纸上。这种方法的特点是灵活，便于及时修改和调整各项学习内容之间的关系；也比较形象和直观，便于讨论和交流。具体做法如下。

（1）在每张卡片上写上一个要点（或一项从属知识与技能），便于增减内容和调整位置。

（2）使用彩色卡片，彩色有利于分类，同一层级的从属技能使用同一颜色的卡片，如概念使用白色卡片，定理使用黄色卡片等。

（3）制作一块展示板，用于辅助分析并展示分析结果，便于从整体上分析和调整，使自己和参加讨论的人一目了然。磁性白板就是一种有用的展示工具。

（4）建立一套卡片编号系统，便于理顺各卡片之间的关系，有利于分析结果后的定稿记录整理。例如：

第一层次用一、二、三、四、五……表示；

第二层次用（一）（二）（三）（四）（五）……表示；

第三层次用1.2.3.4.5……表示；

第四层次用（1）（2）（3）（4）（5）……表示；

第五层次用①②③④⑤……表示。

以上我们介绍了七种分析学习内容的方法，供教学设计者和教师在进行教学设计分析学习内容时参考。很多教师阅读完这些分析学习内容的方法后，不免会感觉到，这些方法过于复杂、烦琐。我们认为，教师的教学工作本身就是一项复杂的脑力劳动，需要教师投入较多的时间和精力。一旦我们把学习内容的分析做得细致和完善了，我们在教学时就会做到心中有数，保证教学时游刃有余。况且，大多数教师的教学对象、教授的年级、使用的教材具有相对的稳定性，完成一次学习内容的分析后，以后的分析工作就是修改、调整和完善等。目前大多数学校的教师广泛使用计算机备课，这样会使教师的教学准备工作变得轻松一些。

第六章

学习者分析

> ● 学习者一般特点分析
> ● 学习者起点能力分析

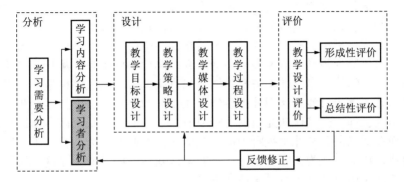

◎只有学习需要、学习内容的分析，还不能做到全面了解情况，还必须对学习者进行全面细致的分析。学习者的分析包括很多方面的内容，在本章中，我们重点分析与教学设计密切相关的要素。分析学习者的目的是了解学习者的一般特点、学习风格、学习准备状态等方面的情况，为学习内容的选择和组织、教学目标的确定、教学活动的安排、教学策略的采用等提供科学的依据。因此，学习者的分析，是教学设计前期分析中的重要环节。

第一节　学习者一般特点分析

一、学习者认知发展特点分析

在分析学习者认知发展水平的各种研究中，瑞士心理学家皮亚杰（J. Piaget）的认知发展阶段理论在国际上具有广泛而深远的影响，皮亚杰的认知发展阶段理论对在教学设计过程中了解学习者的一般特点具有重要的指导意义。他的理论详细地描述了儿童个体认知发展的过程和呈现出来的显著特点，他把儿童的认知发展分为四个阶段。

（一）感知运动阶段（0—2 岁）

这个阶段是婴幼儿感知觉和运动协调发展的阶段。认知活动主要是通过探索感知觉与运动之间的关系获得动作经验，在这些活动中形成了一些简单的行为图示，以此来适应外部环境和进一步探索外界环境。他们探索周围世界的主要手段是手的抓取和嘴的吸吮。在这一阶段，儿童的认知能力逐渐发展，从对事物的被动反应发展到主动探究。典型的例子是，从只是抓住成人放在手里的物体到自己伸手去拿物体。儿童认识事物的顺序也是从认识自己的身体开始逐步过渡到认识外界事物。儿童大约在 9—12 个月逐渐获得了客体永恒性，即一个客体从儿童的视野中消失了，他们也知道该客体还是存在的。而在此之前，从儿童视野中消失的客体，他们就以为不存在了，也不再去寻找。皮亚杰认为，客体永恒性是后来认知活动的基础。在这一阶段，儿童不能使用语言和抽象符号来命名事物。

（二）前运算阶段（2—7 岁）

运算是指内部化的智力操作。在这一发展阶段中，儿童把在感知运动阶段获得的感知运动行为图示，开始内化为表象或形象图示。因此，儿童的头脑中有了事物的表象，并日益丰富，而且能够用词代表头脑中的表象。在这个阶段，儿童已经掌握了口头语言。他们能够进行初级的想象，能使用和理解初级概念及其相互之间的关系。初级概念是指儿童从具体经验中习得的概念。因此，他们能够设想过去和未来的事物，也能够运用语言或较为抽象的符号来表达事物。在他们的认知结构中，知觉成分占优势，而且集中注意事物的某一方面，忽略了事物的其他方面，不能见及事物的全面。儿童能进行直觉思维和半逻辑思维，他们无法改变思维的方向，不能从正面和反面去思考，不能从原因看结果，从结果看原因。儿童面对问题情境时，只会从自己的观点着眼，不会考虑他人的不同看法。

（三）具体运算阶段（7—12 岁）

这一阶段儿童的认知结构已发生了重组和改善，儿童的思维有了质的变化，具有了抽象的概念和一定的弹性，并可以逆转。不像前运算阶段，单凭知觉表象考虑问题，该阶段能够进行逻辑推理或逻辑转换。例如，儿童能够进行 A＞B，B＞C，则A＞C这样简单的逻辑推演。此阶段儿童的思维活动，在很大程度上仍然局限于具体的事物和过去的经验。即他们进行推理或转换的对象还只是具体的材料或客体，而不是抽象的命题。他们需要实际经验作支柱，需要借助具体形象的支持，才能解决问题。皮亚杰认为，在这一阶段，应对儿童多做些事实性的、技能性的训练。儿童在进入这一阶段后获得了心理操作能力，他们可以用心理操作能力去认识、表征和反映内部和外部世界，使认知活动具有一定的广泛性、深刻性和灵活性。

（四）形式运算阶段（12—15岁）

随着认知发展从具体向抽象过渡，在这一阶段，日趋成熟的儿童逐渐摆脱了具体经验的支持，能够理解并使用相互关联的抽象概念。也就是说，儿童的思维抽象性水平有了很大的提高。所谓形式运算是指对抽象的假设或命题进行逻辑转换。思维是以命题形式进行的，并能发现命题之间的关系。在这一阶段，儿童和青少年形成了思维能力，一是可以进行假设—演绎思维，不仅能够在逻辑上考虑现实的情境，而且能够依据可能的情境进行思维；二是可以进行抽象思维，即可以运用符号进行思维；三是可以进行系统思维，即在解决问题时，能够在心理上控制若干变量，同时还能考虑到其他若干变量。从另一角度概括的话，儿童和青少年能用逻辑推理、归纳或演绎的方式解决问题，能理解符号的意义、隐喻、直喻，能做一定的概括，儿童的思维发展水平接近成人的思维发展水平。

皮亚杰在概括他的认知发展阶段学说时指出，在不同的发展阶段，儿童的认知具有不同质的特点。在同一发展阶段内，各种认知能力的发展是平衡的。各阶段出现的一般年龄特征，虽然因个人智慧程度、社会环境的不同，可能会有差异，但是各个阶段出现的先后顺序不会改变。而且各个阶段作为一个整体结构，它们之间的先后顺序不能彼此调换。

皮亚杰的儿童认知发展阶段学说对教学设计具有重要意义。在儿童认知发展变化中，最主要的变化是从具体认知向抽象认知的过渡，它决定着学习内容的选择和教学方法的采用。在教学设计中，必须将具体的事物作为认识抽象事物的基础，引导学习者的思维逐渐向抽象的逻辑思维过渡。可见，了解学习者的年龄特征和在不同年龄阶段表现出来的特点，有助于学习内容的确定，有助于教学策略、教学媒体的选用。

二、学习者学习动机分析

学习动机对学习者学习产生的影响引起了许多教学设计者的高度重视，并在教学设计的各个环节上考虑了如何保持和激发学习者的学习动机。如果学习者没有一定强度的学习动机，任何设计好的教学也难以取得良好的教学效果。

（一）学习动机的涵义

1. 动机与学习动机

人们总是在试图解释自己或他人行为的原因，心理学家们一般用动机（motive）这一术语对此进行描述。所谓动机，是指引发并维持活动的倾向或意向。动机有两种功能：一是唤醒与维持功能，二是指向功能。所谓学习动机是指"激发个体进行学习活动、维持已引起的学习活动，并导使行为朝向一定的学习目标的一种内在过程或内部心理状态"（李伯黍，2001）[215]。学习动机也可以解释为直接推动学生进行学习的一种内部动力，是激发和指引学生进行学习的一种需要。

2. 学习动机与学习

学习动机和学习的关系是相辅相成的，动机能够推动学习，而学习反过来又可以增强学习动机。当学习者缺乏学习动机时，教师可以先组织他们开展学习活动，通过学习活动逐渐引发和形成学习动机。学习动机一旦形成，就会始终贯穿于学习的全过程。著名的心理学家奥苏伯尔也持同样的观点：当学习者尚未表现出对学习的兴趣或学习动机不强时，教师没有必要推出学习活动。最好的办法是通过有效的教学，使他们尝到学习的甜头，就有可能产生学习动机。

动机具有加强学习的功效。学习动机对学习产生的影响，一般来说并不是直接地卷入知识的相互作用过程中，也不是通过同化机制发生作用，而是通过加强努力，集中注意的持久性和对学习的及时准备来加强和促进知识的相互作用过程，学习动机犹如"催化剂"，对学习产生间接地增强与促进的效果。根据耶克斯－多德森律，唤起水平与绩效之间的关系是一种曲线关系，唤起水平太高或太低都不能引起最佳的皮质工作状态，从而也不能得到最佳绩效。由此，不少心理学家认为，学习动机过弱，会使学习者产生注意力不集中、精神涣散等状态，不能激发学习的积极性和主动性；动机增强，学习的效率也随之增高；但是学习动机过强，常常会有过分紧张、焦虑的情绪。因此，学习动机的中等程度的激发或唤起，对学习具有最佳的效果。

（二）学习动机的分类

1. 内部动机与外部动机

内部动机是指人们对学习本身的兴趣所引起的动机，动机的满足在学习活动之内，不在学习活动之外，它不需要外界的诱因、惩罚来使行动指向目标，因为学习活动本身就是一种动力。如有的学习者喜欢英语，他便在上课时注意听讲，课下刻苦钻研，课外认真完成作业。

外部动机是指人们由外部诱因所引起的动机。动机的满足不在学习活动之内，而在学习活动之外，这时人们不是对学习本身感兴趣，而是对学习所带来的结果感兴趣。如有的学习者为了得到奖励，避免惩罚，取悦于教师等。

2. 认知内驱力、自我提高内驱力和附属内驱力

奥苏伯尔认为，学习者指向学业的行为都可以从认知内驱力、自我提高内驱力和附属内驱力三个方面加以解释。实际上，这是奥苏伯尔对学习动机的一种分类。

认知内驱力（cognitive drive），即一种要求了解和理解的需要，要求掌握知识的需要，以及系统地阐述问题并解决问题的需要。这种内驱力，一般来说，多半是从好奇心的倾向中派生出来的，如想探究、发现、操作等。这种动机指向学习任务本身（为了获得知识），满足这种动机的奖励（知识的实际获得）是由于学习本身提供的，因而也被称为内部动机。

自我提高内驱力（ego-enhancement drive），是个体因自己的胜任能力或工作能力而赢得相应地位的需要。这种需要从儿童入学开始，日益显得重要，成为成就动机的主要组成部分。自我提高内驱力不直接指向学习任务本身，由于一定的成就总是能赢得一定的地位和荣誉，而成就的大小决定着地位的高低。同时，一定的地位又决定他的自尊心。由此来看，自我提高的内驱力把成就看做赢得地位与自尊心的根源，这显然是一种外部动机。

附属内驱力（affliative drive），是一个人为了保持长者们（如家长、教师等）的赞许或认可而表现出来的把工作（学习）做好的一种需要。例如儿童努力学习以获取优异成绩只是为了满足家长的要求，从而得到父母的赞许。这种需要的产生需具备三个条件：一是学习者与长者在感情上具有依附性；二是学习者从长者方面所获得的赞许或认可（如被长者视为可爱的、聪明的、有发展前途的人，而且受到种种优惠的待遇）中将获得一种派生的地位；三是会有意识地使自己的行为符合长者的标准和期望，以使自己获得和保持长者的赞许和表扬，从而更加确定和巩固自己获得的地位。

在成就动机中表现出来的认知内驱力、自我提高内驱力和附属内驱力这三个组成部分的不同比重，通常随着年龄、性别、社会层次的成员地位、种族起源以及人格结构等因素的不同而有所变化。

三、戴尔的"经验之塔"

戴尔（E. Dale）在1969年构建了"经验之塔"。如图6-1所示（戴尔，1969）。戴尔的"经验之塔"的理论意义可概括为以下几点。

（1）经验之塔最底层的经验是最直接的具体的经验，越往上，越抽象。这只是一般获得经验的规律，并不是任何条件下都是如此。

（2）教学应从具体经验入手，逐步过渡到抽象。有效的学习方法是应该首先给予学习者丰富的具体经验。只是让学习者记忆许多普遍法则和概念、原理，而没有具体的经验支持，将会导致教学的失败。

（3）教学不能停留在获得具体经验的阶段，必须向抽象发展，把具体的经验普遍化，形成概念。

（4）在教学现场，尽可能采用现代教育技术手段，给学习者提供丰富的直接经验，以利于获得更明确、完善的抽象。

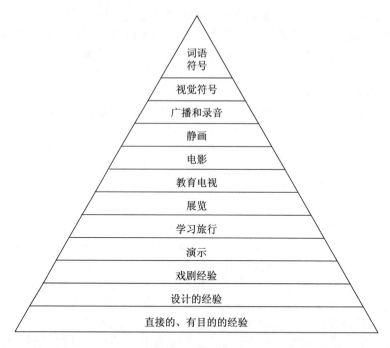

图6-1 经验之塔

（5）位于经验之塔中层的视听教学手段，它比用言语、符号更能为学习者提供生动、具体的经验，又能打破时空的限制，弥补学习者直接经验之不足，这是塔上下部分的桥梁。

（6）把具体经验看得过重，使教学过于具体化，而忽视达到普遍化的充分理解也是错误的。

直接的、有目的的经验和设计的经验与戏剧经验是做的经验；而演示、学习旅行、展览、教育电视、电影静画、广播和录音是观察的经验；视觉符号和词语符号是抽象的经验。

戴尔的经验之塔对教学设计的启发是，就认知学习来说，低年级的小学生应该从感知入手，通过直接的经验学习。而大学生则通过词语符号来学习知识。不论对哪一年龄阶段的学习者来说，当学习新的任务时，这时又缺乏直接经验作基础，因此，设计一个由具体到抽象的教学内容顺序，都能获得良好的教学效果。戴尔是按照各种媒体与方法提供的学习经验的具体程度将媒体进行分类的。

实际上，只要对学习者进行粗略的了解和分析，对教学方法、教学媒体选择也是有帮助的。例如，学习者的阅读能力较差，那么可以考虑使用视听资料；城市和农村的文化背景不同，选择的实例应有所区别；学习者对新学习课题的学习准备程度不同，特别是具备的有关直接经验不同，可以在教学内容呈现过程前，使用录像等手段，给学习者提供共同的经验基础。

四、学习者学习风格分析

每个学习者都是通过自己来接收、处理信息和作出反馈的。但是，接收和处理信息的速度不同，作出反馈的方式也不同。例如，对于一个知识点，有的学习者可能只需 10 分钟就能掌握，有的可能需要更多的时间才能掌握。要想实现个别化的教学，则需要给每一个学习者设计一个适合自己特点的学习规划，这正是我们追求的目标之一。随着计算机广泛应用于教学和家庭，将会给每一个学习者提供个别化、处方化和模块化的课程结构，真正做到因材施教。为使教学符合学习者的特点，需要对学习者进行学习特征测验，而学习风格则是学习者所具有的特征的重要组成部分。

什么是学习风格？有人把它定义为"个人喜好的掌握信息和加工信息的方式"。它是"心智加工个性化的一般行为倾向，是智力的个性特征"。克内克（A. G. Knirk）认为，学习风格是"他们学习的最优方式"（克内克，1986）。我国著名教育心理学家邵瑞珍认为，"学习风格是学习者持续一贯的带有个性特征的学习方式，是学习策略和学习倾向的总和"（邵瑞珍，1997b）[260]。尽管各种定义不同，但都包含了这样一个基本含义，那就是学习风格是个体灵活的个人喜好、习惯或个性特征。克内克认为，教学设计者为了向学习者提供适合各自特点的个别化教学，应从以下几方面了解有关学习者的学习风格。

（一）信息加工的风格

（1）用归纳法展示内容时，学习效果最佳。

（2）喜欢高冗余度。

（3）喜欢在训练中有大量正面强化手段。

（4）喜欢使用训练材料主动学习。

（5）喜欢通过触觉和动手活动学习。

（6）喜欢自定学习步调等。

（二）感知或接受刺激所用的感官

（1）通过动态视觉刺激（教学电视、电影）学习效果最佳。

（2）喜欢听觉刺激（讲课、录音带）学习。

（3）喜欢从印刷材料（教材）中学习。

（4）喜欢多种刺激同时作用的学习。

（三）感情的需求

（1）需要经常受到鼓励和安慰。

（2）能自动激发动机。

（3）能坚持不懈。

（4）具有负责精神。

（四）社会性需求

（1）喜欢与同龄同学一起学习。

（2）需要得到同龄同学经常的赞同。

（3）喜欢向同龄同学学习。

（五）环境和情绪的需求

（1）喜欢安静。

（2）希望有背景声音或音乐。

（3）喜欢弱光、低反差。

（4）喜欢一定的室温。

（5）喜欢零食。

（6）喜欢四处走动。

（7）喜欢视觉上的隔离状态（如在语音实验室座位中学习）。

（8）喜欢在白天或晚上某一特定时间学习。

（9）喜欢多休息、多睡。

（10）学习时喜欢某类桌椅。

这里需要指出的是：学习风格本身没有好坏之分，每一个学习者都有自己独特的学习风格，学习风格就像签名那样有个性。对于教学设计者来说，了解并充分考虑学习者的学习风格的特点，在教学设计时就可以恰当地处理学习内容，准确地采用教学方法，科学地选用教学媒体，创造适宜的学习环境，有效地提高学习者的学习水平。

那么如何对学习者的学习风格进行有效的测量呢？顿（Rita Dunn）等人在1978年曾经设计了"学习风格测定表"，用于测量学习者的学习风格。这种学习风格测定表实际上就是一种征答表，表上含有若干学习风格方面的陈述意见，请学习者对每一条陈述意见作出适当的反应。例如：

——我在安静的环境中学习效果最好。

——我喜欢一个人做作业。

——我记得最牢的是那些我所听到的事物。

在第一节的内容中，我们重点从学习者认知发展特点分析、学习者学习动机分析、学习者学习风格分析等方面进行了简要阐述。实际上，学习者的特点包括许多方面，可以从多方面、多角度进行分析。究竟要分析学习者的哪些特点？我们应根据教学的实际需要，根据特定的学习内容的要求，判断学习者的哪些方面必须加以分析，并能采用恰当的分析方法。

第二节　学习者起点能力分析

教学前必须明确教学目标，了解学习者原来具有的学习准备状态。学习准备是指"学习者在从事新的学习时，他的原有知识水平和原有的心理发展水平对新的学习的适合性"（邵瑞珍，1997b）[250]。学习可分为认知的、运动技能的和态度的，学习准备也可这样划分。学习者原来具有的学习准备状态就是新的教学起点。根据学习者原来具有的起点进行教学，才能获得良好的教学效果。教学目标是目的地，学习者的起点能力是教学的出发点。学习者起点能力的分析就是要确定教学的出发点。起点能力一般是指学习者对从事科学的学习已具备的有关知识、技能的基础，以及对有关学习内容的认识和态度。对教师而言，称为教学的起点。

　　学习者的起点能力的分析与学习内容的分析密切相关。如果忽视对学习者起点能力的分析，学习内容的确定就会脱离学习者的实际。如将学习者的起点定得太高，脱离学习者的实际水平，就会降低教学效果，使学习者在高难度的学习内容面前望而却步；如将学习者的起点定得太低，也脱离学习者的实际水平，就会造成时间和精力的浪费，使学习者在低水平的内容上做无效的劳动。长此以往，就会降低学习者的学习兴趣。因此，准确地确定学习者的起点能力，可在一定程度上提高教学效率，收到良好的教学效果。

一、学习者知识起点能力分析

（一）认知结构的含义

　　奥苏伯尔认为，当学习者把教学内容与自己的认知结构联系起来时，意义学习便发生了。所以，影响课堂教学中意义接受学习的最重要的因素是学习者的认知结构。认知结构是指"学生现有知识的数量、清晰度和组织方式，它是由学生眼下能回想出的事实、概念、命题、理论等构成的"（施良方，1994）[235]。因此，要促进新知识的学习，就要增强学习者认知结构与新知识的有关联系。其前提是要先了解学习者的原有认知结构的状态，在此基础上，通过教学加强新旧知识的联系，这样才能把新知识纳入学习者原有的认知结构中。因此，分析学习者知识起点能力，就是判断学习者原来具有的认知结构的状态。

（二）判断学习者认知结构的技术

　　怎样判断学习者原来具有的认知结构呢？美国著名学者诺瓦克（Joseph Novak）根据奥苏伯尔的思想，提出了判断学习者认知结构的技术，这种技术叫做"概念图"。"概念图"是一种知识结构的表现方式。知识可以被视为由各种概念和这些概念组成的一个整体，其形式是一种等级结构。由于学习上的差异，每个学习者绘制的概念图也各不相同。教学就是不断地完善这个概念图的过程。为了准确地把握学习者现在具备了哪些知识，可让学习者编制某一学科的概念图，然后据此判断学习者掌握知识的水平，即原有的认知结构的状态。绘制概念图的基本步骤是：

　　（1）确定已学内容中的概念。让学习者根据已学过的知识内容，利用关键词或关键概念，列出概念一览表。

（2）将概念符号排序。从最一般的、最广泛的概念开始排列，一直排列到最具体、最狭窄的概念。

（3）按金字塔结构，将所列的概念排列。一般的概念置于顶端，具体的概念按顺序放在较低的层次上。

（4）确定各概念之间的关系。在每一对概念间画一条线，并确定符号，表示两个概念的关系。随着认识的深化，学习者对概念之间的关系可能会有新的认识。所以，线条可改动。

（5）找出概念图中不同部分概念之间的相互关系。在图上标出各种交叉的连接线。

（6）经过一段学习后，重新考虑和绘制概念图。如图6-2所示（转引自孙可平，1998）[219]。

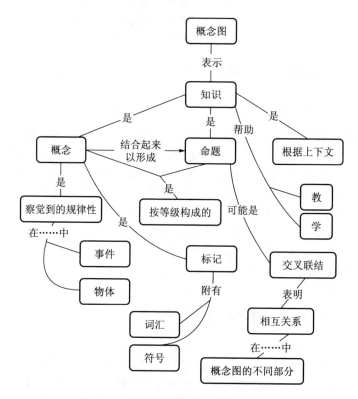

图6-2 说明概念图主要特征的概念图

根据此图，就可以判断学习者原有的认知结构的状态是完整的，还是有缺陷的。因为每个学习者所掌握的知识水平是不同的，他们所画的概念图具有明显的差异性，可以据此确定教学的起点。图6-3是小学二年级自然常识的概念图；图6-4（孙可平，1998）[220]是初中关于光合作用的概念图；图6-5、图6-6（恰瑞罗特，2007）两个概念图分别是为五年级科学课和八年级数学课而设计的。这些信息有助于教学设计者有的放矢地设计教学，有助于教师确定教学的起点。

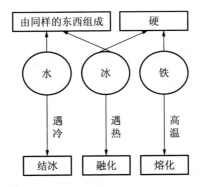

图6-3　小学二年级自然常识的概念图

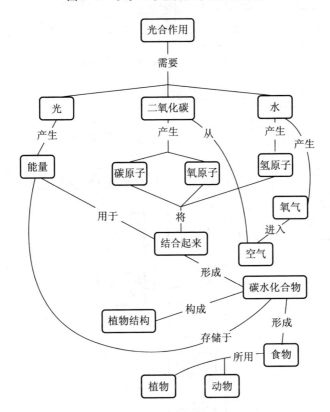

图6-4　初中关于光合作用的概念图

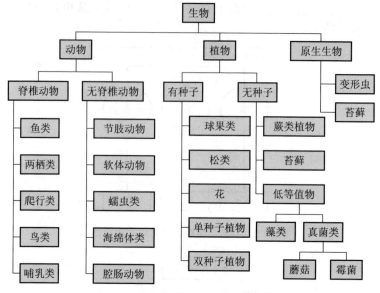

图6-5 五年级科学课中的一个概念图

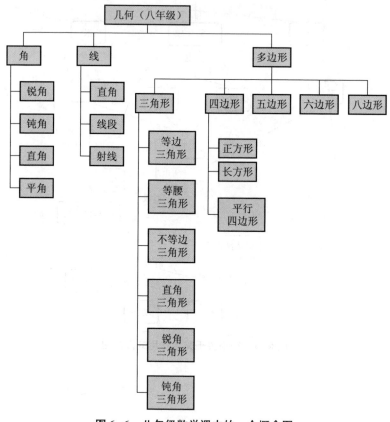

图6-6 八年级数学课中的一个概念图

二、学习者技能起点能力分析

(一) 学习者技能起点能力的分析方法

加涅和布里格斯等人提出的"技能先决条件"的分析方法，是对学习者技能起点能力进行分析判断的常用方法。这种方法是从终点能力着手，逐步分析达到终点能力所需要的从属知识和技能，一层一层分析下去，直到能够判断从属技能确实被学习者所掌握。教学设计者可通过学习者能否完成这些最简单的技能来判断学习者技能起点能力水平。也可通过测试，了解学习者的掌握程度，并据此确定学习者的技能起点水平和教学的起点。

(二) 学习者技能起点能力的分析实例

下面的例子说明：教学目标是"辨认一段文章中的动词和名词"，经过层层分析，其从属技能及其相互关系已基本明确。假如通过分析起点能力，了解到学习者已学会辨别"词"和"句子"，那么学习可从动词和名词的辨别开始，据此确定教学的起点，在学习内容分析图上用虚线表示。图 6-7 (张祖忻，1992)[106]是分析语文学科理智技能起点的流程图。

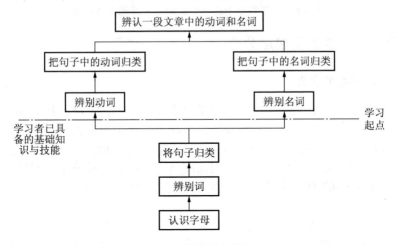

图 6-7 学习起点的确定

"起点能力"具有动态性质。有时，它主要包括学习新知识所必须具备的旧知识；有时，它可能包括了教学目标中要求学习者掌握的"新知识"。此外，还要注意，即使同一年级的几个班，各班学生的起点能力也可能是有差异的。因此，要实事求是地确定学习者的起点能力。图 6-8 (张祖忻，1992)[109]是小学数学的一个分析图。

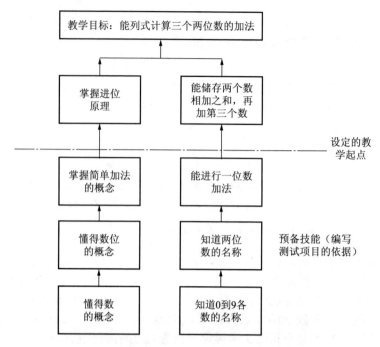

图6-8　小学数学中的一个层级分析及起点确定图

三、学习者态度起点分析

（一）态度的含义

什么是态度？我国著名教育心理学家邵瑞珍认为，态度往往表现为趋向与回避、喜爱与厌恶、接受与排斥等。态度是特定情况下以特定方式反应的内部准备状态。表现为，态度并不决定特定的行为，相反，态度在不同程度上决定个人的一定类型的行为。所以态度是"习得的、影响个人对特定对象作出行为选择的有组织的内部准备状态或反应的倾向性"（邵瑞珍，1997b）[181]。

一般来说，态度包括：认知成分，与表达情境和态度对象之间关系的概念或命题有关；情感成分，与伴随于概念或命题的情绪或情感有关，被认为是态度的核心部分；行为倾向成分，与行为的预先安排或准备有关。同时态度受到情感、认知和行为倾向各成分间关系的影响。一般情况下，要了解学习者的态度，可以分别考查三个成分，也可同时考查三个成分。我们需要注意的是，人们有时难以从外显的行为上，推断出学习者的内在的、真实的想法，我们还应通过多种方法加以考查，这样也许能比较真实地了解学习者的有关态度。

(二) 态度的判断方法

具体判断学习者的态度是比较困难的，最常用的方法是"态度量表"。此外，还可以通过观察、谈话等方式来了解学习者的态度。表6-1是一份有关生物学习的态度量表 (Robert Heinich & Michael Molenda & James D. Russell，1993)。

表6-1　态度量表：生物

生物学
以下的陈述表达了对学习生物学的不同看法和感受。您是否同意这些观点？请在各条陈述意见之前填写 A、B、C、D、E。其中 A 表示非常赞同，B 表示同意，C 表示无法确定，D 表示不同意，E 表示强烈反对。

A	B	C	D	E
非常赞同	同意	无法确定	不同意	强烈反对

____1. 我对生物非常有兴趣
____2. 我不喜欢生物，因为我害怕接触它
____3. 在生物课上我总是非常紧张
____4. 生物是令人惊奇有趣的
____5. 学习生物使我感到安全，但它非常刺激
____6. 生物使我感到不舒服、不安、愤怒和不耐烦
____7. 一般情况，我对生物有好感
____8. 当我听到"生物"这个词时，我感到讨厌
____9. 我带着犹豫的感情接近生物
____10. 我非常喜欢生物
____11. 我在学校里一直喜欢生物
____12. 即使想到生物也会使我感到紧张
____13. 我在生物课上感到很平静，我非常喜欢它
____14. 我对生物有一定的积极反应，它很可爱

第七章
教学目标设计

- 教学目标概述
- 教学目标的分类
- 教学目标的编写

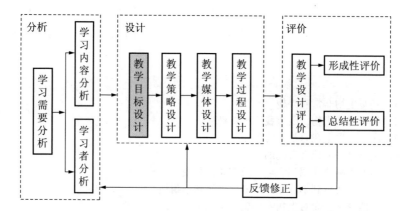

●通过对学习需要、学习内容和学习者的分析，教学设计者基本了解了整体情况，或者说已做到了心中有数。教学设计的下一步工作，就是要着手进行教学目标的设计。即确定通过学习每一项从属知识和技能，学习者将达到一种什么样的行为状态，并将学习者通过学习后所达到的最终行为状态用具体的、明确的和能够操作的目标表述出来，这就是教学目标的设计。教学目标的设计是教学设计的重要环节。

第一节　教学目标概述

一、教学目标的含义与体系

(一) 教学目标的含义

教育是人类所从事的一种特殊的培养人的社会实践活动，这种社会实践活动具有其明确的目的性，即教育目的。教学活动是教育活动的重要组成部分，这种活动也有其明确的目的性，即教学目标。教学目标的实现就成为达到教育目的的基本途径。

在教学活动过程中，通过教学活动，要达到一个预期的教学目标。因此，在教学设计时，我们必须明确，通过有目的的教学活动，我们期望达到的教学目标是什么，即期望学习者通过学习活动，在起点能力基础上，获得什么样的终点能力。学习者通过学习活动后，其知识、技能、态度、行为、品德等方面会有哪些变化。确定教学目标要以教学总目标为依据，制定出符合学习内容和学习者实际的具体而确切的执行目标。教学总目标体现在课程标准和教科书中，教学设计者要根据课程标准的要求、学习者的实际情况，科学准确地制定教学目标。

什么是教学目标？克拉克认为，教学目标是"目前达不到的事物，是努力争取的、向之前进的、将要产生的事物"（克拉克，1985）。我国学者认为，教学目标是指"教学活动主体在具体的教学活动中所要达到的预期结果、标准"（吴也显，1991）[328]。教学目标是指教学活动预期所要达到的最终结果。实际上，教学目标是人们对教学活动结果的一种主观上的愿望，是对完成教学活动后，学习者应达到的行为状态的详细且具体的描述，它表达了学习者通过学习后的一种学习结果。

教学目标的表述应是明确的、具体的，是可以观察和测量的。因此，应使用明确的语言表述教学目标。如表述不清，将影响教学策略、教学媒体的安排和采用，将影响教学质量和学习者的学习水平。

(二) 教学目标体系

为了能够把教学目标落实到具体的教学活动之中，教学设计要求把教学目标具体化。这样做的目的是，有利于把抽象的规定分解为具体的教学目标，可以防止把传授知识作为教学的唯一目标的倾向，可以避免教学实践活动达到的结果与规定的目标背道而驰的情况，可以对教师的教和学习者的学在达成度上作出质与量的规定性。使教师有根据地开展教学活动和使学习者有目标的开展学习活动，也便于对教与学的作出可靠的检查和评价。

教学目标一般是以系统的形式存在的，不同层次和水平的教学目标构成了一个完整的教学目标体系。因此，教学目标是由一系列有递进关系的目标所构成的一个目标体系。教学目标的体系如图7-1所示。

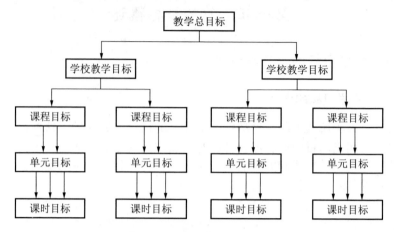

图7-1 教学目标体系图

1. 教学总目标

教学总目标是指对各级各类学校具有普遍指导意义的共同性目标，是期望学习者在某一学习阶段结束后应达到的最终结果，教学总目标对各层次的教学目标具有普遍的指导意义。教学总目标是由实质性目标、发展性目标、教育性目标所组成，这三方面的目标分别规定了知识和技能、智力和体力、思想品德和世界观教育等方面的任务。

2. 学校教学目标

学校教学目标是指各级各类学校根据各自的具体任务和特点所制定的目标，学校根据教学总目标确定学校的教学目标，它是教学总目标的具体化，由幼儿、初等、中等、高等、成人、职业学校教学目标所组成。

3. 课程目标

课程目标是指各门学科的教学目标，即各门学科的教学所要达到的最终结果，由各门学科教学目标所组成。它是学校教学目标在具体学科教学中的体现，学校教学目标的最终实现有赖于所有课程目标的连续达成。各门课程的教学目标既相互关联又相互区别，形成一个有机的整体，为实现学校教学目标提供保障。

4. 单元目标

单元是指各门课程中相对完整的划分单位，单元反映了课程编制人员和教师对一门课程体系与结构的总的看法，是依据教育科学的要求所做的分解和安排，不同学科可划分为不同的单元。单元目标是指一门学科中，根据教学内容所划分的若干个单位的教学目标，即对单元教学的具体要求，它是课程目标的具体化。

5. 课时目标

课时目标是指一节课的教学目标，即一节课所达到的教学结果。一节课可划分为若干个教学目标，一个教学目标有时需要几个课时才能完成，它是单元教学目标的具体化。课时教学目标在教学目标体系中是最具体、最具有可操作性的。正是每个课时目标的实现，才为教学目标系统逐层落实奠定了扎实的基础。

这里还有一个问题需要注意，那就是如何处理学习内容的分析与教学目标的设计两项工作的关系。从理论上讲，是先确定教学目标，然后分析学习内容。但在深入编写具体教学目标时，教学设计者和教师则会感到一定的困难，因为他们对具体的学习内容没有确切的把握。因此，实际经验是，先确定课程和单元目标，然后分析学习内容，最后编写具体的教学目标，同时对内容作进一步的调整。两者的关系如图7-2所示。

图7-2 内容分析与目标编写的关系

二、教学目标的意义

在教学实践中，很多教师忽视教学目标的确定，主要表现为，一是不能充分地认识到教学目标设计的重要性。认为教学目标的设计可有可无，在进行教学设计时，基本不考虑教学目标的设计，直接进入教学内容和教学过程的分析。这使教师对应达到的教学结果没有明确的预期，无疑使教学活动失去明确的方向，必然使教学过程充满盲目性和随意性。二是不能认真地思考教学目标的确定。认为教学目标只是在书写教案时作形式上的要求，所以，在制定教学目标时，只是按照教学内容机械地写上那么几条，或者直接用课程标准和教学参考书上的概括性目标，以致使教学目标定的过于笼统和空泛，缺乏针对性。三是不能准确地把握教学目标。有的教师把教学目标定的过高或过低，不符合学习者的实际情况，有的教学目标不全面、不完整，只有知识性目标，缺乏能力和德育目标等。在教学设计时，我们要充分认识到教学目标设计的重要意义。

（一）有利于实现教学总目标

只有科学准确地确定教学目标，才能保证教学总目标的实现，才能指导教师低耗高效地开展教学活动，保证学习者所学习的内容达到预期的结果。通过教学目标的设计，把课程目标、单元目标、课时目标都作具体化的处理，才能使教授同一学科、同一年级的教师集体对课程有一个清晰的统一认识，防止教师对课程标准和教科书作任意的解释，以保证课程的方向性和稳定性。通过精心设计的教学目标，可以准确地检查课程内容的覆盖范围，促进学习者身心的全面发展。

（二）有利于教师的教学

教学目标是指引教师进行教学活动的指南，对教师的教发挥着调控功能。它可以帮助教师迅速地理清教学的思路，建立一种特定的思维方式来思考问题，即如何才能达到教学目标。它可以节约教师的大量时间，帮助教师更合理地组织教学内容。教学目标也为教师选择理想的教学策略、教学媒体提供了具体的科学依据。教学目标的编写，需要教师认真钻研课程标准和教科书，查阅大量资料，因此可以拓宽教师的知识领域，提高教师的教学水平。具体明确的教学目标，将有效地调控课堂教学活动，保证教学方向沿着正确的轨道，大幅度地提高教学效率和教学效果。

（三）有利于学习者的学习

教学目标是学习者进行学习活动的指南，对于学习者来说，学习活动的第一步就是明确学习目标，学习目标明确与否决定着学习者的学习态度和学习效果。学习者明确了教学目标，做到了心中有数，可以使教学目标内化成自己的学习目标，产生强烈的参与感，更好地确定自己的学习进程、学习方法和学习手段。学习者明确了教学目标，学习就有了方向性，同时减少了盲目性，使学习过程顺利进行，从而将增强学习者的自信心和发挥学习的积极性、主动性，对学习产生强烈的责任感，迅速提高学习者的学习水平和学习效果。

（四）有利于教学评价

教学评价是对学习者达成的教学目标程度的检验，而教学目标则是进行科学的测试，作出客观评价的前提和基础，即教学评价必须以教学目标为依据。通过精心设计的教学目标，也为进行客观的教学评价奠定了基础。无论是进行诊断性评价，还是进行形成性评价，还是在编拟测验题时，都要以教学目标为依据。通过教学目标的设计，学习者明确了要学习的内容和应该达到的水平，也便于评价自己的学习，找出自身与教学目标的差距，产生强烈的责任感，增强自我调控能力。同时，教学目标也是测量、评价教师的教学质量和教学效果的尺度。

第二节　教学目标的分类

教学目标作为规定教学方向的重要指标体系，已受到人们的高度重视，并进行了深入的研究，形成了较为成熟和完善的理论体系。一般把教学目标分成认知、动作技能和情感三个领域。具有代表性的理论是布鲁姆的目标分类和加涅的学习结果分类，它们都描述了制定教学目标系统的理论框架，对教学目标的设计有重要的指导作用。

一、认知领域的目标分类

在普通教育中，人们最为重视认知领域的学习，它包括知识的学习和智力技能的培养。我们曾介绍了加涅关于认知学习结果的分类理论，为了能够全面地描述教学目标，我们这里需要了解布鲁姆等人提出的关于认知学习的分类体系，这个体系受到广泛重视和认可。在以学习知识和开发智力为主要任务的认知领域，布鲁姆等人把目标分成六级，由低向高发展，如图 7－3 所示。它们分别是：

					评价
				综合	综合
			分析	分析	分析
		应用	应用	应用	应用
	领会	领会	领会	领会	领会
知道	知道	知道	知道	知道	知道

图 7－3　认知领域教学目标层次图

（一）知道（knowledge）

“知道”是认知领域中最低水平的目标，主要是对已学过的知识的回忆，包括具体事实、方法、过程、理论以及类型、结构和背景等的回忆。知识是这个领域中最低水平的认知学习结果，它所要求的心理过程主要是记忆。例如，能正确数 100 以内的数；能讲出昆虫变态的过程等。知识层次学习结果的表现是学习者记住了以前学过的材料。

（二）领会（comprehension）

“领会”是最简单的理解，是指把握知识意义的能力。可借助解释、转换、推断三种方式来表明对知识的理解。解释是指能用自己的话，对某一信息（如图表、数据等）加以说明或概述；转换是指能用自己的话或用与原先的表述不同的方式来表达所学内容，包括文字叙述、表述式、图式、操作之间的翻译或互换；推断是指预测发展的趋势。

（三）应用（application）

“应用”是指把所学知识应用于新情境的能力，它包括概念、原理、规律、方法、理论的应用。它与“领会”的区别在于是否涉及这一项知识以外的事物。“领会”仅限于本身条件、结论的理解；“应用”则需有背景材料，构成问题情境，而且是在没有说明问题解决模式的情况下，正确地运算、操作、使用等。问题情境需具备两点：一是新问题；二是构成情境的材料是学习者的常识或旧知识。“应用”这一水平层次是以“知道”“领会”为基础，是较高水平的理解。

（四）分析（analysis）

"分析"是指把复杂的知识整体材料分解成部分，并理解各部分之间联系的能力。如划分段落大意及找出中心思想；举出一个实验中哪些部分为事实，哪些部分属于假说。"分析"代表了比"应用"更高的智力水平。因为它既要理解知识的内容，又要理解知识的结构。

（五）综合（synthesis）

"综合"与"分析"相反，是指将所学知识的各部分重新组合，形成一个知识整体的能力。"综合"强调创造能力和形成新的知识结构的能力。它包括能突破常规思维模式，提出一种新的想法或解决问题的方法，能按自己的想法整理学过的知识，对条件不完整的问题，能创设条件，构成完整的问题，设计一个解决问题的方案等。例如，运用有关史实，具体分析第一次鸦片战争的历史必然性；对一个实验结果加以系统正确的说明。

（六）评价（evaluation）

"评价"指对用来达到特定目标和学习内容、材料和方法给予价值判断的能力。这首先要在"综合"的基础上形成对每一问题的看法或价值观，然后通过客观对象与此标准之间关系的分析，作出判断。因此，"评价"是比"分析""综合"更高层次的学习水平。如分析一个实验后，能正确指出该实验的科学价值；阅读一篇文艺作品后，能从取材、构思、表现、创作态度等方面指出该作品成功、失败和正确、错误的地方。

这些目标还可以根据需要，进一步划分为更加具体的目标群，这些具体化的目标群是设计行为目标和测量的基础。在上述目标分类系统中，"知道"指对知识作简单的记忆，不需要对原输入的信息作多大的改组或加工。后五个层次属于智力技能，它们需要对知识进行重新组织。这五个层次的智力技能往往交叉重叠，并非界限分明。

我们在教学设计时，不应停留在"知道"的水平上，应重视培养学习者的智力技能。凡是重要概念或原理的教学，应按六级设定教学目标，评价教学质量。某些学习内容不一定要求学习者进行分析、综合和评价。因此，我们不要简单照搬，应视具体情况而定。

二、动作技能领域的目标分类

这类目标主要涉及骨骼和肌肉的使用、发展和协调。在实验课、体育课、艺术表演、设备操作、工具操作、军事训练中常用。1956年布鲁姆等人在创立教育目标分类时，仅仅意识到了这一领域的存在，但未能制定出具体的目标体系。目前在教育界还没有一个被广泛承认和接受的目标分类。因此，我们这里主要介绍三种动作技能分类系统，供教学设计者和教师在编写教学目标时参考。

（一）辛普森的动作技能分类系统

辛普森（E. Simpson）在1971年提出了动作技能分类系统，这种分类系统是目前应用较为广泛的一种分类体系，该系统将动作技能目标分成七级，我们整理如图7-4所示。

						创新
					适应	适应
				复杂的外显反应	复杂的外显反应	复杂的外显反应
			机械动作	机械动作	机械动作	机械动作
		有指导的反应	有指导的反应	有指导的反应	有指导的反应	有指导的反应
	准备	准备	准备	准备	准备	准备
知觉	知觉	知觉	知觉	知觉	知觉	知觉

图7-4 辛普森的动作技能领域教学目标层次图

1. 知觉（perception）

"知觉"指运用感官获得信息以指导动作，主要了解与某种动作技能有关的知识、性质、功能等。例如背诵仪器的操作等。

2. 准备（set）

"准备"是指为适应某动作技能的学习做好心理上、身体上、情绪上的准备。例如，了解动作的难度、要领及动作进程，使身体到位以便于开始练习等。我国学者把知觉和准备阶段称为"技能学习的认知阶段"。

3. 有指导的反应（guided response）

"有指导的反应"是指能在教师的指导下表现有关动作行为。例如能模仿教师的动作进行学习；在教练引导下进行试误练习，直至形成正确的动作等。

4. 机械动作（mechanism）

"机械动作"是指学习者经过一定程度的练习，要掌握的动作已形成熟练的技能，达到了自动化水平，能以某种熟练和自信水平完成动作。这一阶段的学习结果涉及各种形式的操作技能，但动作模式并不复杂。例如能正确、迅速地切片制作标本；能迅速准确地打字等。

5. 复杂的外显反应（complex overt response）

"复杂的外显反应"是指能用最少的时间和精力表现全套动作技能，一气呵成，连贯娴熟，得心应手。例如能正确解剖青蛙；能迅速校正天平排除故障等。

6. 适应（adaptation）

"适应"是指技能的高度发展水平，已练就的动作技能具有应变能力，能适应环境条件及要求的变化。例如能根据已掌握的舞蹈技巧，编制一套现代舞等。

7. 创新（origination）

"创新"是指在学习某种技能的过程中，形成了一种创造新的动作技能的能力，强调以高度发展的技能为基础进行创造。例如能改进实验操作方法；创造新的艺术表演方式等。

（二）哈罗的动作技能分类系统

哈罗（A. J. Harrow）在 1972 年提出了动作技能分类系统，哈罗把动作技能由低级向高级分为六级，其中由于反射动作（reflex movements）和基础性动作（basic fundamental movements）是随着身体发育而自然形成的，不是习得的技能，所以教学中不设定这两方面的低层次的学习目标。其他四类动作技能是：

1. 知觉能力（perceptual abilities）。指对所处环境中的刺激进行观察和理解并转换成适当动作的能力。包括动觉、视听觉辨别、眼和手、眼和脚协调动作等。

2. 身体能力（physical abilities）。包括动作的耐力、力量、灵活性和敏捷性。这是学习高难度技术动作的基础，构成运动技能训练中的基本功训练。

3. 技能动作（skilled movements）。指熟练完成复杂动作的能力。以基础性动作为基础，结合知觉能力和一定的体力，经过一定的练习，就可熟练地掌握技能动作。

4. 有意交流（nondiscursive communication）。指传递感情的体态动作，亦称体态语。既包括反射性的，也包括习得的。例如，手势、姿态、脸部表情、艺术动作和造型等。

（三）基布勒的动作技能分类系统

基布勒（R. J. Kibler）等人在 1981 年提出了动作技能分类系统，他们把动作技能分成四类：一是全身运动。包括上下肢或部分肢体的运动，要求臂和肩、脚和腿的协调。二是细微协调动作。包括手和手指、手和眼、手和耳、手、眼、脚的精细协调动作。三是非语言表达。包括面部表情、手势和身体的动作等。四是言语行为。包括发音、音词结合、声音和手势协调等。

辛普森和哈罗的动作技能分类侧重于全身动作，而基布勒的分类却把全身动作和细微协调动作区别开来，应该说弥补了上述分类之不足。一般在阐述动作技能教学目标时，先确定全身运动的技能目标，再逐步列出细微协调动作技能目标。

三、情感领域的目标分类

情感是对外界刺激作出的否定或者肯定的心理反应，如喜欢、厌恶等。

个体的情感影响着人的行为选择。情感学习对于形成或改变态度、提高鉴赏能力、更新价值观念、培养高尚情操等密切相关，这是学校教育的一个重要组成部分。但是，人的情感反应更多地表现为一种心理内部过程，具有一定的内隐性。所以，情感领域的学习目标不易设计和编写，这里我们主要介绍克拉斯伍（D. R. Krathwohl）在 1956 年提出的分类。我们整理如图 7 – 5 所示。

				个性化
			组织	组织
		评价	评价	评价
	反应	反应	反应	反应
接受	接受	接受	接受	接受

图 7-5　情感领域教学目标层次图

（一）接受（receiving）

"接受"是情感的起点，指学习者愿意注意某一特定事件或活动。例如，认真听课、参加班级活动、意识到某件事的重要性等。学习结果包括从意识到某事物存在的简单注意到选择性注意，它是低级的价值内化水平。

（二）反应（responding）

"反应"比"接受"进了一层，指学习者愿意以某种方式加入某事，以示作出反应。例如，完成教师布置的作业、参加小组讨论、遵守校纪校规、同意某事、热心参加歌咏比赛等。学习结果包括默认、愿意反应和满意的反应。这类目标与教师通常所说的"兴趣"类似，强调对特殊活动的选择与满足。

（三）评价（valuing）

"评价"是指学习者看到某种现象、行为或事物的价值之处，从而表示接受、追求某事，并表现出一定的坚定性，反映了一种内部价值观。例如，刻苦学习电脑、积极参加体育锻炼等。学习结果所涉及的行为表现出一致性和稳定性，这类目标与教师通常所说的"态度""欣赏"类似。

（四）组织（organization）

"组织"是学习者指遇到各种价值观念时，将价值观组织成一个系统，对各种价值观加以比较，确定它们之间的相互关系和重要性，接受自己认为重要的价值观，形成个人的价值观念体系。例如，先处理集体的事情，再考虑个人的事情；先完成教师布置的作业，再去找小朋友玩耍等。学习的结果可能涉及某一价值体系的组织。

（五）个性化（characterization）

"个性化"是情感教育的最高境界，是指内在化了的价值体系变成了学习者的性格特征。也就是说，学习者通过价值观体系的组织，逐渐形成了个人的品性。即形成了自己的人生观、世界观。达到这一阶段后，行为是一致的和可预测的。例如，保持良好的健康习惯、在团体中表现合作精神、保持谦虚的态度和良好的行为习惯等。

克拉斯伍等人的关于情感领域的学习目标对我们的启示有：一是情感的教学是一个价值标准不断内化的过程。外在的价值标准要变成学习者内在的价值，必须经历接受、反应、评价、组织等连续内化的过程。二是情感并非是密不可言的，克拉斯伍等人的分类，特别是对感情发展的连续性描述，为教师有效地实施情感教学的任务提供了方向与途径。三是情感教学不只是政治课、思想品德课的任务，各门学科都要重视相应的情感培养，所有教师都要负有这方面的责任。因为，任何知识技能的学习和行为习惯的养成都离不开一定的价值标准，只有学习者以积极的情感参与教学时，才能有效地实现各类教学目标。

四、国内对教学目标的研究

20 世纪 80 年代，布鲁姆的教学目标分类理论传入我国后，引起了我国教育理论界学者的高度重视，纷纷学习和借鉴这种教学目标分类理论，同时开展了教学目标的理论和实践研究。为使教学目标的确定趋向科学化，国内一些学者参照国外教学目标研究的成果，结合我国的实际情况，提出了一些教学目标分类的设想。如表 7－1、表 7－2、表 7－3 所示（吴也显，1991）[352-353]。

表 7-1　认知领域学习水平分类

学习水平	具体行为
记忆	记住学过的材料
理解	1. 将学习材料从一种形式转换成另一种形式 2. 理解学习材料 3. 对学习材料作简单判断
简单应用	将学习过的材料用于新的具体情境中去解决一些简单问题

学习水平	具体行为
综合应用	1. 对具体综合问题各组成部分的辨认 2. 部分之间的各种关系的分析 3. 识别组合这些部分的原理、法则，综合运用解决问题
创见	1. 突破常规的思维方式，提出独到的见解或解题方法 2. 按自己的观点对学习过程的材料进行整理分类 3. 自己设计方案，解答一些实际问题

表 7-2 动作技能领域学习水平分类

学习水平	具体行为
模仿	1. 对演示、动作的模仿，对工具和装置的使用 2. 把描述语言转换为实际动作
对模仿动作的理解	1. 装置结构原理 2. 动作作用解释 3. 动作结果的解释和概括
动作组合协调	1. 动作分解和组合协调的实现 2. 动作组合计划设计 3. 实验结果的解释和概括，并写出实验报告
动作评价	1. 对动作作用评估 2. 对组合动作、设备进行设计和计划 3. 动作熟练进行 4. 结果的解释、推论及评价
新动作的创造	1. 新情境下对动作的设计和实现 2. 新情境下对结果的解释、整理

表 7-3 情感领域学习水平分类

学习水平	具体行为
接受	1. 在适当的环境中注意对象的存在 2. 给予机会时有意地注意对象 3. 集中注意教师的讲解或演示

续表

学习水平	具体行为
思考	1. 能遵照教师指示作出系统动作 2. 能主动和对象打交道，且与过去的经验发生联系 3. 能有意愿地、兴致勃勃地和对象打交道
兴趣	1. 有深入研究的意愿 2. 愉快地和对象打交道 3. 不愿意立即停止自己的思考和动作
热爱	1. 关心对象的存在和价值 2. 价值经过内化成为自己的坚定信念 3. 认识到对象的美，成为自己的理想信念
品格形成	依据自己的价值观对所形成的信念，内化为自己的品格，并用于指导自己的言论与行动

以上为了分析和讨论的方便，把教学目标相对分成三种类型。实际上，人类的学习往往同时涉及多种不同的方面。因此，在现实的学习情境中，不同类型的学习有时会同时发生，各类学习之间有着密切关系，这是学习的一个基本规律。

其一，某一方面的学习会涉及其他领域的学习。例如，学习者在学习解方程的技能时，不但要懂得与方程相关的知识及它们之间的关系，还要掌握解方程的操作步骤与技巧，同时还会形成某种态度（如数学应用的态度）。这方面的学习就涉及了上述三个领域的学习。由此来看，学习渗透着知识、技能、情感、态度、意向等许多方面。因此，在确定具体的教学目标时，要综合考虑某一学习内容的不同类型的学习目标，使学习者在认知、技能、情感等方面都得到发展。

其二，提高认识、激发学习动机、端正学习态度（情感学习），往往是其他方面学习能否取得成功的前提条件。学习者如果缺乏学习动机，对所学的学习内容缺乏兴趣，就会给学习活动带来困难和障碍。因此，我们还须强调的是，在设计教学目标时，应综合考虑学习内容的多方面的教育含义，在教学活动过程中，在学习知识和技能的同时，加强培养学习者学习动机，激发学习兴趣，端正学习态度，这样才能促进学习者的全面发展和进步。

第三节　教学目标的编写

一、教学目标的编写方法

传统的教学目的，教师往往从主观愿望出发，对教学意图作普遍性的陈述，教师在教学中不易把握尺度，也难以测定教学效果。通过长期的教学实践活动，人们逐渐认识到，必须把笼统的教学目的转化为精确、具体的教学目标，必须说明学习者学习后能达到的程度和水平，必须使教学目标具有精确性、可观察性、可测量性，以克服教学目标的模糊性和不确定性。

（一）ABCD 法

马杰（Mager）是以研究行为目标而著名的美国心理学家，他在 1962 年出版的《程序教学目标的编写》这本经典著作中，系统地阐述了用行为术语陈述教学目标的理论与技术。他认为，一个规范的教学目标应包括三个要素：行为（behavior）、条件（condition）、标准（degree）。用马杰的教学目标陈述方法来编写教学目标就使教学目标具体而明确，具有可观察性、可测量性。它可以明确地指出学习者通过学习将获得的能力具体是什么，如何观察和测量这种能力。如果用传统的方法来表述的教学目标，如"培养学生分析文章的能力""培养学生逻辑思维的能力"就比较含糊不清，对其中的含义，人们可能会产生不同的理解，这种提法不能为教学和教学评价提供具体的指导。

在教学设计实践中，有学者认为有必要在马杰三个要素基础上，加上对教学对象（audience）的描述。这样，一个规范的教学目标就包括了四个要素。为简洁起见，他们把编写教学目标的要素简称为 ABCD 模式，下面我们具体阐释。

1. 教学对象的表述

在教学目标的表述中，应明确写明教学对象。例如，"小学三年级学生""参加大合唱的全体学生""每个实验小组"等。也就是说，教学目标中的行为主体是学习者，而不是教师。学习者是教学设计的核心，教学目标多描述的应该是学习者做什么，而不是教师做什么。这样的教学目标，"培养学生的阅读能力"，只是对教师的教提出了要求，似乎说明教师在教学过程中，进行了相关的教学活动，目标就达成了，没有说明学习者在阅读方面要达到的预期结果。其行为主体显然是教师，而不是学习者。还有学者主张在教学目标的表述中说明教学对象的基本特点。

在实际的教学目标设计时，由于教学对象往往是非常明确的。因此，没有必要在每一条教学目标的表述时具体写出教学对象，也就是说，省略了教学对象的表述。

2. 行为的表述

在教学目标的表述中，行为的表述是最基本的成分，必须具体写出，不能省略。应说明学习者通过学习活动后，能做什么，即，能获得怎样的能力，且行为的表述应是明确的、具体的，具有可观察的特点。在传统的教学目标表述中，教师常常用"了解"、"理解"、"掌握"、"欣赏"等动词来描述学习者将学会的能力，甚者用"深刻理解""充分掌握"等，这些词语含义宽泛，且不具体、不明确、不易观察。

应怎样在教学目标中表述行为呢？描述行为的基本方法就是使用一个动宾结构的短语，其中，行为动词说明学习的类型，宾语说明学习的内容。例如，"说出"、"列举"、"操作"、"比较"等都是行为动词，在其后加上动作的对象就构成了教学目标中关于行为的表述了。例如：

（能）说出英语句子中各句子的名称；

（能）列举选用教学方法的基本依据；

（能）操作数码摄像机；

（能）比较中国南北方气候的主要异同点。

在这样的动宾结构中，宾语部分与学科内容有关，教师都能很好掌握。由于教学目标中的行为应具有可观察的特点，所以在描述行为时较为困难的是行为动词的选用。下面提供认知、动作技能、情感三个领域中常用的动词，以使教学目标的描述具有精确性、客观性、可测量性的特点，如表7-4、表7-5、表7-6所示（钱建昌，1998）[188-189]。

表7-4 编写认知教学目标可供选用的动词

教学目标层次	特 征	可参考选用的动词
知道	对信息的回忆	为……下定义、列举、说出（写出）……的名称、复述、排列、背诵、辨认、回忆、选择、描述、标明、指明
领会	用自己的语言解释信息	分类、叙述、解释、鉴别、选择、转换、区别、估计、引申、归纳、举例说明、猜测、摘要、改写
应用	将知识运用到新的情境中	运用、计算、示范、改变、阐述、解释、说明、修改、订出……计划、制定……方案、解答
分析	将知识分解，找出各部分之间的联系	分析、分类、比较、对照、图示、区别、检查、指出、评析
综合	将知识各部分重新组合，形成一个新的整体	编写、写作、创造、设计、提出、组织、计划、综合、归纳、总结
评价	根据一定标准进行判断	鉴别、比较、评定、判断、总结、证明、说出……价值

表7-5　编写动作技能教学目标可供选用的动词

教学目标层次	特　征	可参考选用的动词
知觉能力	根据环境刺激作出调节	旋转、屈身、保持平衡、接住（某物体）、踢、移动
体力	基本素质的提高	提高耐力、迅速反应、举重
技能动作	进行复杂的动作	演奏、使用、装配、操作、调节
有意交流	传递情感的动作	用动作、手势、眼神或脸色表达……感情、用一段舞蹈表达……思想感情

表7-6　编写情感教学目标可供选用的动词

教学目标层次	特　征	可参考选用的动词
接受或注意	愿意注意某事件或活动	听讲、知道、看出、注意、选择、接受、赞同、容忍
反应	乐意以某种方式加入某事，以示作出反应	陈述、回答、完成、选择、列举、遵守、记录、听从、称赞、欢呼、表现、帮助
评价	对现象或行为作价值判断，从而表示接受、追求某事，并表现出一定的坚定性	接受、承认、参加、完成、决定、影响、支持、辩论、论证、判别、区别、解释、评价
组织	把许多不同的价值标准组成一个体系并确定它们之间的相互关系，建立重要的和一般的价值观念	讨论、组织、判断、使联系、确定、建立、选择、比较、定义、系统阐述、权衡、制订计划、决定
价值与价值体系的性格化	能自觉控制自己的行为并逐渐发展为性格化的价值体系	修正、改变、接受、判断、拒绝、相信、继续、解决、贯彻、要求、抵制、认为……一致、正视

3. 条件的表述

条件表示学习者完成规定行为时所处的情境，包括在什么样的条件下完成教学目标所规定的行为，以及在什么样的情况下评价学习者的学习结果。如要求学习者"能操作计算机"，那么条件要说明"是在教师指导下，还是独立操作？"条件的表述一般与"能不能查阅参考书？""有没有工具？""有没有时间限制？"等问题有关。条件因素主要包括：

一是环境因素（空间、光线、气温、室内外、噪音等）；二是人的因素（个体独立完成、小组集体进行、全班集体进行、在教师指导下进行、个体在集体的环境中完成等）；三是设备因素（工具、设备、图纸、说明书、计算器等）；四是信息因素（资料、教科书、笔记、图表、词典等）；五是时间因素（速度、时间限制等）；六是问题的确定性（为引起行为的产生提供什么样的刺激和刺激的数量等）。

4. 标准的表述

标准是行为完成质量可被接受的最低程度的衡量依据。对行为标准作出具体描述，就使得教学目标具有了可测量的特点。教师可根据标准来衡量学习者完成教学目标所规定的行为质量，学习者也可根据标准来判断自己的行为是否达到了学习的目标。标准一般可从完成行为的速度（时间）、完成行为的准确性和完成行为的质量（成功的特征）三个方面来确定。例如，"在1分钟以内打85个字"（速度）、"回答正确率为85%"（准确性）、"正确的实验操作"等。

如果在教学目标中不提标准的话，一般即认为要求学习者百分之百的正确率。有时条件和标准很难区分，例如，"能在45分钟以内"，既可以理解为时间的条件，也可以看做是行为的时间标准。在这个问题上，马杰认为，这一问题不必争论，因为判断教学目标的主要依据是它的表述是否说明了设计者的意图，如果教学目标能用以指导教学及评价的话，那么对于条件和标准的区分并不重要。

简言之，一个完整、具体、明确的教学目标应包括以下四个部分：一是教学对象（audience），在教学中，是针对哪一类学习者；二是学习者的行为（behavior），说明学习者在学习后，应获得怎样的知识和能力，态度会有什么变化，应用可观测到的术语来说明学生的行为，以减少教学的不确定性；三是确定行为的条件（condition），条件是指能影响学习者学习结果所规定的限制或范围；四是程度（degree），程度是学习者达到教学目标的最低衡量依据，是阐述学习成就的最低水准，程度可从行为的速度（时间）、准确性和质量三个方面来确定。从以上四个方面来表述教学目标的方法特称为AB-CD法。

这样的教学目标，可向学生转达有关教师期望的大量信息，可为教师保持教学活动的方向提供线索；可使学生的学习活动与教师的期望相一致，并便于评价教学效果。以上四个方面适合于认知、动作技能、情感领域教学目标的编写。下面我们给出若干实例，供教师在设计教学目标时参考。

◆在指认和书写中，<u>学生</u> 能迅速无误地 读出和写出10个生字。
　　条件　　　　对象　　　标准　　　　　行为

◆<u>中等生</u> <u>至少能够举出3个具体实例</u> <u>说明分数的3个</u> <u>基本性质</u>。
　对象　　　　　条件　　　　　　　　行为　　　　　标准

◆<u>复述课文内容，</u> <u>学生</u> 的口述要具体涉及事情的时间、地点和事情的起因、经过和结果。
　条件　　　对象　行为　　　　　　　标准

◆<u>在热胀冷缩实验中，</u> <u>每个实验小组</u> 要通过正确的实验操作，填写实验报告。
　条件　　　　　对象　　　标准　　　　　行为

◆<u>提供8个反映学习和非学习的例子，</u> <u>在校高中生</u> 能够识别学习的正、反例，
　　条件　　　　　　对象　　　　行为
<u>在8个实例中至少有6个识别正确。</u>
　　　　程度

◆初中二年级学生在观看各种云的图片时，应能将卷云、层云、积云和雨云分别标记出来，准确率达90%。

◆小学三年级学生看到同学在课桌上乱画时，能对他进行劝说但不发生争吵。

◆高中二年级学生，在15分钟内将所给两段中文短文译成英语，译文基本正确，可以查阅工具书。

◆初三学生在学习了单手投篮动作后，80%以上能作出正确动作，准确率达到60%以上。

◆在一张北半球地图上，初一学生能至少标出三个气团的发源区域，并指出其夏冬两季的运动方向。

（二）内外结合表述法

以上是根据行为主义的观点编写教学目标的基本方法。用 ABCD 法编写行为目标，虽然克服了教学目标表述的模糊性，但此法只强调行为结果，忽视内在的心理过程。因此，可能导致人们只注意学习者的外在行为变化，而忽视其内在的能力和情感的变化。况且目前许多心理过程无法行为化。因此，我们还需要运用内外结合的表述方法。

1978 年，格郎伦（N. E. Gronlund）在其《课堂教学目标的表述》中，提出先用描述内部过程的术语来表述教学目标，以反映理解、应用、分析、创造、欣赏、尊重等内在的心理变化，然后列举反映这些变化的例子，从而使内在的心理变化可以观察和测量。如：

1. 领会"余弦定理"（一般目标）

1.1 会画图说明这一定理的条件和应用背景；

1.2 会借助平面直角坐标系统推出这个定理；

1.3 能叙述"余弦定理"和"正弦定理"的区别。

"领会"是一个内部心理过程，无法观察和测量。但后面有证明"领会"能力的行为实例，目标就具体化了。格郎伦的教学目标设计方法强调列

举能力的例证，这既避免了用内部心理特征表述教学目标的抽象性，也防止了行为目标的机械性和局限性。

（三）情感教学目标的编写方法

以上讨论的教学目标的编写方法，比较适用于认知和动作技能领域教学目标的编写。那么培养学习者的情感、态度、道德品质、价值观等也是学校教育的重要任务。但是为情感领域的教学编写具体的、明确的，具有可观察性和可测量性特点的教学目标是十分困难的。这里介绍两种方法。

一种是采用内外结合表述法。例如，教学目标是"培养学生热爱集体的观念"，在这个目标中，"热爱集体"是一种很难衡量的态度，但是，我们可列举热爱集体的具体行为，然后通过观察这些行为来判断学生是否热爱集体。例如：

- 积极参加班集体组织的各项活动；
- 主动关心教室的卫生工作；
- 准时参加班级的有关会议；
- 主动承担班委会布置的任务；
- 积极承担集体的工作；
- 支持有利于班集体的建议。

在这些具体的言行上，当学习者表现出积极持久的表现时，则说明他们树立了集体观念；如表现出消极或反对的情绪时，则说明学习者没有培养起热爱集体的观念。

另一种方法是把学习的言行看成思想意识的外在表现，然后通过学习者的可以观察到的言行表现，间接地判断教学目标是否达到。例如，教学目标是"提高学习者的学习兴趣"，在这个目标中，学习者是否有学习兴趣是不好直接测量的，但是我们可以从学习者日常对学习的态度和表现中观察到。例如：

- 课堂上认真听讲；
- 课堂上积极回答老师的提问；
- 主动找同学讨论难题；
- 按时完成作业；
- 认真整理笔记；
- 主动向老师请教。

二、教学目标的表述模型

以上介绍了编制教学目标的一些基本方法，根据设计教学目标原理编制适合于一切学科内容的、简洁化的、可操作的教学目标模型，为广大教师提供一个辅助工具，是教学要达到的理想境界。下面介绍几种常用的教学目标设计模型。如表7-7、表7-8、表7-9所示（钱建昌，1998）[190]。表7-7是从认知领域的角度设计的，体现了学习内容是由知识和能力两部分组成的；表 7-8 是将认知和情感领域结合在一起设计的；表 7-9 是将认知和动作技能领域结合在一起设计的。我们应根据教学需要，灵活、创造性地应用。表 7-10 和表 7-11 是两个实例。

表 7-7　教学目标设计一览表

课题	学习内容						学习水平						教学目标
	知识点	构成					识记	理解	应用	分析	综合	评价	
		知识			能力								
		事实	概念	原理	观察	推理							

表 7-8　教学目标设计一览表

课题	学习内容（知识点）		学习水平					教学目标
			识记	理解	应用	接受	反应	
	1							
	2							
	3							
	4							
	……							

表 7-9　教学目标设计一览表

课题	知识				观察实验操作			教学目标
	知识点	学习水平			项目	学习水平		
		识记	理解	应用		初步学会	学会	

表 7-10　教学目标设计实例

课题	学习内容						学习水平			教学目标
	知识点	构成								
		知识			技能					
		事实	概念	原理	观察	推理	识记	理解	应用	
看月食	5个生字及新生词	√	√		√	√	√	√		能正确认读和书写本课生字，能根据上下文或查字典解释词义
	比喻句		√			√	√	√		通过观察投影片和阅读课文，能指出哪些句子是比喻句，并能说出这些比喻句分别是把什么比做什么
	月食过程和原因	√	√	√	√	√	√	√		通过观察投影片和模型的演示，能说出月食过程并推测说出月食原因
	朗读课文	√	√	√	√	√	√	√		正确、流利、分角色有表情朗读课文

表 7-11 教学目标设计实例

课题	知识点	学习内容					学习水平			教学目标
		构 成								
		知识			技能					
		事实	概念	原理	观察	推理	识记	理解	应用	
机械运动	机械运动是宇宙中的普遍现象	√	√		√	√	√	√		阅读讨论教材中的实例及观察投影演示太阳、银河系的运动,每个学生都能举出各不重复的 3 个实例说明机械运动
	参照物		√		√		√			在判断物体是运动或静止的多重选择中,能正确辨别出参照物
	运动和静止的相对性		√	√	√		√	√		中下生通过操纵练习 2 所提问题的投影,能准确填空,从而能熟练地运用运动和静止的相对性原理分析电视录像所展示的实例
	匀速直线运动	√	√		√	√	√	√		根据教师所举实例,再举例说明匀速直线运动的两个特点

第八章

教学策略设计

- 教学策略概述
- 教学顺序的确定与教学活动的安排
- 教学方法的选择与教学组织形式的选用

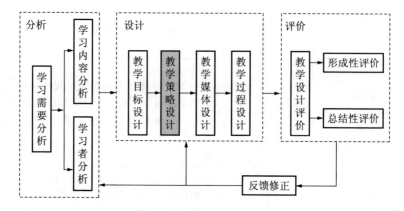

◉以上研究解决了三个主要问题：一是确定了学习者的起点；二是构建了教学目标；三是明确了将学习者的起点能力转换成终点能力所需要教和学的内容。这就是说，"教什么""学什么"的设计已初步完成。接下来就要研究怎样教、怎样学才能低耗高效地实现教学目标，即解决"如何教""如何学"的问题，这就涉及教学策略的设计问题。教学策略的设计主要研究教学顺序的确定、教学活动的安排、教学组织形式的选用和教学方法的选择。

第一节 教学策略概述

一、教学策略的含义与特点

（一）教学策略的含义

一般地说，策略是指为达到某种目标所使用的手段和方法。运用某种策略是为了更迅速、更便利、更好地达到某种目标。策略是依据一定的情境产生的，具有一定的内隐性和可操作性。

教学是一项有明确目标的实践活动，为了更便捷、更好地实现教学目标，也必须采取某种手段和方式方法。因此，教学策略的设计是教学设计的重要环节。教学策略的设计需要从系统的角度出发，综合地考虑教学过程各要素及其相互关系，并巧妙、恰当地对各要素作出合理的安排，尤其需要从教学和学习者实际出发，按照低耗高效的原则，依据一定的教学情境，创造性地开展教学策略的设计。教学策略的设计是有效地解决"如何教""如何学"的问题。只有采取了相应的教学策略，才能达到预期的教学目标，从而提高教学效率，获得良好的教学效果。

教学策略是指"建立在一定理论基础之上，为实现某种教学目标而制订的教学实施总体方案，包括合理选择和组织各种方法、材料，确定师生行为程序等内容"（顾明远，1998）[712-713]。我们可以从以下几个方面来理解这个概念：一是教学策略是在某种教学理论、教学思想指导下确定的，只有在一定的教学理论指导下，才能提出和确定采取何种教学策略。或者说，教学策略应用和体现了教学理论，是教学理论的具体化，并使之具有一定的可操作性。二是教学策略是为实现教学目标而制订的总体方案，教学策略不是针对某个具体问题而提出的方案，而是依据系统理论，在对教学过程各要素分析后，针对整个教学过程确定的总体安排和策划。三是有各种教学方法、教学材料、教学顺序和教学组织形式等，教学策略不是简单的堆积和罗列这些，而是对其进行合理选择、科学组织、恰当安排的过程。由此来看，教学策略是对达到教学目标各种途径的明智选择。

（二）教学策略的特点

1. 教学策略的指向性

教学策略是为了解决学习者在学习过程中的问题，使其掌握特定的学习内容，完成预期的教学目标而采取的有针对性的措施。教学策略是指向特定的问题情境、特定的学习内容、特定的教学目标，规定着学习者的学习行为和教师的教学行为，也就是说，教学策略不是万能的，不存在适合所有问题和内容的教学策略。只有在具体的教学情境等条件下，教学策略才能发挥作用。当学习者相应的学习问题解决了，完成了特定的学习内容和任务，达到了相应的教学目标，这一教学策略就达到了目的。根据新的问题、新的学习内容和任务，又将采取新的教学策略。

2. 教学策略的灵活性

不同的教学目标应采取不同的教学策略，不存在对所有情况都适用的教学策略。教学策略与要解决的问题之间的关系不是绝对的一一对应关系。同一教学策略可以解决不同的问题，不同的教学策略也可以解决相同的问题。这就说明了教学策略具有灵活性的特点。此外，在教学策略的运用上也要灵活，要根据问题情境、教学目标、学习内容、学习者的变化而相应地作出调整。在教学过程中，不同的教学策略对同一学习群体会产生不同的教学效果，应用相同的教学策略引导学习者学习相同的学习内容，对不同的学习群体也会产生不同的教学效果。因此，我们在具体运用教学策略时，一定要注意教学策略具有灵活性的特点。

3. 教学策略的多样性

为了满足教学上的需要，应提供多样的教学策略，以完成不同教学目标的教学和学习。在教学目标的分类里，我们介绍了认知、动作、情感三个领域的教学目标，每一个领域又含有具体的教学目标的分类。因此，我们在制定教学策略时，应提供适应三个领域不同的教学策略。这样才能满足不同教学目标对教学策略的要求。此外，即使解决同样的学习问题，学习相同的内容，面对不同的学习者也要采取不同的教学策略。这样才能做到因材施教。我们常常看到，一名教师教授同一年级，面对同样的学习内容，采用了同样的教学策略，在不同班级里实施教学，但是教学效果却大不一样。因此，教学策略要适应不同学习者的不同特点。

4. 教学策略的操作性

从教学策略的概念中可知，教学策略是在某种教学理论、教学思想基础上制定的，也只有在一定的教学理论指导下，才能科学地提出和确定采取何种教学策略。教学策略应用和体现了教学理论，教学策略是教学理论的具体化，对教学实践具有较强的、直接的指导作用。或者说，教学策略在教学理论与教学实践之间起中介作用，教学策略要具体指导教学实践。因此，教学策略必须具有一定的操作性。教学策略一经制定，就能指导教师在教学中加以运用。从这个意义上说，教学设计者所提出的教学策略必须是具体的、可操作的，能够在教学实践中有效实施。

二、教学策略的功能与制定教学策略的依据

(一) 教学策略的功能

1. 教学策略在教学理论与教学实践之间发挥中介的功能

教学策略是连接教学理论与教学实践的桥梁，教学策略总是在教学理论、教学思想的指导下，遵循教学规律和教学原则，针对教学过程中的问题，对参与教学过程各要素及其相互关系作出安排和操作。教学策略把抽象

的教学理论做了具体化的解释，这样就接近了教学实际，也易于被教师理解、接受和运用。

2. 教学策略的概括化功能

教学策略除了依据教学理论和教学思想制定以外，也是建立在教学实践基础上的。教学策略把教师在教学实践中积累起来的大量的、丰富的教学实践经验进行归纳整理、提炼概况，使之上升到教学策略的层面，这样就使这些教学经验具有了普遍的指导意义。所以，教学策略不仅依据教学理论，也来源于教学实践经验。

3. 教学策略的调控功能

教学过程不是一成不变的，而是动态发展的过程。即使教师在课前做了充分的准备，各个方面都做了精心的安排，在课堂教学过程中也经常出现意想不到的情况。所以教师要根据变化了的情况，应用教学策略及时监控学习者的认知活动过程，修正解决问题的方法和手段，推进教学活动的展开，不断向教学目标迈进。

4. 教学策略提高教学质量的功能

如果教师能根据教学实际，制定并采取行之有效的教学策略，无疑会使教学活动顺利进行，保证教学目标的实现，愉快地完成教学任务，有效地提高学习者的学业成就和教学质量。国内外的研究表明，教师之所以取得不同的教学效果，其中一个重要原因就是制定和运用教学策略上的差别。

（二）制定教学策略的依据

1. 依据教学理论和学习理论

教学策略是保证教学成功，促进学习者有效学习的方法。作为方法，应遵循教学和学习规律。教学理论揭示了教学的基本规律，学习理论则揭示了学习的基本规律，我们在制定教学策略时，必须遵循和符合教学和学习规律，这样才能使教学策略与教学和学习规律具有一致性，从而使教学活动在遵循教学与学习规律的条件下有效地进行。

2. 依据教学目标

教学策略是完成特定教学目标的方式，是为教学目标服务的。因此，有什么样的教学目标，就应当选择与之相应的能实现教学目标的教学策略。依据不同领域（认知、动作、情感）的教学目标，采取和运用不同的教学策略，才能有效地实现教学目标。所以，在制定教学策略时，要紧紧围绕教学目标来进行。

3. 符合学习内容和学习者特点

内容决定方式，教学策略就是完成学习内容的有效方式。不同的学习内容应采取不同的教学策略，没有一个能够解决所有问题的大而全的教学策略；不同的学习者具有不同的特点和学习风格，我们在制定教学策略时，必须考虑到学习者的实际情况，只有采用符合学习者特点的教学策略，才能使学习者的学习取得实效、获得成功。

4. 考虑教师本身的条件及其他客观条件

采取什么样的教学策略要考虑到教师自身的条件，有的教学策略虽然有效，但教师驾驭不了，无法在教学过程中实施，仍发挥不了作用。因此，教学设计者要采取教师能够驾驭了的教学策略。此外，教学策略的实施也受到条件（如教学设备等）的制约。所以，在制定教学策略时，要充分考虑现已具备的各种客观条件。

第二节　教学顺序的确定与教学活动的安排

一、教学顺序的确定

教学顺序是指学习内容各组成部分的排列次序。是对"先教什么""后教什么""先学什么""后学什么"作出科学的安排。这里主要探讨课时教学目标所要求的学习内容的安排问题。先就理智技能、言语信息、运动技能、态度等教学顺序分别讨论。

（一）理智技能的教学顺序

关于理智技能的教学顺序，主要有三种教学理论作指导，一是加涅的从简单到复杂的教学顺序安排；二是布鲁纳的发现法；三是奥苏伯尔的"先行组织者"理论。

1. 加涅的从简单到复杂的教学顺序安排

加涅把理智技能按照从简单到复杂的顺序分为辨别、概念、规则、问题解决。他认为理智技能的教学顺序是从最简单的技能开始，进而过渡到学习复杂的技能。如学习"三角形内角之和等于180°"这条定理，应先学习"三角形""内角""180°"等简单知识，然后再学习这条定理。以圆周率的教学为例，如图8-1所示。按照加涅的理论，圆周率的学习应从底部开始，先掌握圆、周长的概念，进而学习圆周长、圆的直径、比、常数的概念，在此基础上学习更复杂的技能——圆周率。

2. 布鲁纳发现学习的教学顺序

布鲁纳发现学习的教学顺序是：创设问题情境，使学习者在情境中产生矛盾，提出要解决的问题；学习者利用所提供的材料，对问题提出解答的假设；从理论和实践中检验假设，不同观点可争论；对争论作出总结，得出结论。以圆周率的教学为例（图8-1），按照布鲁纳发现学习的策略，教师不直接把学习内容告诉学习者，而是向他们提供问题情境，提供有助发现圆周率 π = 圆的周长/圆的直径的线索，引导学习者对问题进行探究，并由学习者自己搜集证据，让学习者从中有所发现。这种发现的教学顺序，实际上就是从具体到抽象的教学顺序，它有利于激发学习者的智慧潜能，有利于培养内在动机，学会发现的技巧，发现的学习结果也有利于记忆和保持。

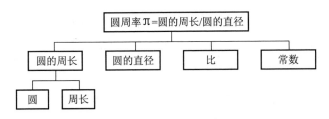

图 8-1 圆周率的教学

3. 奥苏伯尔的"先行组织者"理论

按照奥苏伯尔"先行组织者"的思想，教学顺序的起点是呈现一般性的、有较大包容性的、最清晰的和最稳定的引导性材料，这种引导性材料就是先行组织者。提供先行组织者的目的就在于用先前学过的材料去解释、整合和联系当前学习任务中的材料，并帮助学习者区分新材料和以前学过的材料。先行组织者可以是比较性的，也可以是讲解性的，在此基础上，学习具体内容。显而易见，这种教学顺序是由抽象到具体的形式，与布鲁纳的教学顺序正好相反。这是由于奥苏伯尔认为课堂教学的基本形式是以有意义的接受学习为主。他还认为，如果运用得好，这种教学顺序会成为一种经济、高效的教学方式。

奥苏伯尔认为，先行组织者教学策略的教学过程主要由三个教学阶段构成，且每一个教学阶段都有具体的教学内容，如表 8-1 所示（何克抗，2002）[133]。这就为我们应用先行组织者教学策略提供了比较具体的、明确的教学顺序。当然，我们在应用先行组织者教学策略时，也不能全盘照搬，必须结合我国的教学实际和学习者的特点，根据我们所具有的教学条件，才能收到良好的教学效果。

表 8-1 先行组织者教学策略

阶段	教学过程	教学活动
阶段 1	呈现先行组织者	阐明本课的目的 呈现作为先行组织者的概念：确认正在阐明的概念属性；给出例子，提供上下文 使学习者意识到相关知识和经验
阶段 2	呈现学习材料和内容	使知识的结构显而易见 使学习材料的逻辑顺序外显化 保持注意 呈示材料 演讲、讨论、放电影、做实验和阅读有关的材料
阶段 3	扩充与完善认知结构	使用整合协调的原则 促进积极的接受学习 提示新旧概念（或新旧知识）之间的关联

应用先行组织者教学策略需要具备一定的教学条件，这样，先行组织者教学策略才能得到很好的运用。这些条件主要是：

（1）教师需要深刻理解奥苏伯尔的有意义学习理论和先行组织者教学策略。

（2）在教学之前准备好先行组织者（引导性材料）。

（3）把学习者要学习的材料加以组织以便于同化。

（4）教师发挥呈现者、教授者、解释者的功能。

（5）教师直接向学习者提供学习的概念和原理。

（6）学习者的主要学习任务是掌握观念和信息。

（7）学习者原有的认知结构是决定新材料的学习是否有意义、能否很好地获得和保持的要素。

（二）言语信息的教学顺序

言语信息的学习可分为两类：一类是一项言语信息与另一项言语信息之间几乎不存在学习迁移的联系。例如，记住 89067048 和 67429632 这两个不同的电话号码，在教学顺序上，先学什么，后学什么，都可以。另一类是有意义的言语信息的学习，这时需按一定的逻辑联系安排教学顺序。例如，教学目标是"要求学习者说明'五·四'运动的历史背景、发展过程及所产生的历史意义"。教学顺序应按时间的先后，依次介绍有关的历史事件。

一般认为，言语信息的教学顺序设计，应先使用奥苏伯尔的先行组织者技术，即用引介等方法，简明扼要、高度概括地向学习者提供该课学习内容的结构；然后用逻辑的顺序，或根据有意义的上下文组织言语信息。这样，学习者在学习材料时，就不仅仅是被动地听、看和读，而是主动地把所学的具体知识与引介的概要加以联系，促使学习者用其已有的认知结构来组织材料，还可能使新知识与原有知识发生有机联系，使新知识的学习更有意义。

根据以上的分析和理解，我们可以简洁地把言语信息的教学顺序归结为两点：一是提供先行组织者；二是用逻辑的顺序或根据有意义的上下文组织言语信息。

（三）运动技能的教学顺序

关于运动技能的教学顺序，加涅和布里格斯提出的主要原则是，先教局部技能，通过大量的练习，掌握了局部技能要领后，再进行全套动作的学习。根据这一原则，对运动技能的教学顺序的设计，一般地说，可以包括三个递进的阶段：认知阶段、分解阶段和定位阶段，从而引导学习者达到自动化程度。这三个阶段反映了动作技能的学习过程，如图 8-2 所示（张祖忻，1992）[170]。

1. 认知阶段

认知的内容包括知识和动作两个方面。知识方面：应先使学习者了解某种技能的有关知识、性质、作用；动作方面：了解动作的难度、要领、注意事项、动作进程等，动作方面包括讲解和示范两个环节。

2. 分解阶段

把全套动作分解成若干局部孤立动作呈现给学习者，以便逐个动作学习。也就是说，把整套动作分解成单个动作，让学习者先学习和模仿单个动作。分解后的动作就简单明了，也容易被学习者掌握。

3. 定位阶段

在完成分解动作基础上，将全套动作按顺序呈现给学习者。全套动作的各个分解动作联为一体，自动地依次展现。学习者经过大量的练习，直至达到自动化的境界，动作技能达到了这种程度，学习者就形成了熟练的技巧，全套动作能做到一气呵成、得心应手，并逐步适应环境的变化形成应变能力。

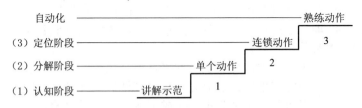

图8-2　运动技能学习过程

（四）态度的教学顺序

加涅和布里格斯认为，让学习者观察一个他所信赖和尊敬的榜样人物表现出的特定的态度，以后，榜样人物的行为又受到一定的奖励，这比直接的说服更有效。这种观点为设计德育教材的教学顺序提供了三点重要启示：第一，让学习者了解并相信榜样人物；第二，由榜样人物来示范符合教学目标的个人行为；第三，显示或介绍榜样人物受到奖励的结果。这仅是一种顺序设计方法，对不同年龄阶段的学习者应采取不同的方法。

教学顺序设计的主要原则归纳如下，如表8-2所示（张祖忻，1992）[171]。

表8-2　不同性质学习目标的教学顺序设计的主要原则

学习目标类型	教学顺序设计的主要原则
理智技能	呈示"先行组织者"；先掌握从属技能，再学习较复杂的技能。
言语信息	呈示"先行组织者"，用有意义的结构呈示个别、具体的事实。
运动技能	大量练习主要的局部分解技能，再进行全套程序的练习。
态　　度	建立榜样任务的可信性，表现特定的态度，表现该行为受到奖励的结果。

二、教学活动的安排

在我国的教育学著作中，一般都有对"课的结构"安排的论述。课的结构是指每堂课的组成部分及各部分进行的顺序和时间的分配。一般有组织教学、检查复习、讲授新教材、巩固新教材、布置课外作业等。实际上，这就是教学活动的设计，是广大教师在长期教学实践中积累起来的教学经验的总结和概括。如果我们在教学和学习理论的指导下，就可以加深对这些教学实践经验的认识。

在教学设计的理论基础部分，我们曾介绍了加涅关于学习与记忆的信息加工模式。这个模式揭示了学习的内部过程（内因），同时加涅提出了与各学习内部过程相应的、对内部过程起促进作用的教学事件（instructional events），即教学活动（外因），我们也以图表的形式简要介绍了教学事件与学习的内部心理加工过程之间的对应关系，从而较为完整地表述了产生学习的内因和外因及其相互关系。

加涅指出，由于人类信息加工的方式是相对稳定的，所以教学事件也是相对不变的。加涅特别指出，以上九个教学事件的展开是可能性最大、最合乎逻辑的顺序，但也并非机械刻板、一成不变的。更重要的是，丝毫不意味着在每一节课中都要提供全部的教学事件。如果学习者自行满足了某些阶段的要求，则相应的教的阶段就可以不出现，这是我们在运用加涅的教学事件时要特别注意的。在这里，我们着重介绍加涅的"九大教学事件"，也就是关于教学活动的安排，这些可作为教学活动安排的一般指导。

（一）教学事件

1. 引起注意

这是用以唤起和控制学习者注意的活动，保证学习者接受刺激和学习的有效发生。常用的方式有：突然改变呈现刺激，例如，电影、电视画面迅速切换和出现闪烁的指示符号、教师突然提高音量、屏幕上突然出现活动的对象、板书字体和颜色的变化等；激活学习兴趣，例如，提出学习者感兴趣的问题，电影、电视画面描述了一个异常现象等；用手势、表情等体态语引起注意，在课堂教学中教师常常采用这种方法；用指令性语言引起注意，如，"同学们，请仔细听……""请认真阅读……"等。

2. 告诉学习者目标

教学开始时，应明确告诉学习者学习目标，并使其了解当学习目标达到后，将学会什么，从而激发学习者对学习的期望，控制自己的学习活动。用学习者熟悉的语言讲解学习目标，这不仅能提高学习动机，而且能起到"先行组织者"的作用，使学习者看到教材的基本结构，有利于学习者对将学习的具体知识进行组织。告诉学习者目标的方法多种多样，例如，可用简洁的语言讲解，可出示小黑板，可使用多媒体展示，可把学习目标写在黑板的一侧，可用图表等。

3. 刺激对先前学习的回忆

在学习新的内容前，指出学习新的技能所需具备的先决知识和技能，以此刺激学习者回忆起学过的有关知识和技能。同时，还应让学习者看到自己已掌握的知识和技能与学习目标的联系。这使学习者有可能充分利用原有的认知结构中合适的观念来同化新知识，有利于避免机械学习。如要学习二元一次方程时，教师可使学习者先复习一元一次方程的相关知识。这项活动的主要作用是，除了促进"把先前学习提取到工作记忆"的内部过程外，还应使新旧知识产生联系。

4. 呈现刺激材料

当学习者做好准备时，可向学习者呈现刺激材料。呈现刺激材料应具有鲜明的特征，以促进选择性知觉的内部过程。如在学习概念和规则时要使用事例作为刺激材料，要求学习者掌握规则的使用时要安排例题，使其看到这些规则的应用。

教材呈示要注意：一是顺序的安排，这在前面已经讨论过了。二是"组块"（chunk）大小的设计。所谓"组块"是指教学过程中每次呈示教材的分量。组块过小，学习者会感到太容易而浪费时间；组块过大，有些学习者可能不能负担。因此，呈示刺激材料要尽可能适合学习者的特点。决定组块大小要考虑以下三方面：一是学习的类型，显然，不同的学习类型，其组块大小也应不同；二是学习者的知识准备，对基础比较差的学习者，组块不宜过大，对基础比较好的学习者，组块不宜过小；三是学习者的年龄，年龄越小，其组块越小，随着年龄的不断增长，其组块也要不断增大。

教学实践一再证明，在教材呈现过程中，如果能穿插一定的练习活动和及时提供反馈，将会使学习活动丰富多彩，引起学习者的学习兴趣，获得良好的学习效果。即使组块设计得小了一些，学习者也不会感到枯燥乏味。

5. 提供学习指导

提供学习指导的目的是促进语义编码的内部过程，语义编码是为信息的长期储存做准备的加工过程。为了帮助学习者能够用命题、各种概念的层次关系等有意义的形式组织好所接受的信息，应从外部或通过教师、教材为学习者提供指导。例如，为言语信息的学习提供一个有意义的组织结构；给学习者提供一些提示、提问、思路、案例等，启发学习者自行去寻找答案，掌握新的规律，从而促进认知结构的发展与记忆，这时，教师不是把答案直接告诉学习者。

学习指导的程度，也就是提示、提问的数量，直接和间接的程度，要根据学习目标的性质来定。例如，学习事物的名称，就不需要浪费时间去提问、去发现，直接告诉学习者答案就可以了；但是在认知能力的学习过程中，教师应提供必要的直接指导，以易于学习者发现答案而获得认知能力。学习指导的程度还要适合学习者的特点，需要给予学习指导的就给予多一点的指导，例如对理解能力较慢的学习者；而对于理解能力较强的学习者，给予更多的学习指导就会使他们感到不必要和厌烦，因为他们能够自行解决问题。

6. 诱导行为

诱导行为的目的是促使学习者作出反应的活动。也就是说学习者要参与到学习过程中来，积极主动地学习。有学者把学习者参与（learner participation）作为一条原则提出来。参与就是指学习者主动地学习，即在教学过程中，使学习者对呈现的信息以各种方式作出积极的反应。通过情感、思维、行为的参与，学习者能更好地理解所呈现的信息。

用不同的器官参与学习活动，其效果是不一样的。通常认为，听到的内容能记住 10%，读到的内容能记住 20%，看到的内容能记住 30%，做过的事能记住 70%。还有大量研究表明，在学习材料中或紧接着学习材料后，采取某种方式吸引学习者参与到教学活动中有助于提高学习效果。而且，学习者参与学习活动越积极主动，其学习效果越好。例如，在呈现刺激材料的过程中插入一些相关问题，就可以提高学习者心理上的参与程度。有时，即使不希望学习者作答，也可以产生推动他们思考的效果。再如，在学习技能时，在演示过程中留点空隙时间，让学习者能亲自实践一下，也可以较快地提高学习的效果。无论采用何种方式方法，能使学习者积极主动地参与到学习过程中，就可以提高学习效果。

7. 提供反馈

在学习者作出反应、表现出学习行为之后，应及时让学习者知道学习的结果。通过反馈信息，学习者能肯定自己的理解与行为正确与否，以便及时改正。如果时间、内容允许的话，在每个问题或者每个步骤之后即时予以反馈，效果就更好了。在大多数情况下，反馈是由学习者提供的。由外部提供的反馈有多种，例如，教师观察学习者学习行为时的点头、微笑等。特别要注意的是，反馈越及时，其学习效果越好。例如，教师在课堂上提问问题，学习者回答后应立即予以反馈；学习者在黑板上做的练习题，做完后也必须予以反馈；即使教师布置的家庭作业，也必须及时批改，目的是给学习者及时提供反馈信息。

提供反馈的目的是为了促进"强化"的心理内部过程。通过反馈，学习者的成功学习行为得到了肯定和赞许，受到了鼓励，学习者就能够建立起自信心。这对于学习较差的学习者是十分有帮助的。这不仅对当前的学习产生促进作用，更重要的是能够促进今后的学习。以后，当相同的或者是类似的情境出现时，曾得到肯定的学习反应将重新出现。例如，教师在请同学扮演情境中某一角色时，某同学积极主动举手请求扮演，扮演后，教师给予表扬和鼓励的话，那么这位同学以后就愿意做此类的学习参与活动。

8. 评定行为

评定行为的目的是促进回忆和巩固学习成果。即激活提取和促进强化的内部过程。具体表现为，要求学习者进一步作业，并评定学习成绩。评定行为的重要方式是测试，既能检查学习结果，又能发挥强化功效。与其相关的测试可分为三种。

一是插入测试，一般是在教学过程中插入类似练习性质的小测验。目的是准确地了解学习者对当前学习内容的掌握程度，可作为评定学习者在某一点上能否完成预期学习行为的依据。二是自我检查，学习者在教学过程中都会不同程度地参与各种学习活动，例如，他们回答各种问题、进行各种课堂练习等。学习者在进行学习实践的过程中一般都能知道自己对学习内容的掌握情况，还可以通过教师及教材的反馈作出自我评价。这样，学习者参与的学习活动可以视为具有自我检查性质的测验。三是后测，后测一般是指学完一个单元后进行的测试，也称为单元测试。后测的形式可采取常规的练习形式，在要求上高于插入测试。后测的结果可作为下一单元教学的依据。对未能达到预期目标的，教师应及时采取有效的补救措施。

9. 增强记忆与促进迁移

这些活动是促进提供提取的线索和策略内部过程，使学习者牢固地掌握所学内容，培养学习者应用所学知识和技能解决新问题的能力。要达此目标，对于言语信息的学习来说，应提供有意义的结构，使这种结构在提取过程中发挥线索作用，在学习者回忆知识时使用；对于智力技能来说，就要安排各种练习的机会，且每一次练习都要求学习者重新回忆和运用已学过的技能，并进行有间隔的系统复习。如何促进迁移呢？通常的做法是，向学习者布置新的学习任务，使他们在解决新问题过程中形成能力。

（二）基本要求

上述九个教学事件对于我们在设计教学活动时具有普遍的指导意义。我们在实际应用时要注意以下三点基本要求。

1. 根据学习者的特点安排教学活动

学习者独立学习的能力是逐步形成的。例如，小学生年龄小，知识经验积累不足，其独立学习能力比较弱，还不能独立学习。因此，教学活动的设计应强调教师的外部推动作用。随着年龄的增长和知识经验的不断累积，学习者的学习能力逐渐增强。例如，对于中学高年级和大学生以及成人学习者来说，他们就可以通过自己的学习完成一定的学习活动，其教学活动的设计就不能和小学生一样了。可以把教学活动的设计结合到教材中，例如可以在课的前面列出具体的学习目标；可以在教材的呈示中，通过讯息设计技术（例如，重点内容使用黑体字、突出标题、关键词语下标示重点符号等）。

2. 根据教学目标安排教学活动

加涅关于教学事件的划分反映了构成人类学习的外部条件的共性。但是不同类型的教学目标（认知、动作、情感领域）的学习，应安排不同的教学活动。就加涅的五类学习结果（理智技能、认知策略、言语信息、动作技能、态度）而言，加涅指出，"对五类学习结果的每一类，构成这些活动的具体操作是不同的"（加涅，1985a）[245]。对不同类型的教学目标安排不同的教学活动正是加涅教学论的核心思想。

3. 应灵活地安排教学活动

对于一节课的教学活动的设计要灵活，突出重点，切忌机械照搬。加涅指出，"在开始时，就应认识到，这些教学活动并不是一成不变地、严格地按上述次序出现，尽管这是它们最可能出现的次序。更重要的是，绝不是说为每一课都提供所有这些活动"（加涅，布里格斯，1985）。也就是说，不必每节课都有九个教学活动，要灵活地根据实际情况作出合理的安排。事实上也是如此，在单一课中，教学任务比较单一，安排的教学活动必然少些；在综合课中，由于要完成几种教学任务，安排的教学活动必然多些。

第三节　教学方法的选择与
教学组织形式的选用

一、教学方法的选择

在确定了教学目标、学习内容之后，教学设计者还必须选定适合的教学方法。因此首先应了解教学方法的含义、特点、功能及其教学方法的分类，掌握中小学常用的教学方法，以及如何选择与运用这些教学方法。

（一）教学方法的含义与功能

1. 教学方法的含义

由于对教学方法的认识和理解受到了多种因素的制约和影响，人们对教学方法的概念就有了不同界定，对其含义就有了不同的解释。

国外具有代表性的表述有：南斯拉夫学者弗·鲍良克（Vladimir Poljak）认为，"教学方法是教学的工作方式，教学是师生的共同劳动，因此任何方法都具有两方面的意义：既关系到教师的工作方式，也关系到学生的工作方式"（鲍良克，1984）。苏联著名教学论专家巴班斯基认为，"教学方法是教师和学生在教学过程中为解决教养、教育和发展任务而开展有秩序、相互联系的活动的办法"（巴班斯基，1986）。钟启泉认为，"教学方法是指向于特定课程与教学目标、受特定课程内容所制约、为师生所共同遵循的教与学的操作规范和步骤"（钟启泉，1999）。李秉德认为，"教学方法是在教学过程中，教师和学生为实现教学目的、完成教学任务而采取的教与学相互作用的活动方式的总称"（李秉德，2003）。

以上四个关于教学方法概念的表述具有一定的差异性。持有第一种观点的学者总体上认为，教学方法是教师和学习者为完成教学任务、实现教学目的所采用的工作方式或手段（方式说）；持有第二种观点的学者总体上认为，教学方法是教师和学习者为完成教学任务而进行的认识活动的途径（途径说）；持有第三种观点的学者总体上把教学方法视为教师发出和学习者接受刺激的一种程序（程序说）；持有第四种观点的学者总体上认为，教学方法是教师和学习者相互作用的一种活动（相互作用说）。与这四种定义相类似的和相异的表述还有很多，可见，中外学者对教学方法含义的揭示不尽相同。

尽管中外学者对教学方法概念的界定不尽相同，但是也能从中看到或觉察到一些相同之处：一是各种概念基本上都指出了教学方法与教学目标、教学任务之间的关系，都认为教学方法是实现教学目标、完成教学任务的必不可少的工具或手段，强调教学方法是为教学目标和教学任务服务的这一宗旨。二是认为教学活动是教师的教与学习者的学之间的相互作用的过程，教学方法就是师生双方共同完成教与学活动的总和。因此，教学方法既包括教师的教法，也包括学习者的学法。三是强调教学方法是教师与学习者相互作用的双边活动，教学活动本身就是一种教与学的共同活动，在教学过程中，教法和学法相互依存、相互作用、相互影响，从而实现教学目标。

在此基础上，有学者综合了上述关于教学方法的各种表述，认为"教学方法是师生为了完成一定的教学目的和任务，在教学过程中所采用的教与学相互作用的共同活动方式的总称"（王嘉毅，2007）[189]。并对其概念所体现的内涵做了如下的阐述：首先，教学方法是一种活动方式，是教学过程中教师的教与学生的学相互作用的共同活动方式的总称，这就意味着，它既包括教师教的方法又包括学生学的方法，而且指明了教师的教法与学生的学法是相互渗透、相互作用、相互影响的；此外，教学方法具有一定的目的性，它是教师和学生为了实现一定的教学目的，完成一定的教学任务而进行的共同活动方式，这种活动方式必须为实现教学目的、完成教学任务服务。

2. 教学方法的特点

教学方法主要有以下特点（田慧生，1996；李定仁，2001）。

（1）目的性和双边性

目的性是教学方法的首要的、本质的特征，它规定着教学方法的方向。教学方法与教学目的紧密相连，具有鲜明的目的性和指向性。教学方法是实现教学目标、完成教学任务的不可缺少的工具；教学方法是由相互联系、相互作用的教师的教法与学习者的学法所构成，有效的教学方法所取得的良好的教学效果都是教师的教法与学习者的学法合力作用的结果，而不是教法与学法的简单相加。

（2）多样性和整体性

教学方法是多种多样的，每一种教学方法都有其不同的特点和功能，适合于不同的教学情境，不存在适合所有教学情境、所有学科、所有学习者的万能的教学方法。多样化的教学方法才能适应不同学科、学段、教师和学习者的要求；不同的教学方法共同构成了一个完整的、有机的教学方法体系，各种具体的教学方法彼此相互联系、相互配合、相互补充，发挥着整体的效用。

（3）继承性和发展性

教学方法具有历史继承性，古今中外的教育家在长期的教育教学实践中积累了大量的、丰富的教学方法，其合理、科学、有效的教学方法得到了继承。任何一种新的教学方法也是在整个教学方法的历史发展过程中产生的，都与以往各个时代的教学方法有着继承关系；同时，教学方法也不是固定不变的，必然随着时代的发展而发展，不断形成具有时代气息的新的教学方法。

3. 教学方法的功能

（1）教学方法是实现教学目的的重要手段

在教学过程中，教师借助于科学而有效的教学方法，引导学习者学习和掌握系统的科学知识和技能技巧，形成一定的思想品质，使学习者成为身心健康发展的人。如果离开了教学方法，实现教学目的就失去了手段，失去了手段的教学就会阻碍和延缓教学目的的实现。可见，教学方法是实现教学目的的重要手段。

（2）教学方法是完成教学任务的重要保证

要完成一定的教学任务，就要有相应的教学方法。离开了教学方法，教学任务就无法完成。因此，教学设计者在进行设计时，必须安排好合适的教学方法。教学实践也证明，有的教师之所以能够取得良好的教学效果，是因为采取了恰当的教法。有的学习者之所以能够取得良好的学习效果，是因为采取了恰当的学法。

（3）教法对学法起指导作用

在教学活动中，教师怎样教，学习者就怎样学，教师采取什么样的教法，学习者就使用什么样的学法。由此看来，教师教的活动影响着学习者的学的活动，教师的教法同样也影响着学习者的学法。学习者的学是在教师指导下的学，学习者的学法受教师的教法影响，教师的教法对学习者的学法起指导作用。

（4）不同的教学方法有不同的效果

在教学实践中，由于教师采用不同的教学方法，从而影响着学习者掌握学习内容的速度、数量、质量和效果。学习的难易多不在于学习内容，关键在于教师引导学习者学习的教学方法。同时，教学方法是否体现教学和学习规律、科学合理和行之有效，也直接关系到教学效果的好与差，教学质量的高低。

4. 教学方法的分类

在长期的教学实践中，人们创造并积累了众多的教学方法。教学方法的分类就是"按照某些共同特点，把它们归属到一起；又按照某些不同的特点，把它们区分开来，以便更好地分析、认识它们，掌握它们各自的特点，它们各自起作用的范围和条件，以及它们发展运动的规律"（王策三，2000）[248]。人们试图从不同角度对教学方法进行分类，可谓教学方法的分类多种多样，下面我们介绍中外比较有影响的教学方法的分类。

（1）巴班斯基的教学方法分类体系

巴班斯基以教学活动的过程为依据，把教学方法分成三个大类，每一大类又分成若干小类，每一小类又包含若干种教学方法，由此构成一套比较完整的教学方法体系，如表8-3所示（王嘉毅，2007）[192]。

表8-3　巴班斯基的教学方法分类

组织和进行学习认识活动的方法	传递和感知知识信息方面	口述法：叙述、谈话、讲演
		直观法：图示、演示
		实践法：实验、练习、劳动
	逻辑方面	归纳法、演绎法、分析法、综合法
	思维方面	复现法、问题探索法、局部探索法、研究法
	学习控制方面	独立学习法、教师指导下的学习方法、书面作业、实验室作业、劳动作业
激发和形成学习动机的方法	激发、形成学习兴趣的方法	游戏教学讨论、创设道德体验情境、创设统觉体验情境、创设认识新奇情境
	激发、形成学习义务感和责任感的方法	说明学习意义提出要求、完成要求练习、学习的鼓励、对学习缺陷的责备
教学中检查和自我检查的方法	口头检查和自我检查	个别提问、全班提问、口头考查、口试、程序性提问
	书面检查和自我检查	书面测验作业、书面考查、书面考试、程序性书面作业
	实验实践检查和自我检查	实验室测验作业、机器测验

　　巴班斯基教学方法分类的主要特点有，一是比较全面和系统地研究了各种教学方法的分类，把不同的分类方法综合在一起，试图形成一个比较完整的教学方法分类体系，对我们全面、系统地理解和运用教学方法提供了便利的条件；二是这种分类涉及了教学活动的各个方面，覆盖了教学活动的各个构成要素。但是把教学方法进行过细的划分，教师在应用时很难加以把握和灵活运用。

　　（2）威斯特和格兰顿的教学方法分类体系

　　威斯特和格兰顿在他们的《教学方法的分类及各类方法的特征》一文中，依据教师与学习者交流的媒介和手段，把教学方法分成四类，值得我们学习和借鉴，如表8-4所示（威斯特，格兰顿，1993）。

表8-4 威斯特和格兰顿的教学方法的分类体系

教师中心的方法	1. 讲授
	2. 提问
	3. 论证
相互作用的方法	1. 全部讨论
	2. 小组讨论
	3. 同伴教学
	4. 小组设计
个体化方法	1. 程序教学
	2. 单元学习
	3. 独立设计
	4. 计算机教学
实践的方法	1. 现场教学和临床教学
	2. 实验室学习
	3. 角色扮演
	4. 模拟和游戏
	5. 练习

（3）班华的教学方法分类体系

班华在其主编的《中学教育学》一书中，根据在教学活动中师生共同活动的特点和性质，构建了教学方法系统。如表8-5所示（班华，1992）。

表8-5 班华的教学方法系统

	师生认识活动方法系统	讲授法、谈话法、演示法
教学方法系统	师生实践活动方法系统	练习法、实验法、参观法、研究法、指导法
	师生评鉴活动方法系统	激励法、陶冶法、欣赏法、检查法、评价法
	师生交往活动方法系统	交往指导法、小组讨论法、班级讨论法

（4）吴文侃的教学方法分类体系

吴文侃主张从实践的角度对教学方法进行分类，这样比较符合中小学的教学实践，广大教师用起来简单实用，易于选择和操作。他把教学方法分成四个层次（吴文侃，2000）[305]。

第一层次是以教师讲授活动为主的教学方法，包括讲授法、谈话法、直观演示法等。这是以知识传授为主的教学方法，具有广泛的适用性，是整个教学方法体系的基础，教师在这类教学方法的运用过程中起主导作用。第二层次是以学习者学习活动为主的教学方法，包括读书自学法、实验法、实习作业法、研究法等。这些方法除了具有传递知识外，还具有养成技能、发展能力的功效。在运用过程中学习者的活动占据主导地位，教师则起辅助、指导作用。第三层次是以师生双方交互作用为主的教学方法，包括讨论法、读书指导法、参观法等。显然这一教学方法是前两个层次的教学方法的交叉、补充或重组，在运用过程中，教师和学习者的主体作用得到和谐统一。第四层次是当代教学改革中所出现的各种新的综合教学方法。同样这一教学方法是前三个教学方法的有机结合和升华。其主要特点是把知识的传授和能力的培养有机地结合起来，以培养学习者各种能力为核心。教师的作用在于组织、安排和调控教学的整个过程。不同层次的教学方法相互区别、相互联结，形成了一个完整的教学方法体系，如图8-3所示（吴文侃，2000）[309]。

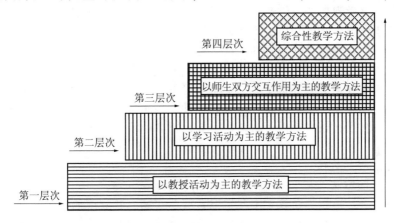

图8-3 教学方法分类框架层次示意图

（二）中小学常用的教学方法

教学方法的分类就是按照一定的标准，依据某些共同的特征，把不同的教学方法归纳在一起，建立一个教学方法体系。由于分类标准的差异和依据的不同，教学方法的分类有多种多样。比较趋向一致的分类是依据学生获取信息的主要来源和途径把教学方法分为语言的方法、直观的方法、实践的方法、自学的方法、探究的方法和体验的方法六类。这种分类比较符合我国当前中小学教学的实际情况。

1. 语言的方法

（1）讲授法

讲授法是指教师运用口头语言，系统地向学习者传授知识、思想观点和发展智能的方法。这种方法是中小学各科教学普遍采用的一种教学方法。它的优点是能够充分发挥教师的主导作用，向学习者传授的知识系统连贯，使学习者在较短的时间内学习较多的知识，同时发展学习者的智力并对学生进行思想品德教育。讲授法可分为讲述法、讲解法、讲读法、讲演法四种具体形式。讲述法是对某事物、事件作系统的叙述或描述的方法；讲解法是对概念、原理、公式进行解释、说明或论证的方法；讲读法是对所学内容边读边讲，讲读并进，有讲有读的方法；讲演法是对某一问题进行深入的分析和讨论，并作出科学的结论的方法。

运用讲授法的基本要求是：讲授内容具有科学性和思想性；讲授时要系统连贯、层次分明、条理清楚、逻辑严密、重点突出、善于引导、促动思考；讲授语言要准确精练、通俗易懂、生动形象、富于情感；要把书面语言变成口头语言，注意讲授的语速、音量，善于运用板书。

（2）谈话法

谈话法是指教师根据一定的教学目标要求，在学习者已有知识经验的基础上，通过问答对话的方式引导学习者获取知识的一种教学方法。这种方法能充分激发学习者的思维活动，使学习者通过思考获取知识，有利于培养学习者的逻辑思维能力和口头语言表达能力。谈话法的具体形式又可分为启发式谈话、问答式谈话、指导性谈话三种。

运用谈话法的基本要求是：学习者应具备谈话内容所需的知识和经验；谈话前要做好必要的准备工作；要有明确的目的，可行的计划；教师提出的问题要明确具体，难易适度，具有启发性、逻辑性、针对性；要创造利于谈话的民主气氛；教师要善于组织、引导，紧紧围绕谈话中心进行，并做好谈话的总结。

2. 直观的方法

（1）演示法

演示法是指教师在教学中向学习者展示实物、教具或通过示范性实验来说明或验证所传授的知识，并获得充分的感性认识的方法。这种方法的特点是直观性强，易于引起学生的学习兴趣，吸引学生的注意力。学生可获得鲜明生动、具体真实的直接经验，有利于学习者理解和掌握知识，发展学习者的观察力。演示法有实物、标本、模型的演示；有图画、图表、地图的演示；有实验、幻灯、电影、录音、录像的演示；有音乐教师的示唱、体育教师的示范动作演示等。

运用演示法的基本要求是：教师要根据教学内容确定演示目的，选用演示教具，做好演示准备；演示时应使学习者都能观察到演示对象，注意摆放的位置和出示的时间；要提出问题，引导学习者观察演示对象的主要特征和重要方面；演示过程中要恰当地配合讲解谈话进行；控制演示对象对学习者的无关刺激。

（2）参观法

参观法是指根据教学需要，组织学习者到现场对实际事物进行观察研究，从而获得知识的一种方法。这种方法的特点是，教学和实际生活密切联系，学习者走出课堂，走向了现场。这种方法可以扩大学生的知识视野，提高学习者的学习兴趣，激发学习者的求知欲望，培养学习者的观察能力，可以使学习者在接触社会中受到有益的教育。参观法的具体形式又可分为准备性参观、并行性参观、总结性参观三种。准备性参观是在学习新知识之前，为积累必要的感性经验所进行的参观；并行性参观是在学习新知识的过程中，为使理论联系实际而进行的参观；总结性参观是在学完新知识后，为了验证、理解、巩固所学知识所进行的参观。

运用参观法的基本要求是：做好参观前的准备工作，如确定参观目的、制订参观计划、预定参观时间、规定参观步骤、选择参观对象等；在参观过程中，教师要给予指导和讲解，把学习者的注意力集中在观察对象上，指导学习者搜集有关材料和做好参观记录；参观结束后及时做好参观总结，巩固参观成果。

3. 实践的方法

（1）练习法

练习法是教师指导学习者运用所学知识解决同类课题，借以巩固消化知识，并形成技能技巧的一种方法。这种方法对学习者巩固知识，形成技能技巧，发展智力，锻炼意志品质具有重要意义。练习的方式多种多样，一般可分为口头练习、书面练习、操作练习三种。

运用练习法的基本要求是：教师应使学习者明确练习目的，提高练习的积极性、主动性，由外在的要求变为内在的需求；加强基础知识和基本技能的练习，掌握正确的练习方法，形式应多种多样，练习要循序渐进；保证练习的次数和质量，控制数量；对练习题要精心选择；教师对学习者的练习应及时检查总结，肯定成绩，找出不足，指出补救措施，同时要培养学习者自我检查的能力和习惯。

（2）实验法

实验法是教师指导学习者运用一定的仪器设备，按照指定的条件进行独立操作，从事实验活动，以获取知识、发展智力、培养能力的一种方法。这种方法有利于丰富学生的直接经验，加深对知识的理解和掌握，特别是对于培养学习者动手独立操作能力、观察能力、思维能力具有重要作用。这种方法也有利于培养学习者严谨的科学态度，实事求是的优良作风，一丝不苟的学习精神。这种方法多用于自然学科的教学，在物理、化学、生物学科中经常采用。实验法的具体形式又可分为准备性实验、验证性实验、巩固性实验三种。准备性实验是学习理论前进行的实验，其目的是为学习理论准备直接经验；验证性实验是学习理论之后进行的实验，其目的是为了验证理论并加深对理论的理解；巩固性实验是复习巩固知识的实验，其目的是为了帮助学习者巩固所学知识。

运用实验法的基本要求是：教师应根据课程标准和教科书的要求在学期前编制好实验计划；每次实验前准备好实验仪器、材料、用具等，并划分实验小组，必要时教师应先行实验一次，以确保正式实验的成功率；做实验前教师要向学习者说明实验的目的要求、方法步骤、注意事项，防止发生意外事故；教师在学习者做实验过程中要做具体指导，使每个学习者都有动手操作的机会；实验结束后及时总结，指导学习者做好实验记录，要求学习者写好实验报告，要求学习者收拾、洗涤、整理、摆放好实验用具；教师要对学习者的实验报告进行评定。

（3）实习作业法

实习作业法是教师根据课程标准的要求，组织学习者在校内进行实际操作，把书本知识运用于实践的一种方法。这种方法的突出特点就是培养学习者创造性应用所学知识解决实际问题的能力。这种方法把理论与实践结合起来，可以使学习者更好地掌握理论，培养学习者从事实际工作的兴趣和能力。这种方法在自然学科中占有重要地位。如数学课的测量作业，物理、化学、劳技课中生产技术的实习作业，自然常识、生物课中的栽培植物、饲养动物的实习作业等。

运用实习作业法的基本要求是：教师应按照课程标准的要求，首先组织学习者学好有关理论知识；实习应有目的、有计划、有组织地进行；实习前应说明实习目的、要求、任务、注意事项等；在实习作业中要加强指导，使学习者掌握作业的方法步骤，使学习者能独立作业；实习结束后，教师要及时总结，检查实习作业并作出评定。

4. 自学的方法

（1）读书指导法

读书指导法是指教师指导学习者通过阅读教科书、参考书和课外读物以获取知识、培养学习者阅读能力和自学能力的一种方法。这种方法有利于发挥学习者学习的主动性，培养学习者的读书习惯和思考习惯，也有利于开阔学生视野，广泛涉猎知识，对养成学习者会读书、善于读书、读好书的良好品质具有重要作用。读书指导法可分为讲读、半独立性阅读、独立性阅读三种。

运用读书指导法的基本要求是：帮助学习者确定阅读目的、任务、范围、内容；调动学习者阅读方法；注意培养学习者做读书笔记的能力，会在书上做记号和批注，会摘录、会写提纲概要；教会学习者使用工具书，能查目录索引，会看注解；对学习者的课外阅读，教师要帮助学习者选择书籍，结合课内学习，以助于形成学习者合理的知识结构。

（2）讨论法

讨论法是在教师指导下，由全班或小组成员围绕某一中心问题发表自己的看法，相互学习，共同提高的一种方法。这种方法通过对学习内容的讨论，可以集思广益、互相启发、加深理解、广开思路、提高认识。这种方法能够激发学习者的学习热情，培养学习者对问题的钻研精神和训练语言表达能力，对培养学习者的发散性思维能力具有重要作用。讨论法在中学高年级运用较多，在中小学低年级一般以议论的形式出现。

运用讨论法的基本要求是：讨论前应确定讨论题目、范围、要求；指导学习者搜集有关资料，写出发言提纲；讨论时教师要引导学习者紧紧围绕讨论中心展开热烈的讨论，鼓励学习者大胆发表自己的观点；讨论要紧张而又有秩序，热烈而不喧闹，同时教师掌握好时间；讨论结束时，教师要及时总结。

5. 探究的方法

这类以引导探究活动为主的教学方法是指在教师的启发引导下，让学习者按照自己对事物的观察和思考的方式去认识事物，理解学习材料，或让学习者借助教材及有关材料，亲自探索应得出的结论或规律性认识的方法。美国教育家布鲁纳倡导的"发现法"即是此类方法。发现法旨在培养学习者探究思维的能力，提高学习者的自信心和学习的积极性，提高学习兴趣，培养学习者的发现与创造精神。发现法的环节主要是：引起学习者兴趣，形成探究动机；分析、比较并提出假设；从事操作，验证假设。

运用探究法的基本要求是：教师要进行适当的设计，给学习者提供必需的资料和学习条件，在对学生的不断提问中，注意引导其思路并耐心地等待；在教学过程中，教师要着眼于引导学习者自己发现应得的结论，使学习者体验发现知识的兴奋感和完成任务的胜利感。

6. 体验的方法

（1）欣赏教学法

欣赏教学法是指在教学过程中，教师指导学习者体验客观事物的真善美的一种方法。这种教学方法是寓教学内容于各种具体的、生动的、形象的、有趣的活动之中，唤起学习者的想象，以加深对事物的认识和情感上的体验。欣赏教学法包括自然的欣赏、人生的欣赏、艺术的欣赏等类型。

（2）情境教学法

情境教学法是指在教学过程中，教师有目的地引入或创设具有一定情绪色彩的形象作为主体的生动具体的场景，以引导学习者的态度体验，从而帮助学习者理解教材，并使学习者心理机能得到发展的教学方法。这种方法的核心在于激发学习者的情感。教师创设的情境包括：生活展现的情境、图画再现的情境、实物演示的情境、音乐渲染的情境、表演体会的情境、言语描述的情境等。情境教学法可在各科教学中使用。

此外，还有许多教学方法，诸如发现法、愉快教学法、六步教学法、八字教学法、暗示教学法、合作学习法、强化法等。

（三）教学方法的选择与运用

1. 选择教学方法的基本依据

任何教学方法都不是万能的，且每一种教学方法都有其使用范围和局限性。面对众多的教学方法，如何选择合理有效、实用经济的教学方法呢？我们在进行教学设计选择教学方法时，应依据以下几个方面。

（1）依据教学目标和任务

不同的教学目标和教学任务，需要不同的教学方法去实现和完成。每一节课都有具体的教学目标和任务，这就需要教师根据本节课的教学目标和任务，选择与确定相应的教学方法。具体地说，掌握知识方面的，可选择讲授法、阅读法等；形成技能方面的，可选择练习法、实验法、实习作业法等；发展能力方面的，可选择实习作业法、发现法、讨论法等；陶冶个性方面的，可选择欣赏教学法、情境教学法、参观法等。有时一节课要完成几项教学任务，则应采用几种教学方法，以完成主要的教学目标和任务的教学方法为主，其他教学方法加以配合使用。

（2）依据学科特点和学习内容

不同的学科有不同的特点，这就需要采取不同的教学方法。就学科而言，语文、外语等多用讲读法；数学多用练习法；物理、化学、生物等多用演示法、实验法；体育、音乐、美术多用示范法、练习法等。就学科具体内容而言，分别用于掌握知识、形成技能、发展能力、陶冶个性等不同目标，就应选择讲授、示范、演示、参观、作业、讨论等不同方法。同一学科的学习内容也具有不同的特点，也要相应选择不同的教学方法。例如，英语这门学科，阅读和写作显然要选择不同的教学方法，选用哪种教学方法，要紧紧依据学习内容的性质。因此，选择与运用哪种教学方法，必须依据学科的特点和学习内容的性质。

（3）依据学习者的特征

不同年龄阶段的学习者，在生理和心理方面各有不同的特点，特别是学习者的学习过程因其年龄不同而表现出很大的差异性。因此，教师在选择教学方法时，必须充分考虑教学对象的年龄特征和心理特点。

① 学习者的身心特征

不同年龄阶段的学习者，在生理和心理方面各有不同的特点，例如，在感知、记忆、思维、注意力、气质、性格、学习态度、学习兴趣、学习方法、学习能力等方面都显示出不同的特点，特别是学习者的学习过程因其年龄不同而表现出很大的差异性。对小学生所采用的教学方法，自然与对中学生所采用的教学方法有所不同。同样是中学生，对初一学生与对高一学生的教学方法也应有所不同。这主要是由于学生年龄的差异所造成的在心理发展水平上的差异。所以，在选择教学方法时，应充分考虑其年龄特征和心理特点。只有选择了符合学习者年龄特点的教学方法，才能有效地促进学习者的学习，使其取得良好的学习效果。

② 学生的认知结构

现代认知心理学十分强调学习者已掌握知识的数量、清晰度和组织方式（即认知结构）对新知识的迁移作用，依据学习者的认知结构的特点选择教学方法就显得十分重要了。例如，如果学习者认知结构中包含有与新知识相关联的若干观念和概念，教师就可以选择启发式谈话法，反之，就不能采用这种教学方法。

（4）依据教师的自身特点

任何一种教学方法，只有符合和适应教师的自身特点，为教师所理解和把握，才能在教学活动中有效地加以运用，充分发挥其功能和作用。所以，教师的自身特点，直接关系到选择的教学方法能否发挥其应有的作用。教师的自身特点主要表现为表达能力、思维品质、教学技能、教学艺术、教学风格、组织能力、调控水平等方面。下面着重谈两个方面。

① 教师的教学法水平

教师的教学法水平是有差异的，并不是每一个教师都有能力使用任何教学方法，有的教学方法很好，但若教师的教学法水平比较低，驾驭不了，就不能产生良好的教学效果。因此，教师要提高自己的教学法水平，应多掌握几种教学方法。一个教师对教学方法掌握得越多，他就越能找出最适合某一情境的教学方法。

② 教师的个性特点

教师的某些特长、某些不足和运用某种教学方法的实际可能性，都是选择教学方法的重要依据。教师在选择教学方法时，要根据自己的个性特点，要扬长避短。例如，有的教师口头语言能力强，可选用讲授法；有的教师语言表达能力差，可选择演示法、讨论法等。

（5）依据教学方法本身的特点

古今中外积累了大量的、丰富的教学方法，广大中小学教师又在教学实践中创造出了许许多多行之有效的教学方法。各种教学方法都是具体的，都有运用教学方法的基本要求。即各种教学方法都有各自不同的特点和功能，以及各自不同的职能、适应范围和应用条件。同时各种教学方法又存在着各自的优越性和局限性。如发现法可以启发思维、发展智能、培养独立学习的能力，有效地促进学习者主动学习，但费时较多；讲授法有规模大、效率高、容量大等长处，但在发展学生个性、培养能力、因材施教、教学质量等方面都有较大的局限性。因此，我们在选择教学方法时，要了解各种教学方法的优越性和局限性，做到扬其所长，避其所短，真正发挥教学方法的优势。

（6）依据教学环境条件

教学环境条件主要是指教学设备条件，如信息技术条件、仪器设备条件、图书资料条件等；教学空间条件，如教室场地条件、实验室条件等；以及教学时间条件等。教学环境条件的好与差，对于教学方法功能的发挥有一定程度的制约作用。

例如从教学时间上看，所有课程科目给定的教学时间都是限定的，而学习内容则是大量的，就是要求教师低耗高效地完成教学任务，即以最少的时间获得最佳的教学效果。因此，要选择那些能在规定的时间内有效地完成教学任务，顺利地实现教学目标，教师教得轻松，学生学得愉快的教学方法。再如，发现法比其他方法耗时较多，有时不得不放弃，为的是能在规定的时间内如期完成教学任务。

我们在选择教学方法时，在考虑上述因素的同时，要对教学环境条件进行全面、具体、综合的考虑，要在教学环境条件许可的情况下，最大限度地利用和发挥教学环境条件的作用，实事求是地采用可行而又有效的教学方法，使所选教学方法具有科学性和合理性。

"教学有法、教无定法、贵在得法"，这句话简洁地说明了选择教学方法的重要性。教学设计者要综合考虑选择教学方法的各种因素，仔细分析各种教学方法的优越性和局限性，根据教学目标和教学任务，选择恰当合理的、科学有效的教学方法，为实现教学目标，全面完成教学任务，促进学习者的有效学习服务。

2. 选择教学方法的程序

苏联著名教育家巴班斯基认为，要实现教学方法的优化，除了要强调选择教学方法的依据外，还有一个选择的程序问题。巴班斯基根据其教学方法的分类体系，在和他的同事访问了许多教师之后，总结归纳出了选择教学方法时的一般程序，对教学方法的选择具有一定的指导意义。巴班斯基选择教学方法的程序由七个步骤组成（吴也显，1991）[382]：

第一步：决定是选择由学生独立地学习该课题的方法，还是选择在教师指导下学习教材的方法；

第二步：决定是选择再现法，还是探索法；

第三步：决定是选择归纳的教学法，还是选择演绎的教学法；

第四步：决定关于选择口述法、直观法和实际操作法如何结合的问题；

第五步：决定关于选择激发学习活动的方法问题；

第六步：决定关于选择检查和自我检查的方法问题；

第七步：认真考虑所选择的各种教学方法相结合时的不同方案。

根据巴班斯基教学方法选择程序的基本精神，我们认为，教学方法的选择程序，大概包括以下几大步骤（王策三，1985）[254-256]。

首先，要明确选择教学方法的依据。关于教学方法选择的依据，在上文已经作过介绍。需要注意的是，选择教学方法的依据，最重要的是具体化了的教学任务和规定的教学时间，再就是教师使用的实际可能性。其次，尽可能广泛地提供有关的教学方法，便于教师考虑和选择。不仅要包括各种教学方法，而且包括每种教学方法中的方式和细节。再次，对各种供选择的教学方法，要进行各种比较，包括比较各种具体教学方法的可能性、适用范围和条件。最后，在既定的教学任务、教学内容、师生特点、教学条件等条件下，对各种方法进行筛选，作出最后决定。

3. 教学方法的运用

在掌握了常用的教学方法，明确了选择教学方法的依据，了解了选择教学方法的基本程序之后，在教学实践中运用教学方法时应注意以下几点。

（1）贯彻启发式教学指导思想

有众多的教学方法可供教师采用，但无论采用哪种教学方法，在实际运用过程中都必须贯彻启发式教学指导思想。启发式教学是我国教学方法的指导思想，各种教学方法都要贯彻启发式。启发式教学思想尊重学习者的主体人格和学习者的主体地位，强调指导学习者的学习方法和激发学习者强烈的学习动机，重视培养学习者的思维能力和创造能力，注重发展学习者的个性，强调发挥学习者学习的主动性、积极性、独立性和能动性。

各种教学方法既有启发性质，又有注入性质，关键在于教师如何应用。各种教学方法中的启发性因素的作用能否得到发挥，取决于运用教学方法的指导思想。教师以启发式教学思想为指导运用讲授法、练习法、谈话法等，就能够激发起学习者的学习兴趣和求知欲，吸引学习者的注意力，启发学习者独立思考，使学习者的学习收到良好的学习效果。因此，应用教学方法，要始终贯彻启发式教学思想。

（2）发挥教学方法的整体功能

教学方法在运用过程中，要考虑充分发挥教学系统各要素（教师、学习者、学习内容、教学媒体等）所构成的教学的整体功能，实现整体大于各部分之和的系统功能。还要考虑发挥出不同教学方法构成的教学方法体系的整体功能，注意各种教学方法的有机配合，以期获得良好的教学效果，全面完成教学任务，有效地提高教学质量。

（3）综合、灵活地运用教学方法

圆满完成教学任务，顺利实现教学目标，必须坚持综合运用各种教学方法。教学实践证明，在教学过程中，学习者知识的获得，能力的培养，智力的发展，不可能只依赖一种教学方法，必须把多种教学方法合理地结合起来，企图用一种教学方法应付千变万化的教学情境，是不可能取得良好的教学效果的。因此，应坚持综合化，注意各种教学方法的相互渗透和相互补充，形成具有内在联系的教学方法的优化组合。

教学方法的综合化，可以同时运用几种教学方法。例如，教师采用演示法进行教学的同时，常常用语言对演示的内容进行描述，这就把演示法和讲授法同时结合起来运用。也可先后运用几种不同的教学方法，我们在教学实践中也常常看到，教师开始进行新知识的讲授，然后做练习，这就把讲授法与练习法结合起来加以运用。由此看来，教学过程中一般不是仅依赖一种教学方法贯彻教学过程的始终，因为实现教学目标，完成教学任务不可能仅靠一种教学方法。各种教学方法综合运用、优化组合，可以获得事半功倍之效。

教学过程是一个动态过程，而教学方法在教学过程中又是一个变量因素。虽然教师在备课过程中精心选择和设计了教学方法，但在实际的教学活动中，可能出现各种变化。因此，教师必须注意随时调整教学方法，要根据教学过程的动态特点运用教学方法，根据教学过程的实际情况，灵活地运用教学方法，以期获得最好的教学效果。

二、教学组织形式的选用

（一）教学组织形式的概念和意义

1. 教学组织形式的概念

教学组织形式所要解决的主要问题是：在教学中，为了达到教学目标，完成教学任务，通过何种组织结构把师生组织起来，建立一定的联系，开展教学活动；怎样科学地利用时空及其他教学条件来安排教学活动，传授和学习教学内容，对其他各种因素加以有效地利用和控制。教学组织形式是"围绕既定教学内容，在一定时空环境中，师生相互作用的方式、结构与程序"（黄甫全，1998）[299]。这一概念含义如下。

第一，教学组织形式是围绕着教学内容设计的。不同的教学内容必须要求与之相适应的教学组织形式。如陈述性知识的教学可采用集体上课，而表现为各种技能、技巧的程序性知识则应尽可能做到教学的个别化。

第二，教学组织形式直接体现为师生相互作用的方式。这种相互作用方式既可以是直接的，也可以是间接的，既可在班集体中进行，也可在小组内或个体间进行。

第三，师生的活动必须在一定的时间和空间背景中完成，而且要遵循各种互动方式所要求的规范和程序。

第四，以教学组织形式为纽带，把教学内容、教学方法、教学媒体等各种教学要素以一定的教学程序集结起来，以确保教学活动的顺利进行和完成。

2. 教学组织形式的意义

（1）教学组织形式影响教学活动的成效

根据系统论思想与观点，系统各要素所构成的结构直接影响着系统的性质与功能，在教学活动中各要素在时间和空间上的组合结构，必然影响着教学活动的成效，直接制约着教学活动能否按照既定的程序进行。

（2）教学组织形式是实施教学内容的途径

教学组织形式决定于教学内容，不同的教学内容，必须采取不同的教学组织形式，才能取得良好的教学效果。因此，为有效地实施教学内容，应采取恰当的教学组织形式。

（3）教学组织形式是完成教学任务的手段

作为教学活动的纽带，教学组织形式决定着师生相互作用的方式与效果，直接制约着教学方法、教学媒体能否发挥其最佳功效。只有在恰当的教学组织形式中，师生才能各自发挥作用，实现师生互动，使教学方法和教学媒体产生最佳的作用，从而较好地完成教学任务。

（4）教学组织形式影响着教学质量和教育质量

教学组织形式直接影响着教学规模和教学速度，影响着教学效率和教学质量，影响着教学目标的实现。不仅如此，教学组织形式还影响着教育质量，乃至教育的发展。例如，美国进步教育运动的"儿童中心主义"思潮以及与之相应的"道尔顿制""设计教学法"和"文纳特卡制"就直接导致了美国基础教育质量的下降。

（二）常用的教学组织形式

1. 教学的基本组织形式——课堂教学

（1）课堂教学的优越性

课堂教学是班级授课制的具体形式之一。它是把学生按年龄和程度编成班级，由教师根据课程标准统一规定的课程内容和教学时数，按固定课程表进行分科教学的一种组织形式。它的优越性表现在以下几个方面。

① 有利于大面积培养人才

课堂教学把个别教学变成了集体教学，这样就扩大了教学规模，加快了教学进度，提高了教学效率，可以经济而有效地、大面积地培养人才。

② 可使教学有计划、有组织地进行

课堂教学是按照课程计划、课程标准和教科书的规定和要求组织教学活动的，这就使教学具有高度的计划性和组织性，可以保证利用集中的时间向学习者传授文化科学知识，培养和训练技能，发展学习者的智力和体力，使学习者的身心得到全面的发展。

③ 有利于发展教师的主导作用

课堂教学是教师有目的、有计划、有组织地面向全班进行的，它能保证在课堂教学过程中，全班学习者的学习都能在教师的直接指导下进行。因此，有利于发挥教师的主导作用。

④ 有利于学生的身心健康发展

课堂教学是按照规定的固定时间，各科轮流交替进行，这样，可以减少疲劳，缩短时间，使脑力活动有张有弛。不同性质的活动相互调节，使教学的安排符合儿童身心发展的客观规律，有利于学习者身心健康发展。

⑤ 有利于发挥班集体的作用

在同一班集体中，学习者之间在思想、学业等方面可以相互影响，相互学习，共同提高。遇到困难和问题时，可以展开讨论，集思广益，取长补短，互相促进，发挥班集体的作用。对培养学习者良好的组织纪律性，进行思想品德教育，开展文体活动也具有积极作用。

课堂教学较之其他教学组织形式有许多优点，显示出巨大的优越性。经过世界各国的长期检验，这种教学组织形式仍然是现代学校主要的教学组织形式。

（2）课堂教学的局限性

课堂教学也存在着一定的局限性，主要表现在：课堂教学强调全班学习者在同一时间内，使用同一教材，按照同一进度去学习同一内容，难以照顾到不同程度学习者的学习需要，不利于学习者的个性发展；课堂教学在教学要求上的一律化，教学方法上的"一刀切"，不利于更好地发展学习者的个性特长和多方面的兴趣，不利于因材施教；同时课堂教学主要以讲授书本知识和进行课内活动为主，学习者实践机会少，易于产生理论脱离实际的倾向。所以，应该根据教学对象的不同，教学任务和教学内容的差异，在课堂教学这种基本组织形式基础上，灵活多样地采取其他教学组织形式。

（3）课的类型和结构

① 课的类型

课的类型是指根据教学的具体任务不同而将课划分为不同的种类。在教学中，由于具体的教学任务不同，因此课的类型也不同。一般把课堂教学划分为单一课和综合课两大类型。

单一课是指在一节课内只完成一种主要教学任务的课。单一课包括：传授新知识课、复习课、练习课、实验课、实习作业课、检查课等。单一课教学任务单一，教学活动方式转换较少，所以，单一课一般适用于高年级教学。

综合课是指在一节课内完成两种以上教学任务的课。由于综合课的教学任务多，完成不同教学任务的教学方式也不同，因此，综合课要在一节课内较多地变换教学方式。综合课比较适宜中小学低年级的教学。

设计课的类型，主要依据教学目标和任务，考虑教学内容以及儿童的年龄特征等因素。要注重实际效果，防止教学上的形式主义。

② 课的结构

课的结构是指课的基本组成部分以及各部分进行的顺序和时间分配。每一种类型的课都有一定的结构，课的类型不同，其结构也不同。由于各年级的学习者年龄特点和知识水平不同，各门学科教学法的特点不同，同一类型的课在不同的班级、不同的学科中，其结构也会有所不同。因此，切忌把课的结构公式化、绝对化，否则就容易导致教学上的形式主义。

一般类型的课通常由以下基本部分组成：

● 组织教学

任何一种类型的课都从组织教学开始。组织教学是保证课堂教学正常而有秩序进行的一个基本条件。其目的是使学习者做好上课的物质和心理准备，把学习者的注意力集中到课堂教学活动上来，激发学习者的学习兴趣和求知欲，保证学习者的学习活动有效地进行。组织教学的方式多种多样，如目光巡视，提出要求，检查出勤情况，检查学习用具等。组织教学不仅是上课的起始环节，而且贯穿于课堂教学的始终。因此，教师在课堂教学过程中，要时刻注意通过生动有趣的讲授，灵活多样的教学方法，巧妙安排的教学活动来吸引学习者的注意力，创造出良好的课堂教学环境，提高教学的质量和效果。此外，教师还要运用教育机智，稳妥地处理课堂上可能出现的偶发事件等。

● 复习检查

复习检查在组织教学之后进行，是对上一节课或以往学过的知识或技能的复习检查。其目的是复习巩固上一节课所学习的重要内容或复习检查与讲授新教材直接有关的旧知识，以便从已知到未知，加强新旧知识的联系，为学习者学习新知识做好准备，借以导入新课。复习检查的方式多种多样，如提问、检查作业、练习等。

● 讲授新教材

讲授新教材是讲授新知识课的主要构成部分，其目的是使学习者获得新知识和新技能，掌握新思想、新理论和新事实。在综合课中它是在复习检查之后进行。由于讲授新教材是课的中心环节，所以占用时间也较多。教师要按照课程标准的要求，遵循教学原则，采取恰当的教学方法来完成讲授新教材的任务。同时在讲授过程中，要注意新旧知识的联系，努力做到生动有趣，始终引发学习者的求知欲望，吸引学习者的注意力，要充分发挥教师的主导作用和学习者学习的主动性、积极性。为使学习者能够积极配合教师的教，展开主动地学，便于师生紧紧围绕本节课的目的开展教学活动，也便于学习者在学习后进行自检，在讲授前明确地说明本节课的目的、要求是十分必要的。

● 巩固新教材

巩固新教材的目的是使学习者能够理解、消化、吸收和掌握新知识，力争做到当堂消化、理解和巩固。教师可采取提问、复述、重点讲解或练习等方式进行。同时不仅要使学习者掌握知识，而且要形成运用知识的技能。巩固性练习不仅具有模仿性，而且要有一定的创造性，以便学习者能学会在变化的条件下应用知识和技能，培养举一反三和触类旁通的能力。

● 布置课外作业

布置课外作业是对学习者课外学习活动的安排，其目的在于使学习者进一步巩固课堂上所学的知识和技能，有效、合理地利用课外时间，把课外学习和课内学习结合起来，养成独立学习的能力和习惯。课外作业的分量要适当，防止学习者学习负担过重，难易要适中，对难度较大的题要给予提示。习题要有典型性和启发性，形式应灵活多样。布置课外作业常常安排在一节课的最后阶段进行，但要保证有足够的时间向学生提出明确的要求。

以上是课的基本组织部分。综合课和单一课中的讲授新知识课一般采用这种基本结构，单一课中的其他课型的结构有所不同。对课的几个组成部分，教师要根据课的类型、教学目标任务、教材性质和学习者特点等因素加以合理地安排，并能够灵活运用，切忌模式化。教师要发挥创造性，使课的结构符合实际需要，并具有科学性。

（4）课堂教学的具体教学形式

下面我们着重介绍在课堂教学这种教学组织形式下的具体教学形式（李伯黍，2001）[288-289]。同样，它们也各有其优点，我们应根据教学的实际需要，合理地加以选用。

① 讲解的形式（图8-4右上）

这是一种以教师说明、解释为主来达到教学目的的形式。它能把教学涉及的大量新信息、新内容较快地向较多的学习者传输。但这是一种单项的教学形式，学习者不能经常、及时地对教学各环节作出反应，教师也不能及时地获得学习者的反馈信息。

② 提问的形式（图8-4左上）

这种形式是以教师提出较多的适当问题为主。它使教师能及时地了解学习者的各方面情况。它要求教师预先充分准备好问题一览表和简明扼要的讲解，还要娴熟地按学习者反应作必要的说明和进一步的提问。不过，这一形式颇受个别差异的影响，由此会降低教学的效果，如群体稍大就更难以兼顾全体，问题太深"差生"无法适应，太浅又会使多数学生趣味索然。

③ 小组的形式（图8-4左下）

这是教学时将班级分成若干个小组，让学习者在小群体内通过交谈来学习，故又叫做蜂音学习。这种形式使小组每个成员都卷入学习活动，因此会提高每个人的学习积极性，而且还可发展成员之间的人际关系。该教学形式的关键是分组要适当。研究表明，分组应按人际关系，且每组以5—6人、每次谈话约6分钟为宜。

④ 讨论的形式（图8-4右下）

讨论式教学是按有关论题来呈现教材、组织讨论、得出结论，从而使学习者掌握教学内容。在人文和社会科学的教学中，这一教学形式能使学习者彼此启迪、深化认识。不过，它不适宜于低年级的或心理水平尚低以及缺乏有关知识背景的学习者，也不适宜于某些学科（数学、语音等）的基础内容的教学。

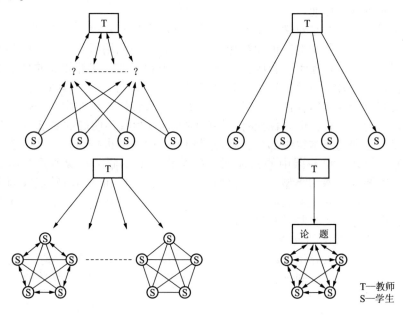

T—教师
S—学生

图8-4　教学形式示意图

2. 教学的辅助组织形式——现场教学和个别教学

（1）现场教学

现场教学是教师根据一定教学任务的需要，组织学习者到生产现场和事件发生的现场，利用现场的教学条件进行教学的一种教学组织形式。现场教学突破了课堂教学的限制，使学习者走出课堂，奔向社会，使教学与社会生产和社会生活密切结合起来。它可以给学习者提供直接知识，丰富感性认识，便于加深理解和掌握书本知识，并形成运用知识的能力，做到理论联系实际，也有利于对学习者进行思想教育。组织现场教学要注意以下几点。

① 根据教学任务和内容的要求组织现场教学

组织现场教学必须根据教学任务的要求和教学内容的需要进行。现场教学必须有明确的教学目标，周密的计划，合理的安排，典型的现场。现场教学切忌教学目标不明确，计划和安排不周密。

② 事先做好准备工作

教师对教学内容要认真准备，研究教学重点，设计教学程序，考虑具体的教法，切忌敷衍了事，还要使学习者有一定的知识储备，为接受现场教学中的新知识打下基础，同时也要取得现场工作人员的合作与支持。

③ 教师要给予理论指导

在现场教学进行中，除了让学习者进行必要的观察外，教师要给予理论指导，从理论的高度分析和认识实际问题，使学习者能够透过现象去认识事物的本质，把感性认识上升到理性认识，切忌走马观花。

④ 认真做好总结工作

现场教学结束后，师生要在现场或回校后认真进行总结工作，以巩固现场教学的成果。总结应抓住现场教学中的主要问题，进行重点说明和归纳，切忌面面俱到。总结可采取教师讲解或学习者分组座谈等方式。

（2）个别教学

个别教学是在课堂教学基础上，针对学习者的个别差异所进行的学业上的指导。这种教学组织形式有利于因材施教，使每个学习者都能在原有基础上得到提高和进步。个别教学不是已学过教学内容的简单重复，它包括答疑、指导学习者课外阅读、批改课外作业、补课、指导"尖子生"深化学习，还包括对学习者进行学习目的、学习态度和学习方法上的指导等。个别教学适用于各类学习者。

3. 教学的特殊组织形式——复式教学

复式教学是指把不同年级的学习者编在同一个班级里，由一名教师在同一教室内，同一节课里，分别使用不同的教材，交替地向不同年级的学习者进行教学的组织形式。复式教学适用于教师少、学习者少、校舍少、设备不足、交通不便的农村、山区、牧区的小学和水上流动小学等。它便于儿童就近入学，对普及义务教育具有重要意义。

复式教学保持了课堂教学的基本特征，但又与课堂教学有所不同。其不同点主要是：教师向不同年级学习者进行直接教学的时间比较少；在一节课内要合理巧妙地安排几个年级学生的活动；直接教学和自动作业要交替配合进行；教学过程的组织、时间的分配、教学内容的主次、作业的配备以及教学程序的处理等方面有着更复杂和更高的要求。

复式教学如果组织得好，其效果不比单式教学效果差，特别是对培养学习者独立学习的能力和习惯更为有利。但不同年级的学习者在同一教室里学习，互相干扰较多，维持课堂教学秩序的难度较大。要想取得良好的教学效果，需要教师有高度的事业心和责任感，丰富的教学实践经验和较强的组织管理能力。

（三）课堂座位编排的设计

1. 课堂座位编排的方式

课堂座位的编排方式有以下几种（陈琦，1997）（施良方，1999）。

（1）秧田形排列法

秧田形排列法（图8-5）是最普遍、最常见的传统座位编排方法。这种座位排列方式，使所有的学习者都一致面向教师和黑板，有利于发挥教师在教学活动中的主导作用，较好地调节和控制学习者的学习活动，使学习者注意力集中于教师，专心听讲，做笔记，适合于集体讲授。但是，这种座位排列方式是封闭性的，教师在空间上居高临下，不利于平等民主师生关系的建立，教师与学习者之间、学习者之间的互动范围与互动方式都受到很大的限制。

（2）马蹄形排列法

马蹄形排列法（图8-6）又称U形排列法，它是把课桌椅排列成一个U形，U形开口处面向教师。这种排列法，使学习者在座谈会上能够看见其他人，有利于非言语交流的进行，使学习者间的交流完整起来。教师与学习者目光接触频率也会提高，有助于增进师生间的交流、问题讨论和实验演示，突出教师对课堂的控制，发挥教师的主导作用。这种排列的目的在于让全班学习者尽可能多地参与课堂活动，教师和学习者一道讨论研究。这是民主气氛稍浓、师生密切交流的一种座位排列形式，但这种座位安排也可能使课堂问题行为增多。

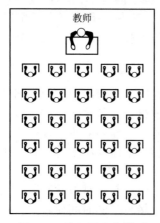

图8-5　秧田形座位排列

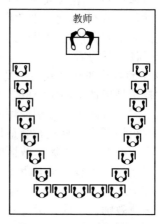

图8-6　马蹄形座位排列

（3）圆形排列法

为了开展全班讨论或相互学习活动，教师经常把课桌椅排列成一个大圆圈，教师的位置可在中间或在一个角落里。圆形排列法（图8-7），学习者围成环形聚集在一起，加强了学习者之间的交流，促进了课堂中的社会交往，有利于形成平等的师生关系。但是，这种座位安排形式，学习者容易左顾右盼、扭身体，这些非言语行为出现的频率趋于增加。课堂上的交流形式及领导方式也许会受到对视及非言语交流机会的影响，教师应加强课堂的组织和管理，使讨论或相互学习活动能有序进行，有效地完成教学任务。

（4）矩形排列法

矩形排列法（图8-8）是将课桌椅面对面摆成两排，学习者面对面分坐两边，教师的位置与秧田形排列法相同。这种排列法，适合于课堂讨论，特别适合于小组讨论，有助于增进学习者之间的课堂交往，增强学习者之间的相互学习、相互促进和相互影响。矩形排列法的不足是，学习者面对面坐着，控制能力差的学习者可能会表现出诸如说话等不当行为。因此，教师要加强指导，对不同程度的学习者在座位上进行适当的调配，使讨论能够在每个小组里都取得较好的效果。

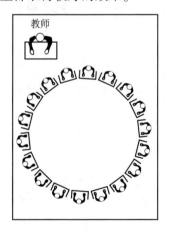

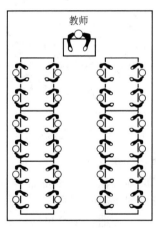

图8-7　圆形座位排列　　　　图8-8　矩形座位排列

（5）双马蹄形、同心圆形、双矩形排列法

马蹄形、圆形、矩形之类安排要求班级规模不超过20—25个学习者。有25名以上学习者的班级需要采取双马蹄形（图8-9）、同心圆形（图8-10）、双矩形（图8-11），这些安排都要注意给教师留出走道以监控整个班级。当然，班级规模越大，越不利于班级管理，没有把握的教师要慎用。特别是在我国，班级规模都比较大，在积累较多的班级管理经验的基础上，再尝试使用之。

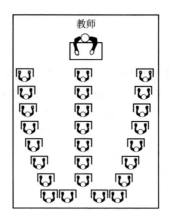

图 8-9　双马蹄形座位排列

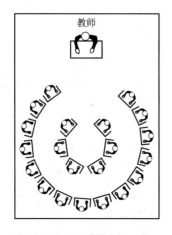

图 8-10　同心圆形座位排列

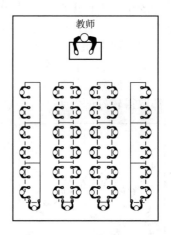

图 8-11　双矩形座位排列

（6）模块形排列法

秧田形排列法是基本的课堂座位编排方法，马蹄形排列法、圆形排列法、矩形排列法以及双马蹄形、同心圆形、双矩形排列法都是特殊的课堂座位编排方法，是适合于全班活动的座位安排方式。模块形排列法适合于小组活动或个别学习的座位安排方式，也是暂时性的课堂座位设计形式。

图 8-12 所示的这种座位排列使每个学习者都有自己的活动空间，走道便于走动而不会导致相互干扰，适合于合作学习。图 8-13 的设计可以形成更多的空间，开阔的地带可以开展各种不同的活动而不至于互相干扰；图 8-14 的设计为学习者自由地由一个活动角到另一个活动角提供了方便；图 8-15 适合于大组活动与小组活动相结合的情景，为了减少注意力的分散，让大组的学习者背对着小组的活动区域。

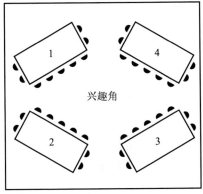

图 8–12　模块形座位排列（1）

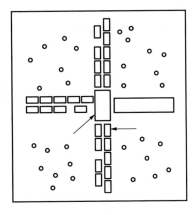

图 8–13　模块形座位排列（2）

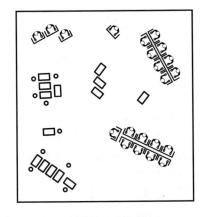

图 8–14　模块形座位排列（3）

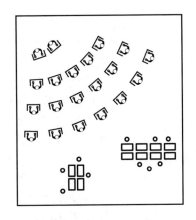

图 8–15　模块形座位排列（4）

除了上述几种一般的安排方式外，还可以根据特殊的需要设计座位排列方式，如图 8–16 是为总结或评价刚完成的活动或就某一问题开展讨论而设计的排列方式，每排呈弧形，使全班人的注意力集中于前面的二三个人身上；图 8–17 是为全班辩论活动设计的座位安排方式；图 8–18 的排列方式是为展示、观看演示或呈现留出足够的空间，学习者紧坐在一起靠近注意的中心，后排甚至可以站立。短时使用尚可，长时使用会不舒服，还有可能产生纪律问题。

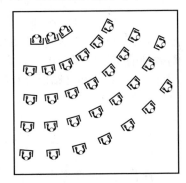

图 8–16　弧形座位排列

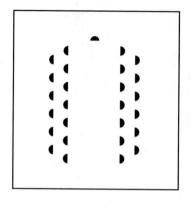

图 8-17　对视形座位排列

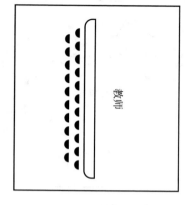

图 8-18　密集形座位排列

（7）"开放课堂"的教室设计模式

以上所讲的模块形和几种特殊的座位安排方式主要适合于中学，在国外的小学和初中低年级，还有一种"开放课堂"的教室设计模式，如图 8-19 所示。教室中几张桌子被凑在一起而且可以自由移动，形成学习中心，各个"角落"或"中心"存放着学习材料，可供1—6个学习者同时使用，每个中心的重点是提供特定领域的知识或发展某一特定技能。一个角落可以安放教学游戏桌，另外一角则是教学设备，第三个区域也许有自然科学展览，而第四个角则摆放阅读材料。在中学，教师只教一个科目而且要与其他教师合用教室，灵活安排的可能性较小，但有时也需要把教室分成几个区域，供小组活动、视听活动、项目设计及独立研究之用。这种"开放课堂"适合于小组和个别化的教学，增加了学习者之间的互动，并给学习者四处走动的机会，可以在不同的区域从事不同的学习活动。

以上这些设计为教师灵活地开展教学活动提供了可能性。研究发现，以学习者为中心、热情或友好的教师往往拒绝传统的行列式的、学习者直接面对教师的座位排列方式，而偏爱非正式的座位排列方式，如排列成矩形（研讨会式）、圆形和马蹄形（U 字形），这样学习者可以相互看到，还可以看到教师。他们在大多数时间采取这些排列方式，与他们偏爱的教学行为相配合。事实上，没有一种安排可以满足所有教学行为或活动，灵活地安排座位以适应教学的需要才是理想的座位安排。

2. 课堂座位编排形式的选择和设计

座位的安排要考虑教师具体的教学及其目标，座位必须与活动的性质和需要相适应。如教师不想让学习者发言时（如讲座、演示或测验），成行安排可能更好；而如果让学习者做一个合作项目，这种安排则会妨碍所需要的交流。教师可以选择一种适合本学科大多数教学情境的半永久性安排，为了满足个别需要及避免单调，还可灵活地转换。

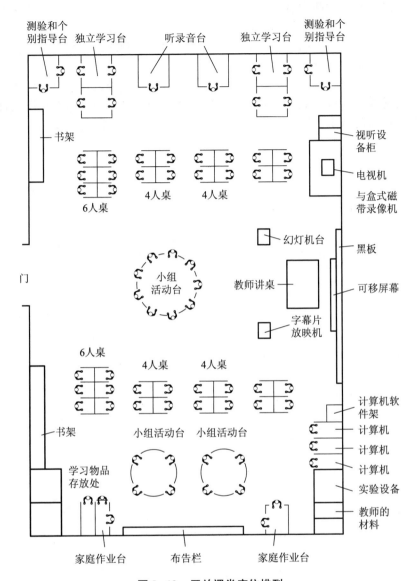

图8-19 开放课堂座位排列

另外，座位的安排也要考虑学习者的特点和教师控制课堂的能力。小学生相互面对时，通常会使他们不把时间花在学习任务上，而那些自控能力差的学生的不适当行为也会增多。在较高的年级，要求更多的学习者参与讨论，因此非正式的形式可能更加有效。然而，在所有年级，非正式排列中纪律问题发生的可能性都较大。因此，那些没有把握的和课堂管理技能欠佳的教师应该坚持采取比较传统的座位排列方式，等到他们具备了一定的经验，再来灵活地变换座位安排。

　　总之，教学空间的设计应该使环境构造的特点与教学实践中所要求的灵活性相符合——专门的活动要求专门设计的空间。因此，教室中的设备不应是固定排列在地板上的椅子和桌子，而应是能够移动的设备和富有灵活性的家具，以便根据需要自由地拼装。

　　只有通过经验和时间，教师才能知道某一安排是否适合于自己的教学和学习者的需要。这可能需要多次尝试和不断的修正，以使学习者在所设计的教室中高效的从事学习活动。材料和设备应物尽其用，同时还要移去不必要的设备，以便于教师的教学和管理学习者。

第九章

教学媒体设计

- 教学媒体概述
- 教学媒体的选择
- 教学媒体的应用

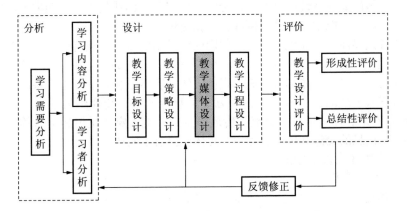

◉教学顺序、教学活动、教学形式、教学方法确定后，就要选择教学媒体，以确定传递教学信息的方式。为此，应了解有哪些种类的教学媒体，各种教学媒体具有何种特性，怎样选择教学媒体以及如何在教学中应用教学媒体等问题。实际上，教学媒体的选用属于教学策略的研究范畴。把它单列出来是为了突出教学媒体在教学设计中的重要地位。

第一节 教学媒体概述

一、教学媒体的概念与意义

（一）教学媒体的概念

1. 媒体及其在教学中的作用

（1）媒体的概念

媒体是传播学中的概念，媒体一词的英文为 medium（单数），media（复数），译作"中介""媒介""工具"（张其春，蔡文荣，1977），在传播学中，媒体是"指携带和传递信息的物质工具"（黄甫全，1998）[203]。例如报刊、广播、电影、电视、图片、投影、印刷材料、幻灯、电脑网络等。从媒体的概念可知，媒体的显著特性就是能够携带和传递信息。那就是说，不能携带和传递信息的物体，不能说是媒体。例如，一张白纸、一盒空白磁带、一张空白光盘都不能说是媒体，只能说是书写、印刷或记录用的材料。载有信息的纸张、磁带、光盘，才能称之为媒体。一切物质客观实体，都能承载一定的信息。因此，任何一种物质实体都可以成为媒体。作为媒体必须介于发生联系的双方之间，将它所承载的信息有效地由一方（信息传递者）传递给另一方（信息接受者）。看来媒体必须具备交流和传播信息的功能，媒体是传递信息的中介和工具，在信息的交流和传递过程中，媒体就具有了实质意义。

（2）媒体在教学中的作用

① 展示事实

媒体提供有关科学现象、形态、结构，或者是史料、文献等客观真实的事实，使学习者获得真实的事实性材料，便于识记。

② 创设情境

根据学习内容，媒体提供一些有关情节、景色、现象的真实的或模拟、相似的画面（如古诗词的意境画面），使教师与学习者之间建立起共同经验。学习者通过媒体提供的资料的观察、感知，形成表象，以便作出归纳、概括知识和形成概念的依据。有时候，也可以作为验证或进行联系的事例。

③ 提供示范

媒体提供一系列标准的行为模式（如语言、动作、书写或操作行为），学习者将通过模仿和联系来进行技能的学习。

④ 呈现过程，解释原理

媒体提供每一典型事物的运行、成长、发展的完整过程，并借助语言的描述，帮助学习者对典型事物的特性、发生和发展的原因和规律有所了解，并可以此作为演绎或类比学习的前提，使学习者突破学习的难点，掌握科学原理。

⑤ 设疑思辨，解决问题

媒体提供某一事物典型的现象或过程，利用文字或语言设置疑点和问题，供学习者作为分析、思考、探究、发现的对象，以帮助学习者理解原理并掌握分析和解决问题的步骤。

⑥ 提供评价分析

20 世纪 90 年代以来的多元教学评价，强调评价方式的多元化、评价参与者的多元化，实质是全面真实地评价学习者的潜能、学业成就，以提供教学改进的信息，促进学习者的发展。媒体为多元评价提供了评价分析的素材、方式、工具和结果。

2. 教学媒体及其在教学中的作用

（1）教学媒体的概念

教学过程的实质就是将人类在长期社会生产和社会生活中积累起来的社会生产经验和社会生活经验传递给下一代，把人类的认识转化为个体的认识，把他人的认识转化为自己的认识。在传播学看来，这就是一个教学信息传递的过程。传递教学信息必须依靠能携带和传递信息的工具——教学媒体。人们对教学媒体有不同的理解和认识。

"教学媒体：以教会别人为目的的传递信息的中介物。……如电视、无线电、录音带、录像带、电影片、照片、图片等都是媒体。书与其他的印刷品，如报纸、期刊等也是媒体。一个人（对另一个人说话）、一位教师都可称为媒体"（朱作仁，1987）。"教学媒体是储存和传递教学信息的工具"（李秉德，1991）[271]。"当媒体用于传递以教学为目的的信息时，称为教学媒体。在国外，教学媒体是众多教学材料的总称"（国家教委电化教育司，1990）[3]。"教育媒体是指在教育和教学活动中传递教育信息的载体或中介。由于教育的根本任务及其具体活动均需要通过教学活动来履行，教育媒体的意义必须通过其在教学活动中的作用来实现，因此教育媒体亦可称为教学媒体"（魏奇，1992）。"教学媒体是指在传播知识或技能过程中呈示信息的手段或工具，它有广义和狭义之分。狭义的教学媒体专指投影、电影、录像、电子计算机等现代化教学工具与黑板、教科书、图片等传统教学工具。广义的教学媒体还包括讲授、参观、实验和讨论在内"（张祖忻，1992）[199]。

上述教学媒体概念的表述主要是从教学媒体的功能作用方面概括的，有的强调它是一种中介，有的强调它传递信息的功能，等等。这些对教学媒体概念的表述，有助于我们更加全面地理解和认识教学媒体。我们认为，教学媒体是为了实现教学目标，在教师教与学习者学之间携带并传递教学信息的工具。教学媒体能够储存、表达、传递、传播教学信息，教学过程中为人所选择、控制、操作、使用。教学媒体一般包括硬件和软件两部分，硬件一般是指装备或设备的机件本身，如幻灯机、电视机、投影机、计算机等；软件一般是指储存教学信息的载体，如教学内容、教学程序等。

（2）教学媒体在教学中的作用

① 教学媒体影响课程内容及其表现形式

课程内容是教学媒体承载和传递的教学信息。不同的教学媒体有不同的承载教学信息的特点。例如，书本可用印刷的文字、图片系统地表现课程内容，可复制、可保存；实物本身凝结着生动、直观、形象的教学信息，但信息量有限；计算机则可以综合多种媒体的功能，传递大容量的信息，可使课程内容既有较高的艺术性，还可以直接操作。

② 教学媒体影响着教师的作用及其与学习者的关系

在古代，教师是知识的已知者和占有者，学习者必须通过教师的教，才能获取知识。因而在教学过程中，教师具有绝对的权威。在现代，教学媒体日趋现代化，学习资源不断拓宽，学习者可通过报刊、电视、因特网等获取知识，不一定非向教师学习，教师的权威地位下降了。学习者的主体地位随着技术的改进进一步确立，师生冲突减少了，这有利于改善师生关系。

③ 教学媒体影响着教学策略的选择与使用

教学策略离不开教学媒体的应用，一定的教学媒体决定了一定的教学策略。例如，原始状态下的教学，教学媒体是语言、实物等，那么教学方法只能是口耳相传、示范、模仿和训练。现在使用多媒体计算机辅助教学，有些教学内容通过教师编制合适的教学软件，由学习者自学就可以了。可见，教学媒体越丰富，给教师提供的设计教学策略的余地也就越大。

④ 教学媒体影响着教学组织形式

每种教学媒体都有特定的适用范围和空间条件。只有在适宜的空间条件下，教学媒体才能发挥其应有的功能。例如，展示图片，课堂规模就不宜太大，否则就会影响观察效果；没有扩音设备，在大教室里给 100 多人上课，效果也不会太好。由此看来，一定的教学媒体，决定了一定的使用范围和使用空间，从而影响着教学的组织形式。

（二）选择教学媒体的意义

教学媒体的选择，是指在一定的教学要求和条件下，选出一种或一组适宜可行的教学媒体。不仅可为一节课选择教学媒体，而且可为一个教学单元、一门课程的教学选择教学媒体。各种教学媒体都具有自己的功能和不可克服的局限性，这就决定了一种教学媒体只能适应某些教学情境。教学媒体专家指出，没有一种教学媒体在一切方面都优于另一种教学媒体，也没有一种教学媒体能对任何学习目标和任何学习者产生最佳的相互作用。因为任何一种教学媒体都难以传递所有的教学信息。因此，对某一特定的学习任务和具有某种特征的学习者来说，只有选择适宜有效的教学媒体，才可望取得最佳的学习效果。

教学实践证明，精心选择的教学媒体可以收到这样的教学效果：它有助于学习者集中注意力和激发学习兴趣；适当的教学媒体可以促进学习者对事物的理解和加深记忆；一些媒体（如电脑、学习机等）可为学习者个体操作和行为进行自我分析提供机会。

（三）教学媒体的分类

随着科技的进步，给教学提供了越来越多的教学媒体。由于分类标准不同，教学媒体有多种分类。这里我们分成传统教学媒体和现代教学媒体两大类，如表9-1所示。现代教学媒体也有不同的分类，如表9-2所示。

表9-1 教学媒体的分类

教学媒体	传统教学媒体	直观教具	仪器、实物、标本、模型、黑板、印刷材料等
		示意教具	图片、地图、表格等
	现代教学媒体	视觉媒体	幻灯、投影、实物投影、照相机、数码相机等
		听觉媒体	磁带与录音机、激光唱盘与激光唱机、广播、复读机等
		视听媒体	电视、录像机、摄像机、激光视盘、电影等
		多媒体	声幻灯、多图像系统、多媒体学习包、多媒体计算机等
		系统媒体	语音室教学系统，计算机辅助教学系统、微格教室等
		交互媒体	程序教学机器、模拟机、计算机网络系统、CAI课件等

表9-2 现代教学媒体的分类

分类	媒体		组合系统	
	设备	软件		
电声类	扩音、广播	录音带、唱片	教学播音系统	
	录音机	录音带	语言实验室	单听室
				听答室
				听答对比室
	唱机	唱片		遥控听答对比室
光学投影类	幻灯 投射式	幻灯片	普通电教教室	综合电教教室
	幻灯 反射式	不透明图片		
	投影机	投影片		
	电影机	电影片		
电视类	电视接收机	影片	闭路电视系统	
	录像系统	录像片		
	视盘系统	电视唱片		
计算机类	程序学习机	固化程序		
	计算机辅助教学系统	外存磁盘类	计算机网络	

二、教学媒体的特性

教学媒体的基本特性包括技术特性和教学特性，技术特性是指由于设计和制作而本身具有的功能特性；教学特性是指表示记录、储存、处理教学内容信息的功能特性。

（一）教学媒体的技术特性

1. 表现力

各种现代教学媒体具有不同的表现功能。例如，录音机只能提供听觉形象的功能，而不能提供视觉形象的功能；幻灯机、投影机只能提供静止视觉形象的功能，而不能提供运动状态的视觉形象的功能；电视机、激光视盘既可提供听觉形象，又能提供静止的视觉形象，还能提供运动状态的视觉形象的功能。用计算机制作动画，表现事物的运动变化过程，是辅助教学最重要的优势之一。多媒体计算机具有极强的表现力，它可以将文字、语音、图表、标本、模型、音乐、幻灯、电影、电视等集中于一身统一和综合运用。

2. 重现力

有些媒体不受时空等条件的限制，有把曾记录、存储的信息内容加以再显的功能。重现可分为即时重现和延时重现两种。录音机录制内容后，便可即时播放，录像机可边录边放，这都叫即时重现；幻灯、电影拍摄后，需经过后期加工制作才能使用，这叫延时重现。多媒体计算机和网络型媒体是可以随时重现的媒体，这种媒体可以在任何时间和地方被使用者加以重用。例如，在网络远程教育中，任何学习者登录到固特网，进入相应的网站，都可以学习网络课程。

3. 接触面

接触面是指把信息传递给接受者的范围，分为有限接触面和无限接触面两种。有些媒体，如电影、幻灯、投影、录像电视等只能在一定范围内使用，属有限接触面。广播、电视能跨越时空的限制，到达家庭、社会，属无限接触面；网络型媒体能够跨越时空的限制，也属于无限接触面的媒体，在学习者需要的时间，通过多媒体网络计算机实现信息的获取、传递和交流。例如，我们可以在中国的校园内，聆听英国教师在英国某大学内的授课内容。现代社会的发展，网络型媒体给人们提供了更多的丰富的学习内容。

4. 参与性

参与性是指在使用媒体过程中，教师与学习者利用媒体参与教学活动的方式和机会。可分为情感参与和行为参与两种。各种媒体一般都可提供情感参与的方式和机会，能用具体的形象和音响刺激学习者，引起学习者情绪上的反应，诱发学习者在情感上参与；有些媒体（如幻灯、投影、录像等）既可以使学习者观察图像，又可在师生间进行交流（如提问、答疑、讨论等），具有较强的行为参与性。多媒体计算机网络型媒体具有较强的交互性，学习者可以根据自己的学习需要选择不同的学习方式和学习内容。

5. 受控性

受控性是指媒体被使用者操作和控制的难易程度。一般来说，录音机、幻灯机、录像机、计算机比较容易操作和控制，是教师课堂教学中常用的媒体。而且可以为不同程度的学习者提供不同的服务，实现个别化教学。而电影放映机、无线电和广播的使用需要专门的训练，才能使用。在众多的教学媒体中，网络型媒体是较容易学习和受控的媒体类型，学习者只要有条件上网，随时随地都可以找到相应的学习资源进行学习，不用更多地考虑时空的限制。

总之，在教学媒体的设计过程中，应根据学习内容、学习者、各类教学媒体的特点选择最佳的教学媒体，以充分发挥教学媒体的长处，取得良好的教学效果，表9-3（章伟民，1998）列出了各类教学媒体的不同教学特性。

表9-3　教学媒体的技术特性

教学特性	媒体种类	教科书	板书	模型	无线电	录音	幻灯	电影	电视	录像	计算机
表现力	空间特性			√			√	√	√	√	√
表现力	时间特性	√	√		√	√		√	√	√	√
表现力	运动特性							√	√	√	√
重现力	即时重现		√						√	√	
重现力	延时重现	√		√		√	√	√	√	√	√
接触面	无限接触	√							√		
接触面	有限接触		√	√		√	√	√		√	√
参与性	感情参与				√	√	√	√		√	
参与性	行为参与	√	√	√			√				√
受控性	易控	√	√	√		√	√			√	
受控性	难控				√				√		

（二）教学媒体的教学特性

我们在进行教学设计时，要合理考虑多种指标因素，确定媒体选择的种类与数量，最大限度地降低教学成本，优化教学环境，提高办学效益，促进教学质量的提高。为了能有效发挥教学媒体的教学功能和教学效能，还要了解教学媒体具体在哪个教学环节中产生何种功效。教学媒体的教学特性如表9-4（钱建昌，1998）[195]。所示。

表9-4　教学媒体的教学特性

教学环节	所属知识类别	所需能力	媒体产生的功效
创设情境	事实、概念	观察	引发动机
提供事实	事实	观察	建立共同经验

续表

教学环节	所属知识类别	所需能力	媒体产生的功效
显示过程	事实、技能、原理	观察、推理	建立表象
展示事例	概念	观察、推理	扩大视野
提供示范	概念、技能	观察、推理	正确操作
举例验证	概念、原理	推理	建立概念
解释原理	原理	推理	启发思维
提出问题	原理	推理	引起思辨

（三）以信息技术为基础的现代教学媒体的特点

以信息技术为基础的现代教学媒体主要是指当前用于教育教学的各种计算机与通信技术设备，如多媒体计算机、电子网络、数字化课本、影视广播等。

1. 信息容量大

过去一张只读光盘的容量一般是 640 兆字节，如一本书有 50 万字，那么，一张光盘的容量就等于 640 本 50 万字的书的容量。假如从小学到大学平均每学年学 20 门课程，那么，所有教材仅用一张光盘即可装载。随着信息技术的飞速发展，光盘的容量将继续增大。现在一张只读光盘单面的容量达到了 4.7GB，是过去一张只读光盘容量的 7 倍多。

2. 多媒体功能

以微型计算机为主的现代化教学媒体不仅能集合以往教学媒体的视听功能，还能与其他教学媒体相互连接，赋予其他媒体以交互性。如微型计算机与电视结合的电脑电视，既可以接收现场节目，还可以根据需要储存并分解演示。此外还能指挥、控制其他媒体，使其相互配合，充分发挥每种媒体的特殊功效。

3. 智能化

以信息技术为基础的各种教学媒体可以部分地代替教师的作用，具有智能化的特点。如计算机能与学习者进行教学"对话"，直接呈示学习内容，提出并回答问题，进行学习咨询，与学习者进行交互作用，实现教学的双向互动。此外，计算机还能管理教学，评价学习效果。

4. 虚拟化

计算机能够模拟真实的生活情景，为学习者提供虚拟环境，通过模拟练习，获得在现实情况下无法或不能获得的感性经验和真实体验，训练学习者的技能。如利用计算机模拟技术，把汽车的发动机搬上电脑屏幕，学习者就可以反复练习拆卸而不必弄脏双手。

5. 网络化

计算机与通信技术相结合，可以建立全国性或全球性的多媒体教学网络，为学习者提供新的教学"场所"。如一名中国学习者可到美国的某个网上学校入册，坐在中国的家里接受美国教师的教学。在我国，网校已遍布全国很多城市和乡村。

总之，信息技术给教学提供了越来越先进的教学媒体，以信息技术为基础的现代教学媒体将引起许多变革。如引起了教学组织形式的变化，传统的课堂教学方式被突破，学校的概念被更新；引起了教学方法的变化，在教学过程中，学习者可以有更多的探究式和发现式的学习，可以照顾到学习者的个别差异，做到因材施教，使学习者更好地发挥学习的主动性、自主性和创造性；引起了师生关系的变化，教师在教学过程中的角色和作用发生了转移，对教师来说，"已不再只是教学生学习的问题了，而且还要教学生寻找信息，使这些信息相互联系起来，并且以批判的精神对待这些信息"（联合国教科文组织，1996）；引起了教学内容的变化，如原来的教科书可以改造成音、形、图一体的电子课本、计算机课件、多媒体学习包等。

第二节　教学媒体的选择

一、制约教学媒体选择的基本因素

教学媒体的选择是一项较为复杂的工作，原因就是影响教学媒体选择的因素很多，英国著名教育技术家罗密斯佐斯基（A. J. Romiszowski）提出了一个影响教学媒体选择因素的模型，揭示了影响教学媒体选择的因素，如图9-1所示（A. J. Romiszowski，1988）。

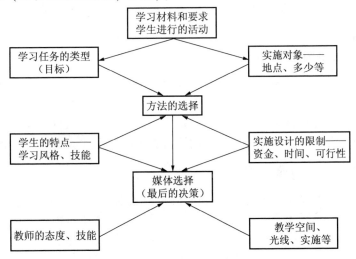

图9-1　媒体选择的影响因素

从图中可知，影响教学媒体选择的因素很多，诸如，教学目标、教学活动、教学内容、教学方法、教师的态度和技能、学习者的特点等来自于教与学方面的因素，又有实施教学的地点、对象、时间、资金和可行性等来自于管理方面的因素，还有教学的空间、光线等来自于教学环境方面的因素。按照罗密斯佐斯基的观点，要在综合考虑这些因素的基础上选择教学媒体，才能发挥教学媒体的功效，取得良好的教学效果。下面依据我们的理解和认识，提出影响教学媒体选择的因素。

（一）教学目标和教学任务因素

选择教学媒体是为了有效地实现教学目标和完成教学任务。教学目标和教学任务不同，对教学媒体的要求也就不同，即使是同一学科，也有不同的教学任务，教学目标和教学任务制约着教学媒体的选择。不管是什么样的教学目标和教学任务，只选择一种教学媒体也是违背教学规律的。

（二）学习者因素

学习者因素主要有：学习者的年龄特征、兴趣爱好、学习能力、学习经验、学习水平、学习态度、认知结构、学习者群体的规模等。例如，一个学习者的认知水平还未能达到阅读的程度时，我们就不能选择印刷媒体。只有当学习者的认知水平达到了阅读的程度时，我们才能选择印刷媒体。

（三）教师因素

教师因素主要有：教学能力、专业素养、管理能力，特别是对各种教学媒体的熟悉和掌握程度等。现在，很多学校使用多媒体教学，这就要求教师能够熟练使用计算机，制作多媒体课件，在教学过程中能够熟练操作各种教学媒体。如果教师不具备使用多媒体进行教学的能力，教学媒体的选择就受到了极大的限制。

（四）经济因素

在讲究经济效益的当今社会，教学媒体的选择必须考虑经济因素。因为很多情况是：待选的几种教学媒体都能达到近似相同的教学功效，但是它们各自使用的代价却悬殊巨大。经济因素主要有：硬件、软件、制作、维修和人员培训各方面的费用等。在教学设计时要遵循选用教学媒体的经济原则。

（五）时间、资源、环境因素

时间因素主要是指教学允许制作和使用媒体的时间，如从学习内容上看，应该制作多媒体课件，以帮助学习者更好地理解所学内容，但是制作课件的时间过长；资源因素是指用来制作媒体的资源是否丰富，资源欠缺，也无法完成制作；环境因素是指用于教学的场所及其配套设施等。

二、教学媒体选择的原则

(一) 教学媒体选择的基本原则

1. 发展性原则

发展性原则要求在选择教学媒体时，应考虑它在多大程度上能发挥教育作用，促进学习者身心各方面的发展。

2. 综合性原则

综合性原则要求在选择教学媒体时，应综合多样化，避免单一，使之相互补充，取长补短，发挥教学媒体的整体功能。

3. 低耗高效原则

低耗高效原则要求在选择教学媒体时，应考虑教学媒体的投资效益，尽量降低成本，而又能获得良好的教学效果。

4. 最优化原则

最优化原则要求在选择教学媒体时，应把选择教学媒体的过程置于整体的教学设计中，使教学媒体的功效服从于整体教学设计。

(二) 教学媒体选择的具体原则

1. 根据教学媒体的特性和功能进行选择

每一种教学媒体各具有不同的特性和功能，各种媒体在色彩、立体感、表现运动、表达声音、可控性、反馈机制等方面都是不相同的。因而，每一种教学媒体呈现教学信息的功能和能力也不尽相同，使得某一种媒体应用在某一特定的教学环境中要比其他媒体更为有效。这就要求教学设计者应根据教学媒体的特性和功能进行选择。

2. 根据教学目标的类型和学习者的特征选用教学媒体

选择与使用的媒体，必须是教学上实用的。要做到实用，需要坚持两个出发：一是从课程标准的要求出发；二是从教学对象即学习者出发。教学媒体要有助于激发学习者的学习兴趣，有效地实现教学目标。这样的教学媒体，在教学上才有实用价值。教师应在突出重点、突破难点上下工夫，选择最佳媒体，使所选媒体能激发学习兴趣，调动学习者学习的积极性、主动性，有助于学习者更好地理解、掌握、记忆新知识。

(1) 对教学媒体的选择要由教学情境来决定

集体授课时，设计者应选择那些展示教学信息范围较大的媒体，如扩音、幻灯、投影、多媒体投影、电视录像等；小组学习的媒体其传播信息的范围应与小组人数、教学场所的大小相适应；远距离教学，设计者只能选择诸如无线电广播、电视广播、网络之类的教学媒体；而对于自学系统，设计者可选择收录机、复读机、微型幻灯等便于携带、操作简单、经久耐用的媒体；技能训练教学，可选择那些表现力强且有特殊时空特性的媒体。如设计者可以选择电视录像、电影媒体，利用它们的慢放、快放功能来展示一些特殊的技能动作，以利于学习者的观察、理解与模仿。

（2）教学媒体对学习者的适应

设计者应考虑到，同样是班级授课，小学低年级学习者与中学高年级学习者是有很大区别的。小学低年级学习者由于抽象思维的水平远不及中学高年级学习者，因此在选择媒体时，设计者应首先考虑那些直观性强、表现手法简单明了、图像画面对比度大、易于分辨事物的主要与次要部分之类的媒体。如幻灯、投影、模型、录音、图片等。

而对于中学生，由于其具有一定的逻辑思维能力和自我控制能力，因此，选择媒体时可考虑那些表现手法较复杂、展示教学信息连续性的媒体。如电视录像媒体、电影媒体、语言实验室教学系统等。而对于自学的学习环境来说，设计者选择媒体时，更应特别注意学习者的年龄特征与能力高低。对低年级的学习者来说，由于对媒体应用能力的限制，设计者一般提供一些简单的媒体（操作简单、价格低廉的媒体）供其使用学习。而对中学高年级的学生则可使用较贵重、操作较复杂、功能较强的媒体，如多媒体计算机、电视录像系统、高档录音机、笔记本电脑、网络教学系统等。

（3）教学媒体对学习任务的适应

设计者应该考虑根据任务的类型来选择合适的教学媒体。对认知类的学习任务可选择动画图片模型、幻灯等教学媒体开展教学，即可收到良好的教学效果；而对于情感类的教学内容，设计者应选用表现手法多样、艺术性和感染力强的媒体，这样的教学有可能对学习者产生强大的吸引力和情感上的震撼力，有利于教学目标的实现，如设计者可选择电视录像、电影、多媒体课件、影碟（VCD、DVD、MP3、MP4 等）、数字音响等；对于技能训练类的教学，设计者应选用电视录像、电影等表现手法丰富、具有时空突破功能的教学媒体。

3. 不存在"万能媒体"

众所周知，现代教学媒体种类很多，性能各异，在表现方法和使用效果上各自存在着这样或那样的缺点，没有一种能绝对满足一切教学内容、教学对象的教学媒体。而教学过程是一个十分复杂的过程，需要对人体的多种感官进行多方位的延伸才能达到最佳效果，因此应该对性能各异的教学媒体进行优化组合，使其在教学过程中交互应用，扬长避短。以充分调动学习者多种感官参与学习，实现动静结合、视听结合、协调统一的教学目的，切实提高和加强教学的整体效应，取得最佳教学效果。教学媒体的内容在科学性、思想性上不应有错误，这是至关重要的。各种媒体各有所长，也各有所短。一种媒体对于某一教学目标来说，可能会比其他媒体效果好，但对于另一教学目标也许不合适。同时，新媒体的产生也不会完全代替旧媒体。

4. 应考虑易获得性和成本问题

在选择与使用教学媒体时，首先要考虑教学效益，同时也要考虑经济效益，力求节约，避免浪费。在现实的客观条件下，设计者能否获得所需要的教学媒体是值得注意的问题。如果不能获得，所选用的媒体再有效也不切合实际。同时，还要考虑使用媒体的成本问题。要选择既能达到最佳教学效果，又易于获得且成本较低的教学媒体。对教学场所或办学单位是否能有效方便地提供可利用的教学媒体，也是设计者选择利用媒体要考虑的一个重要因素。如在某多媒体阶梯教室上课，该教室已经配备了多媒体投影机、银幕、视频展示台、多媒体计算机等设施，设计者就无须考虑再从别处搬来幻灯机或投影仪，利用幻灯机播放教学幻灯片或利用投影仪演示教学投影片，因此教者在进行教学准备时，就应考虑到所利用的媒体是否随手可得，或通过简单的准备过程即可利用，而不应考虑那些在教学环境中无法准备与实现的媒体。但也要注意，不要因为某种媒体易得到而经常使用。

5. 必须熟悉教学媒体的操作技术

选择教学媒体最终要在课堂教学中应用，如不能很好地操作，仍发挥不了作用。应选择教师和学习者都易于操作的媒体。在选择媒体时，设计者首先应考虑教师对该媒体的利用能力，如教师的操作控制能力较强，媒体的应用水平较高，则可以选择一些功能较全、价格较贵、操作较复杂的媒体，反之则不可以。如果不是这样，对媒体应用能力较差的教师，选择了操作较复杂的媒体，则教师上课应用媒体时，可能出现操作失控，直接影响正常教学进度，反而影响教学质量。媒体结构合理，方便教师在教学过程中合理进行辅助教学；媒体操作简便，并配有简要操作说明，方便师生使用。避免出现教师讲课时忙于操作媒体或学习者进行人机会话时无所适从的情况，易于操作的软件才易于广泛应用。

根据学习者对媒体的利用能力，合理选择媒体也是相当重要的一个教学环节。如在班级授课或小组学习的情况下，设计者就要考虑在利用媒体时学习者的参与程度。这就要注意到该媒体是否适宜于学习者的操作，是否适宜于学习者之间的相互交流。而对于自学系统我们应注意该媒体对学习者自行操作利用的难易程度，如学习者暂不会使用该媒体，就应考虑学习者学会该媒体的使用所需花费的时间与精力。

总之，数字化、交互化、网络化的信息资源环境是学生利用信息技术工具进行自主学习和主动探究的前提条件；教师对课程内容的课题化或项目化处理，及其对学习环境（包括丰富的知识基础、学习资源、学习情境、学习活动、接近生活的真实的问题等）的设计，是学习者以研究、探索的方式学习并取得成功的基本保证；学习者的信息能力（指对信息工具的操作与使用的能力和信息的获取、筛选、加工、表达、发布的能力）是学生有效利用网络资源环境进行学习、研究和创新的必备条件。

6. 注意多种媒体的综合使用

计算机辅助教学的发展经过了从实现程序教学方法的指导型、操练与练习型、咨询型课件（20世纪70年代）到智能CAI与问题求解、模拟游戏型课件（20世纪80年代）的发展。多媒体与网络的应用将会开辟一种新的教学局面。让多种媒体相互联系，集多种为一体，能大大提高和加强教学过程中的整体效应，有助于取得最佳教学效果。多种教学媒体互为补充，容易给人以生动、形象、直观、新颖的感觉，产生极强的感染力。其优势主要表现为：用多种教学媒体传播有关的教学内容，各种媒体间相互补充，使知识的表达、传授更加充分，更容易理解；刺激不同的感官，更有利于学习者的记忆；调动学习者多种感官参与教学活动，学习效果要优于单一感官感知的学习效果。在多种教学媒体优化组合创造的特殊情境中，学习者多种感官同时并用，这样，促使他们在学习中积极参与、主动探究，发现问题、解决问题，延长了注意力，培养了敏锐的观察力、深刻的思维能力，也促进了智力因素和非智力因素的协调发展。

选择与使用的教学媒体，在表现手法上，不能单纯模仿，要有所创新。一般说来，多种媒体优化组合使用比只用一种媒体的教学效果要好。这样可以发挥各种教学媒体的优势，让学习者通过多种感官参与学习活动，能有效地提高学习效率和效果。研究表明：通过听觉学习材料，3 小时后保持率为 60%，3 天后保持率为 15%；通过视觉学习材料，3 小时后保持率为 70%，3 天后保持率为 40%；通过视听并用学习材料，3 小时后保持率上升至 90%，3 天后保持率上升至 75%。但要注意不要拼凑，不要把媒体当成装饰物，要注意实效。教学评价也不能以是否使用现代化教学媒体，在课堂教学中使用教学媒体的次数、时间来评价一节课。是否使用教学媒体，使用何种教学媒体，要视学习内容的具体情况而定，应以建构主义学习理论为指导，以学习者为中心，充分利用各种信息资源，支持学习者的自主学习和协作式探索，完成对新知识的意义建构。在教学中，由传统的知识呈现、知识表征向高层次知识建构发展。

另外，现代媒体的介入应该体现一种新的教学思想、新的教学观念，而不只是教学内容数量上的增多、手段上的新颖。课堂教学活动的主体是人，课堂里应当充满了"情"。课堂中的动态交流，不仅仅是知识的流动，还有教师与学习者、学习者与学习者之间感情的交流。不要让越来越多的"人机对话"淡化甚至替代了人与人之间的感情交流。否则，现代媒体成了教学机器，教师成了只会按键盘的"机械手"，这样的课堂教学看起来生动活泼，实质上冰冷死板，极不利于学习者完善人格、发展个性等人文素养的培养。课堂里师生面对面的感情交流、教师人格力量的感染熏陶等，是任何现代媒体所难以替代的，因而只能加强不能削弱。

计算机辅助教学手段作为一种现代教育技术，它的作用只能是"辅助"，它的价值也只能是作为一种为人所用的教学媒体而存在，教师始终是教育的主导，对它过度地依赖，人为物役，导致教师所必备的基本功逐渐消萎和退化，这一种倾向也需引起我们足够的重视。

现代教学媒体有着传统教学媒体不可比拟的优点，同时它也必然存在着不足之处，我们要辩证地处理好现代教学媒体和传统教学媒体的关系，两者应协同融合，相得益彰。这应当成为我们进行教改探索的一个新课题。

三、教学媒体选择的模式

（一）问卷式模式

问卷模式是把有关选择教学媒体的问题一一列出，教师对问题一一作答，然后确定出适宜的教学媒体。例如：

——媒体演示是在集体讲授演示时呈现，还是用于个别化学习？

——教学内容是否要作图解、图示的处理，或是照相、摄影，还是两者结合？

——视觉内容是用静止图像还是运动图像来呈现？

——哪些类型的静止图像是可用的？

——运动图像是制作成16mm、8mm电影还是录像带、视盘？

——视觉内容是否要配音？

——什么时候需要考虑使用多媒体技术？

——选择媒体设备时应作出什么决定？

（二）流程图模式

流程图模式是在问卷模式基础上把选择过程分解成一系列有序排列的步骤，每一步骤就是一个问题，每一个问题都紧跟前一个问题，排列成流程图的形式。选择者用"是"或"否"回答一个又一个问题后，就被引导到相应的分支上。选择者的每一次回答都能排除一部分媒体。回答完最后一个问题后，剩下的一种或一组媒体就被认为是最适合于某种教学情境的媒体了。

流程图可根据不同的需要设计成各种形式。教师在实际工作中既可使用他人的选择流程图，也可自行建立。图9-2是安德森的辅助教学媒体选择流程图（国家教委电化教育司，1990）[63]。

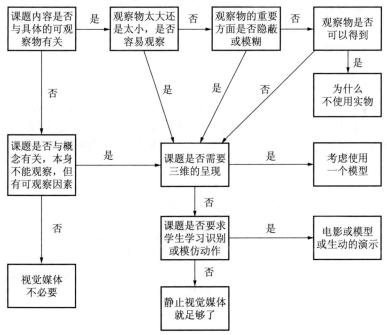

图9-2　安德森辅助教学媒体流程图

选择何种教学媒体，与教学内容、教学目标、教学形式、教学方法、媒体使用因素、经济因素等密切相关。在教学设计时，参照图9-3所示的程序选择教学媒体（钱建昌，1998）[195]。

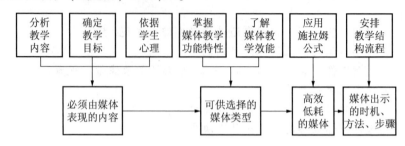

图9-3　媒体选用程序

注：

$$施拉姆公式：媒体选择的几率（P）=\frac{媒体产生的功率（V）}{需要付出的代价（C）}$$

代价（C）包括制作媒体所需的费用（设备损耗，材料费用，人员开支等），以及所需付出的努力程度（如安装准备所需花费的时间，操作的难易程度，配套资料是否齐备，储存维护条件等）。功效（V）是指媒体在完成教学目标中所起作用的大小程度。为了达到预期的教学目标，媒体是以完成不同的功能来实现教学目标的。

从图中可知，选择教学媒体的程序可分为四步：

（1）确定必须由媒体来表现的教学内容；

（2）甄别可供选择的媒体类型；

（3）选定高效低耗的媒体；

（4）设计媒体出示的时机、方式、步骤和次数。

（三）矩阵式模式

威廉·艾伦（William Allen）根据"教学设计取决于具体的学习目标，教学媒体的功能高低是相对于一定的学习目标而言的"观点，设计了矩阵式选择模式。这个矩阵由两个维度组成，一个维度是特定的媒体，另一个维度是特定的学习目标和学习类型，学习目标、学习类型和媒体的使用效果三者的关系构成了一个矩阵图，见表9-5（F. G. Knirk, & K. L. Gustafson, 1986）。在此图中，媒体在各种学习类型中的效果分为高、中、差。

表9-5　矩阵式选择模式举例

教学媒体种类	学习目标和学习类型					
	学习事实信息	学习直观鉴别	学习原理、概念和规则	学习过程	执行技能化的知觉运动动作	发展所期望的态度、观点和动机
静止图像	中	高	中	中	低	低
电影	中	高	高	高	中	中

教学媒体种类	学习目标和学习类型					
	学习事实信息	学习直观鉴别	学习原理、概念和规则	学习过程	执行技能化的知觉运动动作	发展所期望的态度、观点和动机
电视	中	中	高	中	低/中	中
三维物体	低/中	高	低	低	低	低
自动录音	中	低	低	中	低	中
程序教学	中	中	中	高	低	中
演示	低	中	低	高	中	中
印刷课本	中	低	中	中	低	中
口语表述	中	低	中	中	低	中

（四）表格式模式

表格式模式是由加涅和布里格斯提出的一种系统的媒体选择方法。它对经验不丰富的教师分析自己每一节课所需要的教学活动和相应的教学媒体有益，见表9-6。

表9-6 表格型媒体选用方法表之一

1. 分析目标　2. 目标分类　3. 教学活动　4. 刺激种类 5. 备选媒体　6. 理论上最佳媒体的选择　7. 最终媒体选择						
A						
B						
C						
D						
E						
8. 媒体选择的基本原理 9. 对媒体制作者的指示						

1. 分析目标。分析目标就是把教学目标具体化，最好具体到每一堂课。

2. 目标分类。根据加涅的目标的三种类型，即认知目标、动作技能目标和情感态度目标，对一堂课的主要学习目标进行划分，明确目标类型。

3. 列出教学活动。即列出一节课上师生的全部活动情况。一般是学生年龄越小，课堂教学中就越重视对教学活动的计划。

4. 选择刺激种类。根据学习目标、教学活动计划、学习者年龄特征和学习能力等决定每个教学活动中使用的刺激的种类。例如，如果教学目标是引导学生思考，语言刺激是必要的；如果教学目标是要求学生学习技能，行为示范则比较适合。对应各种教学活动常用的一些刺激种类在选择时可参考表9-7。

表9-7　表格型媒体选用方法表之二

	教学活动	刺激种类
a	引起注意	异常的声音或惊人的视觉
b	关于目标的信息	口头语言或实物
c	指导学习	口头或书写语言、演示标本或行为示范
d	提供反馈	口头语言或书面语言
e	促进记忆和迁移	各种媒体和实例

5. 列出备选媒体。选定教学活动的刺激类型后，就可列出许多可用来实现要求的媒体，给出一个媒体选择范围。表9-8是对应各类刺激的各种备选媒体。

表9-8　表格型媒体选用方法表之三

	教学活动	刺激种类
a	异常的声音或视觉	教师、录音、图片
b	口头语言或实物	教师、录音、各种物体
c	演示、标本、行为示范	教师、电影、录像、访问专家
d	口头或书面语言	教师、录音、书、黑板或其他显示板
e	各种媒体的刺激	各种色彩、大小、形状的实物，照片，图片，问题情境

6. 理论上选择的最佳媒体教师不考虑实际情况，只根据媒体选择的基本原理，判断哪种媒体是最佳媒体。这是选择媒体的关键。

7. 最终的媒体选择。我们以实例来说明在选择教学媒体时应考虑的一些实际因素。例如，我们在分析学习内容和学习者心理特点及确定了教学目标的基础上，在掌握和了解教学媒体特性的前提下，还要考虑一些实际因素。假如我们选择了照片、挂图、投影、幻灯等"静止图像"，这些媒体虽然有所差别，但都是适用的。虽然这些媒体都适用，但还存在着最佳选择问题。在教学实践中，除了要按教学目标、学习内容、教学对象、教学策略等因素的要求选择教学媒体外，不得不考虑一些实际因素。在充分考虑这些实际因素的基础上，通过比较最后挑选出最佳的教学媒体。如表9-9所示。

表9-9 最终媒体选择需要考虑的实际因素

备选媒体 / 实际因素	照片	挂图	投影	幻灯
能否得到				
制作成本				
复制费用				
准备时间				
技能要求				
设施要求				
维护要求				
学生偏爱				
教师偏爱				

用表中的四种媒体分别与任一实际因素进行衡量，就可以知道哪种媒体应"优先选择"，或"其次选择"，或"再次选择"，或"最后选择"。这样，就可得到综合评判。假如用4、3、2、1数字符号分别代表"优先""其次""再次""最后"的等级分值，再考虑加权因素，我们就以累计总分的多少作出最后的选择。在获取一定的选择教学媒体的经验之后，选择的时间就会大大缩短，选择的效率也会大大提高。

第三节 教学媒体的应用

一、找准最佳作用点

教学媒体的最佳作用点是指在实现教学目标的过程中，最适合发挥教学媒体优势的地方。最佳作用点找准了，教学媒体的功效就会事半功倍，否则可能事倍功半，难以完成教学目标规定的学习任务。课堂教学的最佳作用点主要有以下几方面。

（一）突出、强化教学重点

教学重点无疑是构成知识体系中最重要的学习内容，在教学媒体应用时，必须考虑如何突出和强化教学重点。突出和强化教学重点的方法主要有二：一是利用色彩反差强烈的媒体，如投影、电视等，将重点教学内容以文字形式呈示给学习者，以使学习者加深对重点教学内容的印象；二是利用具有能提供画面的媒体，如投影、电视、电子计算机等，将反映重点教学内容的画面形象地展示给学习者，以使学习者加深对重点教学内容的理解。总之，对于教学重点，我们应更多地利用教学媒体予以充分的突出和强化。

（二）突破、解决教学难点

教学难点是指在学习过程中难以理解的知识点，是由于知识的深度、学习者的经验、认识的模糊性以及认知结构的缺陷造成的。教学难点不一定难，但是如果不能突破教学难点，也会影响教学目标的实现。例如，物理学中的"加速度"这一概念，既是教学重点，又是教学难点。如果用电子计算机模拟物体的动态变化过程，就可以使学习者理解"加速度"这一概念。无论是教学设计者还是教师，都应该在教学难点上利用现代教学媒体予以表现，以有效地解决和突破教学难点。

（三）创设情境、引发动机

应用教学媒体，创设乐学情境，激发学习兴趣。孔子认为"知之者不如好之者，好之者不如乐之者"。教学活动是在知识、情感两条主线相互作用下完成的，教师在教学过程中，如果注意课堂的情绪气氛，创设愉快的情境，消除学习者学习的焦虑和紧张情绪，使他们在心情愉快的状态中接受知识，就会提高学习的兴趣，不断主动地学习、探索。教师丰富多彩的语言、生动形象的表达能吸引学习者的注意力，能对不同层面的学习者予以针对性的指导，能给每个学习者带来成功的喜悦。例如，"十里长街送总理"一课，播放电视录像或投影录音，声画并茂，触景生情，能促使学习者处于积极的思维状态之中，有利于引发学习者的学习动机，激发学习者的学习兴趣。

（四）提供事实、建立经验

在学习过程中，学习某些内容需要以一定的事实和经验为基础，但是学习者往往缺乏相关的事实和经验储备。也有时，由于条件的限制，学习者无法观察到某些现象或事物。这时运用教学媒体，可在短时间内提供可感知的大量的事实材料，帮助学习者建立与学习内容相关的经验，更好地理解所学内容。例如，学习者需要认识一些稀少的动植物，那么就可以利用现代教学媒体展示这些稀少的动植物，以使学习者建立起与教材中的知识共同的经验，促进知识的理解和掌握。

（五）显示过程、形成表象

运用教学媒体，将学习者无法直接感知的事实和现象，形象地展现在学习者面前，以帮助他们形成表象。特别是多媒体计算机辅助教学，它是指利用多媒体计算机，综合处理和控制符号、语言、文字、声音、图形、图像、影像等多种媒体信息，把多媒体的各个要素按教学要求，进行有机组合并通过屏幕或投影机投影显示出来，同时按需要加上声音的配合，以及通过使用者与计算机之间的人机交互操作完成教学或训练过程。例如，学习者非常熟悉铃声，但是其中的原理可能不清楚，因而难以形成表象。制作一投影片，让学习者亲眼看见敲锤敲在铃上的过程，学习者就易于形成电铃是如何发出铃声的表象。

（六）举例验证、建立概念

在帮助学习者建立概念时，教师应该尽可能地使用直观材料。借助教学媒体，给学习者提供鲜明、具体的感知材料，有助于学习者在感知的基础上，进行抽象概括，形成概念。如学习"自由落体运动"时，可通过录像或CAI；在学习"三角形内角和"时，可利用旋转抽动投影片；在学习"太阳的高度"时，可运用投影片等。在学习成语时，可应用多媒体，给学习者呈现应用此成语的情境，以正确建立使用此成语的概念。通过教学媒体的举例验证，有助于学习者建立概念。

（七）提供示范、正确操作

利用教学媒体，解决由于不易观察或示范不够规范或操作中容易出现的错误，使学习者掌握规范的操作步骤、方法和注意事项，然后再动手操作。例如，在实验教学中，对简单的实验，教师通过投影或多媒体向学习者介绍一次实验的操作规程和注意事项就可以了。但是对于比较复杂的、步骤较多的实验，教师就要通过教学媒体把复杂的实验分解成若干部分，化繁为简，分步提供示范。学习者掌握了要领后，再动手操作。

作为多媒体教学软件，必须能正确表达学科的知识内容，反映教学过程和教学策略，具有友好的人机交互界面，具有诊断评价、反馈强化的功能。因此，多媒体教学软件的开发和制作，需要在教学理论的指导下，做好教学设计、系统结构模型设计、导航策略设计和交互界面设计等工作，并在教学实践中反复使用，不断修改，才能使制作的多媒体教学软件符合教学规律，取得良好的教学效果。

（八）解释原理、启发思维

利用教学媒体形象、直观、生动的特点，启发学习者积极思维。例如，在学习"曹冲称象"所依据的原理时，演示旋转抽动投影片，让学习者在观察中受到启发，展开积极的思维活动。在学习"蛇为什么能吞下比自己的头大得多的动物"时，可演示旋转抽动复合片，指导学习者观察蛇的喉咙左右两边各有一根方骨以及喉咙的大小变化，使学习者在观察中受到启发，积极思维。在学习"刻舟求剑"所依据的原理时，可应用多媒体，使学习者在观看时，引起积极的思维的活动，促进学习者的有效学习。

（九）设置疑问、引起思辨

心理学认为，思维能力是智力因素的核心，在学习过程中，学习者通过积极的思维活动，才能真正获取知识。因此，在学习过程中，能否引起学习者积极的思维活动，关键在于问题的设置。在教学过程中，运用教学媒体，设置疑问，引导学习者通过观察、思考，发现和提出问题，进而引起思辨。例如，演示投影片《宝塔顶上长着树和草》，引导学习者通过观察发现：宝塔顶上长着小树和草。进而引起思辨，宝塔顶上为什么长着树和草？玉米、水稻、麦子等都是农民伯伯种的，那么宝塔顶上的树和草是谁种的呢？让学习者带着疑问进入新课程的学习，会引起学习者的极大兴趣和高度的注意力，无疑也会收到良好的教学效果和学习成效。

（十）诱引行为、主动参与

在教学媒体的应用中，我们可以把学习内容的呈示与诱引学习者主动学习的方法有机地结合起来，使诱引方法成为媒体内容的基本组成部分。这样，学习者在使用教学媒体进行学习时，教学媒体本身就能发挥引导学习者作出选择、回答问题或参加某项活动的作用。这是计算机辅助教学的一条原则，称之为"交互学习"（interactive learning）。一般地说，教学媒体可采用以下方法诱引学习者的学习行为：在学习内容呈示过程中要求学习者立即对问题作出书面或口头回答；要求学习者从所看到的或听到的事物中进行选择、判断或决策；要求学习者就所看到的或听到的有关技能进行操作；要求学习者完成举例、解释、总结等书面作业；指导学习者完成其他与课业相关的短小练习等。

另外，在教学过程中，教学媒体还有展示事例、开阔视野、欣赏审美、陶冶情操等最佳作用点。在教学设计时，教学设计者和教师要依据学习内容、教学目标、教学对象来确定。务必找准最佳作用点，才能收到应用教学媒体的最佳效果。

二、找准最佳作用时机

（一）有意注意与无意注意的转换

心理学研究表明，在学习过程中，主要是有意注意在起作用，但是中小学生注意力的集中时间是有限的。如果长时间要求学习者集中注意力，会引起大脑疲劳和厌烦心理。无法获得良好的学习效果。无意注意在一定条件下，可在轻松愉快的气氛中，在不增加大脑负担的情况下，起到有意注意所不能达到的调动积极性、加强学习效果的功效。所以我们应找准应用教学媒体的最佳作用时机，加强有意注意与无意注意转换，促进学习者的有效学习。

例如，在学习汉语拼音时，可通过演示与拼音字母形状或与拼音发音相似的事物，帮助学习者掌握汉语拼音的认读。在学习"荷花"一课时，可利用调整焦距的方法，使画面虚化，学习者通过观察虚化了的画面，无意识地进入了想象。在学习英语单词后，不对学习者提出注意听或看的要求，让他们反复听或看含有这些单词的短文和短片，使学习者在无意注意状态下复习和巩固所学单词。

（二）抑制状态向兴奋状态的转化

心理学研究表明，学习者的心理如果处于一种抑制状态，就不可能很好地从事学习活动。我们平时的学习也证实了这一点，当我们心情舒畅时，看书的速度快、效果好；当我们郁闷时，看书的速度慢、效果差。即使是看小说，也记不住多少。这就告诉我们，当学习者的心理处于抑制状态时，教师就要考虑运用教学媒体，将这种抑制状态转化为兴奋状态，为学习者进行学习活动创造必要的条件。

例如，在学习高中语文"母亲"一课的写作方法时，教师针对学习者对心理刻画描写的厌烦心理，在课一开始时，一反常规，运用投影或多媒体呈现一张心理曲线图，然后要求学习者根据这张心理曲线图，分析母亲的心理变化。这就会使学习者由对心理描写厌烦的抑制状态向兴奋状态转变。在这种兴奋状态下，学习者才能获得良好的学习效果。由此可见，应用教学媒体要找准最佳作用时机。

（三）平静状态向活跃状态的转化

教师在长期的教学过程中，形成了一套比较固定的教学程序，包括教学方法的采用、教学媒体的运用等。因此，学习者对于教师的教学程序十分熟悉和了解。所以当学习者知道某一教师要讲课时，心里就会想："还是那一套"。于是就产生平静地坐在教室里等待这样一种不良的心理状态。教师只有采取学习者意想不到的方法，才能打破这种平静状态，使学习者活跃起来。

例如，在学习"荷塘月色"一课时，教师首先播放了《荷塘月色》的录像片，一幅幅美丽的景色在画外音的伴随中展现在学习者面前……学习者听到优美的朗读，看到美丽的画面，立刻活跃了起来，然后教师在这种活跃状态下，引导学习者分析课文，学习重点内容，解决学习内容的难点。总之，教师务必使平静状态迅速向活跃状态转化，以促进学习过程的展开，使学习者获得良好的学习成效。

（四）兴奋状态向理性的升华

教学的目的并不是使学习者处于兴奋状态，使学习者处于兴奋状态仅仅是为学习者有效的学习创造良好的心理条件。在学习者处于兴奋状态中，教师还要因势利导，采用有效的教学媒体和相应的教学方法，将兴奋状态升华到理性状态，引导学习者展开学习过程，把注意力集中在学习内容上，进行深入理性的思考，突出教学的重点，突破教学的难点，解决教学的关键点，使学习者顺利完成学习任务。

例如，在学习"宋词赏析"一课时，在教师采取多种教学形式和多种教学方法，把学习者学习的积极性和主动性充分调动起来的同时，教师接着通过配乐朗读、昆曲表演艺术家李元华的演唱录音、文字投影片、图片、录像短片等教学媒体的运用，不仅使学习者对宋词在我国文学史上的重要地位有了深刻的理解，而且在此基础上，又从政治上、经济上和文化上深入分析了宋词。

（五）克服畏难心理，增强自信心

在教学过程中，教师应从心理方面给学习者一种具有新意的刺激，在对新鲜刺激的感知与尝试中，可以增强学习者的学习自信心，集中注意力，避免分心，使其克服畏难心理，调动他们的学习积极性和主动性。学习者对于新鲜的刺激会感觉到好奇，能够引发学习兴趣，使大脑处于兴奋状态，产生强烈的学习动机，愿意去尝试、去体会。这时，运用有效的教学媒体，找准最佳作用时机是关键。

例如，很多学习者对英语的学习都有畏难情绪和恐惧心理，特别是对于英语的听说更是如此。他们在教室里，不敢说，怕其他同学听见自己不够标准的读音会遭到耻笑。如果我们在语音实验室里训练英语的听说，这种情况就避免了。自己的朗读其他同学听不见，他们就可以比较放松、毫无负担地朗读课文，回答教师的提问了。再如，把自己的朗读录下来，听一听，会感觉自己的朗读并不比别的同学差，由此增强了学习英语的自信心。

（六）满足合理的表现欲望

任何人都希望自己能够胜任某项工作而得到别人的赏识和赞许，从而增强把工作做得更好的愿望，同时也愿意展示自己的工作成绩。学习者对于自己的学习也是如此，他们通过努力学习而取得的成绩也希望得到同学的赞许和教师的表扬，从而加倍努力学习，取得更好的学习成绩，同时学习者也渴望展示自己的学习效果。教师只有满足学习者的合理愿望和要求，才会极大地提高学习者学习的积极性和主动性，增强学习兴趣，提高学习效果。

例如，在学习完一篇语文或英语课文后，教师并不要求他们课后一定要读多少遍，而是要求他们第三天交一盘自己朗读的录音带，并说要在课堂上播放朗读优秀的片段。结果，学习者在家不知读了多少遍，直至自己认为满意时才录下来。因为学习者都有强烈的表现欲望，都愿意在同学面前播放自己的录音。这比直接向学习者提出学完课文后一定要反复朗读，直至朗读到熟练程度为止的要求强多少倍。

教学媒体的最佳作用点是从教学目标的角度，研究如何发挥现代教学媒体的优势；而教学媒体的最佳作用时机，则是从学习者心理的角度，探讨如何发挥现代教学媒体的作用。在课堂教学中，教学媒体的最佳作用点和作用时机是密不可分的，两个方面都要考虑到。如果解决了两者的配合问题，就能在教学中有效地利用教学媒体。

三、教学媒体选用表的编制

（一）内容与形式

下面介绍两种选用教学媒体的形式供参考。如表 9–10（李芒，1999）、表 9–11（钱建昌，1998）[208] 所示。也可根据需要自行编制。

表 9–10　教学媒体运用说明一览表

课题名称	知识点	目标水平	拟选媒体	媒体内容要点	使用时间	资料（软件）来源	媒体在教学中的作用	媒体使用方式
	1							
	2							
	3							

表 9–11 教学媒体选用表

知识点	学习水平	媒体类型	媒体内容要点	作用
1				
2				
3				

（二）注意事项

一个知识点往往有几个水平，可根据需要编制表格；一个水平可由一种或几种媒体与之对应；媒体内容要点应简明扼要，一目了然，针对性强；媒体作用指媒体在教学中的作用。下面提供两例，如表 9–12（钱建昌，1998）[209]、表 9–13（钱建昌，1998）[209]所示。

表 9–12 教学媒体选用表

知识点	学习水平	类型	内容要点	作用
1	应用	投影	再现骆驼的三个特征： （1）骆驼的脚印 （2）骆驼的米和蜜 （3）骆驼的齿印	显示特征 突破难点
2	理解 应用	录音	商人与老人的对话内容	分清两个不同的人物，理解对话内容，并起模仿作用

表 9-13　教学媒体选用表

知识点	学习水平	类型	内容要点	作用
1	识记 接受	录音	《我和老师》（例文）	弄清题意 初步感知
2 3	识记 接受 应用	录音	《训练指导》	明确要求 点拨要点
		投影	《我和××》（文字片）	
4 5	应用 反应	录像	《对比分析提示》	对比评析 拓作
		投影	《我和邻居》（画面）	

第十章

教学过程设计

教学过程概述
教学过程设计的方法

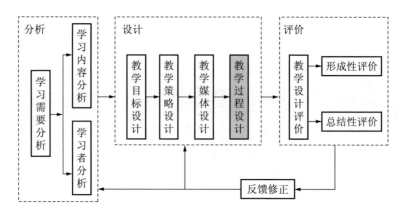

◉完成以上三个分析环节（学习需要分析、学习内容分析、学习者分析）和三个设计环节（教学目标设计、教学策略设计、教学媒体设计）后，我们就可以着手进行教学过程的设计了。即用流程图的形式简洁地反映分析和设计阶段的结果，直观地表达教学过程的流程，简要地描述教学过程中教师、学习者、学习内容、教学媒体等基本要素之间的关系，给教师提供一个有重要参考价值的教学设计实施方案。

第一节　教学过程概述

一、教学过程的要素与结构

（一）教学过程的要素

1. 教学过程的要素研究简述

过程是指事情进行或事物发展所经过的程序。教学是一种需要一定时间并按一定流程进行的活动。因此，教学活动的发生、发展、结束的一般进程就是教学过程。教学论中的教学过程不是研究某种具体形态的教学过程，而是研究各种形态教学过程的普遍规律。

构成教学过程的基本要素有哪些？人们尚未取得共识。在教学论文献史上，有"三要素"说，即认为构成教学过程的基本要素有教师、学生、教材；有"四要素"说，即认为构成教学过程的基本要素有教师、学生、教材、教学手段；有"五要素"说，即认为构成教学过程的基本要素有教师、学生、教材、教学手段、课堂教学气氛；有"六要素"说，即认为构成教学过程的基本要素有教师、学生、教材、教学手段、评价、环境；有"七要素"说，即认为构成教学过程的基本要素有教师、学生、课程、方法、目的、环境、反馈，等等。其中具有代表性的是"三要素"说和"七要素"说，所有这些观点都说明，构成教学过程的基本要素是复杂的和多方面的，有待于深入研究。

2. 教学过程的要素

我们认为，把参与教学过程的基本要素相对区分为结构要素和过程要素更为合理和科学。

结构要素是指参与教学过程的实体性较强的要素，主要包括教师、学习者、课程和教学媒体，其中教师是结构要素中的主导要素，学习者是结构要素中的主体要素，课程和教学媒体是结构要素中的客体要素。这些要素分别构成了认识活动中的三对矛盾：教师与学习者之间的矛盾；教师与课程和教学媒体之间的矛盾；学习者与课程之间的矛盾。这些矛盾构成了教学过程的基本矛盾运动。

过程要素是指参与教学过程的实体性较弱的要素，主要包括教学目的、教学方法、教学模式、教学内容、教学形式、课程计划、学科课程标准、教学环境、教学时间、教学空间、预期结果等。教学过程的结构要素与过程要素构成了十分复杂的教学系统，每一个要素在教学系统中都发挥一定的作用。这些要素相互联系、相互制约、相互影响，贯穿于教学过程的始终，形成了一定的整体功能，有效地促进教学任务的完成，促进学习者身心健康的发展。

（二）教学过程的层次结构

从时间和空间上看，教学过程是一个具有多层次的过程。我国有学者从整体和发展的角度出发，把教学过程分为四个层次：第一个层次是学习者从小学到大学毕业或受完一定阶段的教育为止，这是一个总的教学过程，可称作第一教学过程；第二个层次是一门课程从开始到结束，这是一个教学过程，可称作第二教学过程；第三个层次是一门课程的一章或一个单元的教学，这又是一个教学过程，可称作第三教学过程；第四个层次是一部分知识或一课书的教学，这也是一个教学过程，可称作第四教学过程。这种划分具有一定的积极意义。

二、教学过程的特点与功能

（一）教学过程的特点

1. 历史性

教学活动是人类社会产生以来就具有的一种社会实践活动。新生一代通过学习和接受、继承和发展人类在长期的社会生产和社会生活中积累起来的大量的、丰富的社会生产经验和社会生活经验，才得以生存和发展。随着人类社会的演进，社会需要及教育目的在不断发生变化，导致了教学过程中各种要素的变化，使教学过程打下深深的社会烙印。如古代社会的教育，教师的权威是绝对的，教材内容是钦定的，学习者是被动的，没有自己的思想和见解，只需呆读死记。在近现代，随着机器生产和商品经济发展，科技在生产中的广泛运用，旧的教育传统受到冲击，在教学过程中，就不仅要求学习者掌握基础知识和基本技能，还要求学习者有实际的动手操作能力和应用的能力，教学活动也加强了同生活和实际的联系。但这时的教学过程基本仍是一个单向的过程，教学活动是教师单向地向学习者传授知识和经验。

随着新的科学技术革命浪潮的到来，带来了社会生产力的飞跃发展，引起了物质生产乃至生活方式、思维方式、价值观念的巨大变化。面对新的科学技术革命的高潮，各国都在寻找经济对策和社会对策，纷纷把教育提高到前所未有的重要位置。教育改革、智力开发和人的个性的发展，已成为人们普遍关注的重要问题。这时的教学过程就变得丰富起来，强调学习者不仅能运用知识，而且能创造知识；不仅是教学过程的接受者，而且是主动的、积极的参与者；不仅仅接受知识，而且要积极主动建构自己的认知结构。教学不再仅仅是教师教的活动，而且是教师教、学习者学的双边共同活动。

2. 周期性

教学活动是师生的双边活动。在这个双边活动过程中，师生之间相互作用。在教学过程中，新知与旧知、未知与已知始终是一对矛盾。解决这个矛盾后，又出现新的新知与旧知、未知与已知的矛盾，然后再解决之，教学过程呈现出一种波浪式的前进。每一个波浪就是一个教学周期，教学周期的运转导致了教学过程的实现。教学过程在时间上就可以描述为它的各个教学周期的前进运动。

3. 整体性

教学过程的最终结果是使学习者的身心获得全面发展，它是一个培养人的过程，和其他社会活动过程不同，任何一门学科都应该竭力把客体当作整体来认识。教学过程的整体性主要体现在以下几方面：第一，教学过程是一个整体，是一个统一体；第二，教学过程内部存在着构成统一体的各个组成部分，包括教学目标、教学内容、教学方法、教学媒体、教学形式、教学评价等；第三，教学过程中的活动种类、被形成的个性品质等都具有整体性。

4. 个性

要培养人、塑造人，就需要由具体的、个别的教学过程构成一个立体的、交叉的教学过程系统，这一个个具体的、个别的教学过程赋予了教学过程系统以丰富的个性。首先，从学习者的年龄阶段和教育系统内部来看，都存在着自己独特的、不同于其他级别学校的教学过程，如普教的教学过程与职教的教学过程不尽相同；其次，教学过程要达到学习者全面发展的目的，就需要进行智力的、体质的、品德的等各方面的教学。因此，形成了一些相对独立的、富有个性的教学过程，如语言教学过程、数学教学过程、德育过程、美育过程等。教学过程的个性，要求我们不仅要从系统的层次上、方法论的层次上去认识和研究教学过程，还要从具体的、个别化的层次上去认识和研究教学过程。

（二）教学过程的功能

1. 实现目标的功能

教学过程具有组织性、调控性和目的性。学习者一旦进入教学过程中就成为教学的对象，他的发展就不再是各种因素随机作用的结果，而是有目的的人为因素引导，促使他不断前进和发展。因此，教师必须根据社会的需要和教育教学目标及学习者的身心发展规律来组织教学活动。在教学过程展开之前，教师就必须对教学过程具有明确的意识，要知道从哪里开始，怎样开始，最终达到什么目标，采取哪些步骤或手段实现预期目标。而且教师在教学过程中还要根据是否能够达到预期的教育教学目的和目标以及各种条件、设备的情况来调控教学过程，使教学过程为直达目标而组织起来、维持和发展下去，提高教学活动的效率。

2. 统合团体的功能

教学过程是教师与学习者之间、学习者与学习者之间的团体活动，有着共同的、明确的目的的教学过程促使团体作为一个整体而保持统合状态，使团体形成强烈的内聚力。在教学过程中，教师起着主导作用，学习者作为学习的主体，通过教师的教，实现自己的学，两者相互作用才维持了教学过程的顺利进行。教学过程的正常有效运行也紧紧维系着教师与学习者、学习者与学习者的密切关系。

3. 促进发展的功能

教学过程促进个体发展的功能主要表现为以下几个方面。

（1）掌握知识

把人类社会长期积累起来的知识迅速有效地传授给新生一代，并把它内化为个体的经验和智慧，是教学过程的基本功能之一。离开了知识的掌握，教学过程就无法发生和展开，一切教学活动都成了无源之水、无本之木。

（2）形成技能

教学过程不仅使学习者掌握系统的文化科学基础知识，而且还使学习者形成运用知识的基本技能。技能是指运用所掌握的知识去完成某种实际活动的行动方式。基本技能是指各门学科中最主要、最常用的技能，如语文和外语的阅读、写作技能，数学的运算技能等。技能又分为动作技能和智力技能。前者是指一系列实际动作以合理、完善的程序构成的操作活动方式，如写字、游泳、踢球等；后者是指借助内部言语在头脑中进行的认知活动的方式，如默读、心算、作文等。知识与技能是相辅相成、互相促进的。

（3）发展智能

在教学过程中，学习者会在智慧和能力方面得到发展。智慧是人们认识、适应和改变外界环境的心理能力，它主要包括观察力、注意力、记忆力、思维力和想象力，其中思维力是智力的核心。能力是直接影响活动效率、顺利有效地完成某种任务的心理特征。

（4）发展个性

在教学过程中，学习者在教师的指导下进行学习，与教师、教材相互作用、相互影响，并借助这种相互影响，获得新的知识、技能及人生观，发展个性，成为有个性的人，形成创造能力及优良的道德品质。

三、教学过程本质简述

在教学实践中，教学过程在实实在在进行着，然而对教学过程的本质是什么的认识，人们经过了漫长岁月的探索，尚未取得共识。但是在认识教学过程的本质过程中形成了种种不同的观点。随着人们认识水平的逐步提升，认识手段的不断改进，人们会越来越逼近教学过程本质属性的认识。

在对教学过程本质的传统认识上，有学者归纳了七种主要观点（王嘉毅，2007）[123-126]：一是刺激—反应论（教学过程是安排情境、控制反应，使学习者形成适当的感应性，并通过强化练习，最终形成行为习惯的过程）；二是探究、发现论（教学就其实质来说，就是充分发挥其探究和发现的能力，从而获得知识和发展的能力）；三是特殊认识论（教学过程是一种特殊的认识过程，具体表现在认识的间接性、有领导和具有教育性）；四是认识发展论（教学过程是一种特殊的认识过程，也是一个促进学习者发展的过程）；五是实践论（实践说包括特殊实践说和认识实践说。特殊实践说认为，教学是一种特殊的实践活动；认识实践说认为，教学过程是一个包含着认识和实践两个方面的活动过程，是认识与实践相统一的过程）；六是情知统一论（情感和认知是教学过程的主要部分，教学中的这两个作用是统一在一起的，缺一不可）；七是多重本质论（教学过程是一个多方面、多层次、多序列、多形式和多矛盾的复杂过程）；等等。

随着人们认识水平的不断深化，对教学过程的本质又产生了新的认识。有学者归纳了六种主要观点（王嘉毅，2007）[126-128]：一是特殊交往论（教学过程是一种有目的、有组织和有计划的师生交往活动）；二是认识与交往实践统一论（教学过程是一个包括认识和交往实践两个方面的活动过程）；三是特殊审美论（教学过程的实质不但是教师指导学习者个体的一种特殊的认识过程，也是一种特殊的审美过程）；四是动态生成论（教学就是把教学过程看做是师生为实现教学任务和目的，围绕教学内容，共同参与，通过对话、沟通和合作活动，产生交互影响，以动态生成的方式推进教学活动的过程）；五是语言性沟通与合作论（教学从本质上就是一种"沟通"与"合作"的活动。因此，教学可以被理解为一种语言性沟通或语言性活动，其中"对话"是教学活动的重要特点）；六是非线性论（教学过程的各个环节之间所建构的意义不是呈线形的、序列的、积累的特征，而是呈现越来越有深度、越来越丰富、层层递进且回环往复的特征）；等等。

纵观以上各种观点和看法，教学过程确实是一个由多因素参与所形成的一个复杂的过程。无论是哪种观点和看法，都有一定的道理，都力图认识教学过程的本质属性。不过，对教学过程本质的认识还需要进一步深化。

四、教学过程的优化

（一）教学过程最优化的概念与特点

1. 教学过程最优化的概念

从语源上看，"最优化"术语来自拉丁文 optimus，即"最佳的"，"最适宜于一定条件的任务"之意。现代科学上使用"最优化"术语源于数学，今天在系统工程中，在控制论、系统论和管理科学中，都已作为基本范畴运用。这个概念反映了人类社会实践活动中的一种普遍现象，即在一定的社会经济条件和人力、设备、材料、资金和时间等因素的约束下，人们总是希望自己的工作成效最大，如性能最佳、能耗最低、成本最少、风险最小，等等。这种寻求最优效果的愿望和可能性，几乎渗透在一切社会实践中，以致有人把"最优化"看成是劳动的普遍规律。

综上所述，最优化就是从具体条件实际出发，确定效果和时耗的双重质量指标，选定最佳方案，按实施中的反馈信息及时调整活动进程，以期达到最大效益的工作方法系统。我们也可以把最优化概括成"低耗高效"。

把最优化这个概念的基本含义，尤其是最优化的实质意义（低耗高效）推广到教学工作中来，我们可以对教学过程最优化概念的基本含义描述为，教学过程最优化是指导教师有效地组织教学活动的理论体系和工作体系。教师通过对教学系统的分析和综合，通过对最优教学方案的选择和设计，在现有条件下，用最少的时间和精力去获得最大可能的教学效果。

"最优的"术语，按巴班斯基所说，不等于"理想的"术语，它是指"从一定标准看对该条件来说是最佳的"之意。巴班斯基认为，"教学过程最优化"并不是某种特异的教学形式或方法，并不向学校提出特别的任务，而只是一套行之有效的教育教学工作任务。"最优性"是一个开放的、动态的概念。其标准随着历史的发展，条件的改善而不断提高。实施教学过程最优化，关键是选择最优的教学方案。从这个意义上说，教学设计的过程实质上就是获取最优教学方案的过程。因此，巴班斯基的教学过程最优化理论对教学设计也有着重要的指导意义。

2. 教学过程最优化的特点

（1）最优化不是某种特殊或具体的教学方法手段，而是指导教师合理安排整个教学过程的重要的方法论原则

最优化的根基是组织和管理的学问。它要求教师合理地组织自身的活动，强调把科学的管理方法落实到具体的班级教学中去。从实际出发，将原有的教学形式、教学方法、教学媒体等加以组合系列化，从而通过合理利用教学系统中各要素之间的相互作用来提高教学质量。

（2）最优化的理论依据是马克思主义哲学中关于真理的具体性的原理。它要解决条件、方法和结果之间的关系问题

所谓最优化总是相对于一定的标准和条件而言的，不存在普遍的、固定的、万能的教学方式和方法。具体问题要作具体分析。"在教学过程中要求分析具体的教学任务、内容的特点，学生和教师的可能性，并且依据教学原则，选择每一种情况下从一定标准看来是最好的方案。"（巴班斯基语）

（3）最优化理论的实质是用经济的、科学管理的眼光来安排教学过程，它是以对教学过程系统考察为基础，在联系和结构中提高教学质量的方法

最优化的核心问题是如何以最少的时间和精力的耗费来求取最佳的效果，为了解决这个问题，首先必须对教学管理系统有个明确的认识，然后再采取相应的组织管理的方法，对教学过程周密和细致的设计和安排，最终都要落实到最优化的轨道上来，而最优化本身也是一个如何向组织和结构要质量的管理学问题。

（4）教学过程最优化不同于理想化教学和个别化教学

第一，最优化指的是一定学校、一定班级在具体条件的制约下所能达到的最大成果，也就是指学生和教师在一定场所进行相互作用所具有的全部可能性。理想仅是为了理论探讨的方便而设想的一般模式，其结果有较大的主观意愿的成分，在具体条件的制约下很少有实现的可能。

第二，最优化与个别化也不同，苏联有些人把"最优化"和西方的程序教学相比，他们认为程序教学以最好的形式考虑了每一个学生认识活动的特点，使教学进度个别化。正是这种严格的程序教学有时可能成为阻碍学生独立性发展的原因。最优化主张因材施教，争取全班学生（包括差生在内）都能得到对他们来说最大可能的发展，这与程序教学的单一逻辑的个别化是截

然不同的。

（二） 教学过程最优化的基本标准

在现代学校的条件下，教学过程最优化最重要的标准首先必须是解决教学和教育任务的效率和质量，从提高活动效率和节约劳动时间的规律出发，根据普通学校教学过程的目标和任务，教学过程最优化有以下两条标准。

1. 效果标准

即"每个学生按照所提出的任务，该时期内在教养、教育和发展三个方面，获得最高可能的水平"。在这条标准中：

（1） 全面评价教学效果

即不能局限于学生的学习成绩，而应该全面考虑学生的教养、教育和发展水平，我们常说的德智体全面衡量，也是这个意思。

（2） 提出不同评价标准

必须从每所学校、每个班级、每个教师、每个学生的具体条件和实际可能性出发，提出不同的评价标准，防止"一刀切"。但是必须注意，无论是教养，还是教育和发展，水平都不得低于国家大纲统一规定的及格标准，以保证完成普及义务教育的任务。

总之，效果标准化就是根据学生的不同起点提出不同的要求。这些要求务必落在学生的"最近发展区"之内。

2. 时间标准

即学生和教师都必须遵守的学校卫生学及有关文件规定的课堂教学和家庭作业的时间定额。在我国具体的课程计划中对课堂教学的时间（即课时）有较为详细的规定。而对课外学习特别是家庭作业的时间则很少说明。如苏联学校卫生学规定，学生家庭作业的时间定额为：一年级不得超过 1 小时，二年级不得超过 1.5 小时，三、四年级为 2 小时，五、六年级为 2.5 小时，七年级为 3 小时，八年级至十年级为 4 小时。教师的工作量，每周上课 18 小时，再加上 18 小时备课，检查作业和答疑等，平均每天工作量为 6 小时。我国中小学生学业负担过重的现象比较严重，减轻学习者过重的学习负担势在必行。

效果标准和时间标准，一个监督质量，一个监督时间，两者的有机结合，为衡量教学效果的优劣提供了可靠的依据。这两个标准本身也具有内在的联系。对教学效果的评价，不仅应反映教学质量，而且应具有速度和时间的意义，也就是说要表明学生在规定的时间内，根据现行教学大纲的要求，在教养、教育和发展几方面所达到的水平。可见效果和时间是相联系和统一的。那种片面追求效果而任意增加时间的做法，根本不符合巴班斯基提出的最优化的要求，所得到的效果也是不经济的。

（三）教学过程最优化的方法体系

1. 选择教学方案的要求

教师在挑选教学方案时，往往凭经验和直觉，或通过尝试错误的途径作出没有把握的选择，而根据最优化的要求，教师必须以最充分的科学依据来选择最成功的教学方案。为此，必须注意以下几个基本的方法论要求：

（1）要完整地掌握教学过程全部基本成分（要素）的选择程序，同时还应选择具体条件下最优的教学速度。

（2）必须领会教学的辩证性质，了解各种教学形式和方法的辩证矛盾性，阐明它们的适宜范围。

（3）尽力保证教学形式和方法在可能范围内的多样化，以便充分利用各种感知觉形式，促进学生认识活动的积极化。

（4）以动态观点对待教学过程结构的选择，注意教学系统本身的发展与变化，防止教学结构选择中的教条主义和刻板公式。

根据这样一些方法论原则，教学过程最优化的基本方法体系指的是"相互联系着的，可以导致教学最优化的所有方法的总和"。这套办法涉及教学过程的所有基本成分：任务、内容、方法、媒体、组织形式和对教学效果的分析，只有实现了所有这些成分的"局部的最优化"，才有可能实现"整体的最优化"。从横向来看，这个方法体系也有两部分，"教授最优化"和"学习最优化"，只有这两部分最优地结合起来，做到教与学双方的有机统一，才能在不加重师生负担的前提下提高教学质量。

2. 实现教学最优化的要求

（1）对每一次的教学目标应细加剖析，"教"要按照"学"的阶梯结构（包括信息学习、智力技能、动作技能、态度、认识策略等）进行。

（2）每次教学活动要考虑与前、后学习的相互关系、影响，即必须把握迁移的方向。

（3）教和学都应尽可能同操作活动相结合。

（4）必须创设最佳的学习条件，如把学习目的向学生明确，有目的地吸引学生的注意力，努力激发学生的反应，及时评定并提供反馈信息，及时修正教学程序和进度等。

第二节　教学过程设计的方法

一、教学过程设计的基本原则

（一）体现教师的主导作用

教师的主导作用应体现引导学习者积极建构自己的认知结构，从而能够自行获取知识和技能，培养学习能力，而不是通过教师的传授向学习者灌输知识。教师在教学过程中主要是向学习者明确学习目标，维持学习动机，激发学习兴趣，设置教学情境，提供学习材料，引导问题讨论，组织动手活动，指导细致观察，引发深度思考，总结归纳概括，评价分析点评，解答难点疑惑，促进学习迁移，等等。

(二) 发挥学习者的主体作用

学习者的主体应体现在能充分发挥学习者的学习积极性和主动性上，让他们有更多的参与机会，在教学过程中真正做到动脑、动口、动手。使他们不仅在教师的指导下学会学习，更重要的是使学习者脱离教师的指导也能够学会学习。而且还要会学，不仅能够在教师的指导下会学，脱离教师的指导也能够会学。从而，从被动接受知识和技能转变为主动获取知识和技能，从被动学习转变为主动学习。

(三) 体现媒体优化作用

教学设计特别重视教学媒体的设计。因此，在教学设计过程中，应根据教学目标的要求，学习内容的需要，以及各种客观条件，选用最佳的教学媒体。各种教学媒体应各施所长，互为补充，相辅相成，形成优化的媒体组合系统。现在，我们许多学校的教室都改造成了多媒体教室。教师经常使用多媒体，这就更要求我们合理科学地运用多媒体。同时注意使用的时机，即最佳作用点和最佳作用时机。这样，才能发挥教学媒体的功效。

(四) 遵循学习者认知规律和学习心理

学习者的认知规律和特点，取决于他们的年龄和心理特征。年龄越小，不仅知识经验少，而且感知能力和观察事物目的性差，缺乏完整性，依赖性比较强，无意注意占主导地位，以具体形象思维为主。随着年龄不断增大，知识经验的增加，认知水平、感知能力和观察能力的提高，能通过一定的意志努力，集中注意力参与学习活动，其思维也由具体形象思维逐步过渡到抽象思维。在设计教学过程中，必须遵循学习者的认知规律和学习心理，符合学习者特有的认知要求，所设计的教学过程才能获得满意的教学效果。

(五) 遵循教学和学习规律

教学过程的设计应考虑学习者的学习过程，遵循学习过程的心理规律。从教育心理学的角度看，学习过程中智力因素与非智力因素相互制约、学习迁移的规律，就可以看成是学习心理的两条规律。在知识学习、技能学习、解决问题学习中，各自存在着一些特殊规律。教学过程的设计，不仅要遵循教学规律，还必须遵循学习过程的心理规律，才能使教学过程的设计达到最优化，获得事半功倍之效。

（六）体现一定的教学方法

教学方法是教师和学习者为共同实现教学目标而采取的方式。它包括教师教的行为和学习者学的行为，两者相辅相成。具体来说，应依据学科特点和学习内容选择教学方法；依据教学目标选择教学方法；依据学习者的特点选择教学方法；依据选用媒体的特点选择教学方法。

二、教学过程流程图的编制

传统的课堂教学过程是在备课过程中，最后采用教案的形式来体现参与教学过程的教师、学习者、学习内容、教学媒体等各要素之间的关系的。教学过程是复杂的，如何把复杂的教学过程结构化，即把教学过程相对分解成几个阶段或几个环节，使教学过程易于操作是教学设计所追求的目标之一。教学设计主张的是采用类似于计算机流程图的形式，把复杂的教学过程分解为相对简单的几个环节，明显地显示参与教学过程的教师、学习者、教学媒体、学习内容、教学方法等各要素之间的关系。从而使教学过程有序地展开，有利于教学过程的最优化。具体来说，采用流程图方式表示课堂教学过程的流程具有以下优点：

可以直观地显示整个课堂活动中各个要素之间的关系、比重；教师可以依据学习者不同的反应情况作出相应的教学处理，灵活性大，目的性强；教学过程流程图是浓缩了的教学过程，层次清楚、简明扼要、一目了然。

（一）教学过程流程图符号表示法

对于教学过程，常用流程图的形式来表示其操作的具体过程。常用的流程图符号如图10-1所示。我们可以用所规定的图形符号来设计一节课的教学流程，从而更简洁、直观地表达教学过程各要素之间的关系，勾画出一节课的结构和环节，以及各环节之间的关系。

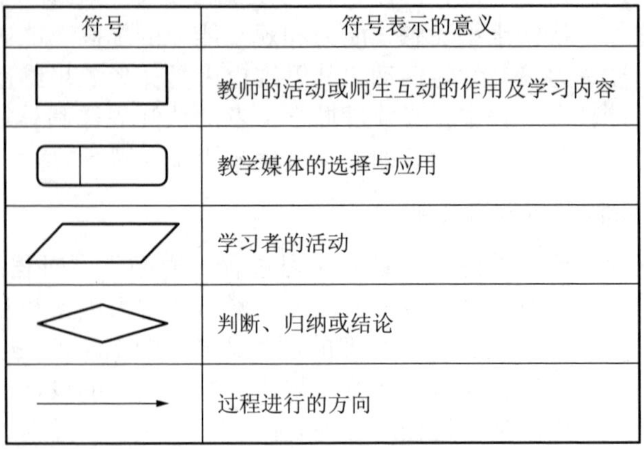

符号	符号表示的意义
☐	教师的活动或师生互动的作用及学习内容
☐	教学媒体的选择与应用
▱	学习者的活动
◇	判断、归纳或结论
→	过程进行的方向

图10-1　教学过程流程图符号

使用流程图应注意：一是在框内简要说明此步的内容；二是在框图上可注明需了解的信息；三是反馈回路应是闭路循环，不能断开。

图 10-2（钱建昌，1998）[215] 是小学"植树"一课的教学过程流程图。图 10-3（钱建昌，1998）[216] 是小学语文"初冬"一课的教学过程流程图。

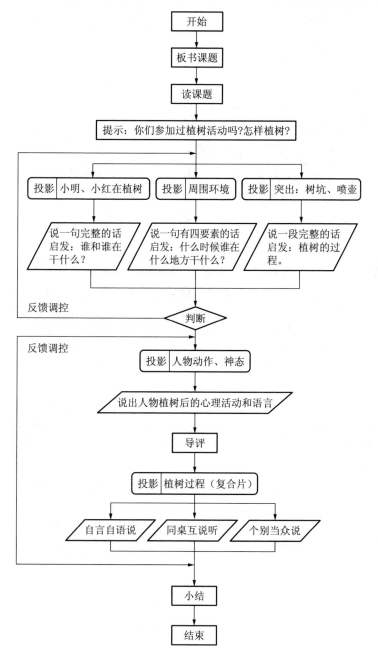

图 10-2 "植树"一课教学过程流程图

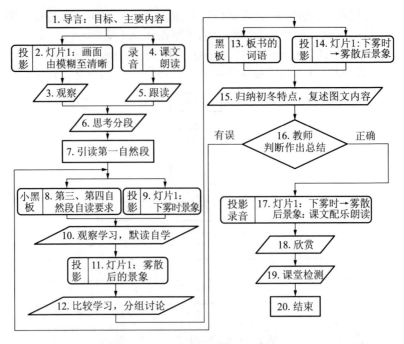

图10-3 "初冬"一课教学过程流程图

图10-3中2、3是让学习者了解同一地点的两种景象；4、5是让学习者了解不同时间的景象；9是通过操纵投影变焦，使画面由模模糊糊→模糊→清晰，帮助学习者理解"模模糊糊"的词意；11是通过操纵投影变焦，理解雾散后"明朗清晰"的词意。

（二）课堂教学过程流程图类型

有多种多样的课堂教学过程流程图形式，常见的有示范型、逻辑归纳型、逻辑演绎型、探究发现型、练习型、控制型六种类型。不同的学习类型应采用不同的课堂教学过程流程图形式。

1. 示范型

在示范型课堂教学过程中，教学媒体的功能主要是给学习者提供进行示范模仿的标准行为。示范型课堂教学过程流程图适用于：

● 语言示范模仿教学（如外语语音、语文朗读、音乐唱法等示范）；

● 动作示范模仿教学（如体育动作、表演动作等示范）；

● 书写示范模仿教学（如书法、符号公式、报告格式、汉字结构等示范）；

● 操作示范模仿教学（如实验操作、程序操作等示范）。

示范型课堂教学过程流程图如图10-4、图10-5所示（钱建昌，1998）[217-218]。

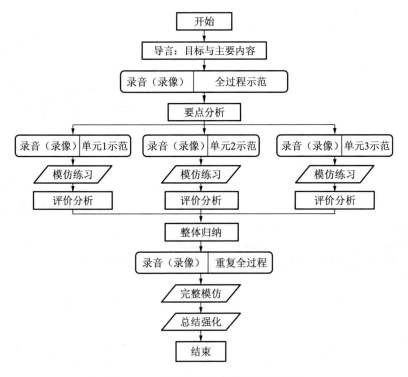

图 10-4 示范型课堂教学过程流程图

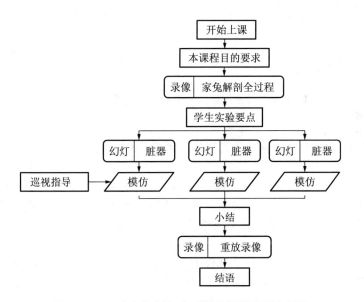

图 10-5 "家兔解剖"实验课堂教学过程流程图

2. 逻辑归纳型

在逻辑归纳型的课堂教学过程中，教学媒体的功能主要是提供事实，建立共同经验，形成表象。逻辑归纳型主要用于显示特征、建立概念的教学，其课堂教学过程流程图如图10-6、图10-7所示（钱建昌，1998）[218]。

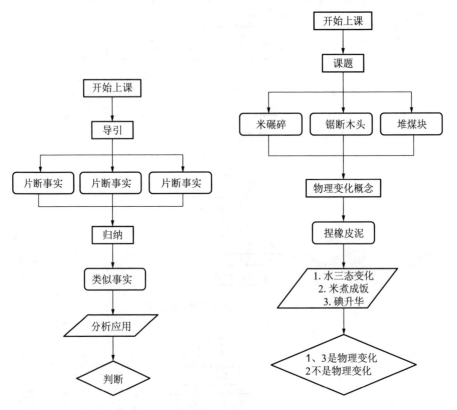

图10-6　逻辑归纳型教学过程流程图　　图10-7　逻辑归纳型教学过程流程图实例

3. 逻辑演绎型

在逻辑演绎型的课堂教学过程中，教学媒体的功能主要是为学习者提供典型的、完整的过程事实。这种类型的教学主要适用于教师借助典型的事实，进行分析、推理、演绎，使学生进行知识迁移。如由旧的结论推出新的结论，由量的关系推出质的关系，或原理与现象之间的互相推理。其课堂教学过程流程图如图10-8所示（钱建昌，1998）[219]。

4. 探究发现型

在探究发现型的课堂教学过程中，教学媒体的功能主要是向学习者提供典型的现象和过程，它主要适用于组织学习者观察、思考，探究原因、寻找规律等教学。如表现某一现象与事件，探究其结构或发生的根源等，其课堂教学过程流程图如图10-9所示（钱建昌，1998）[219]。

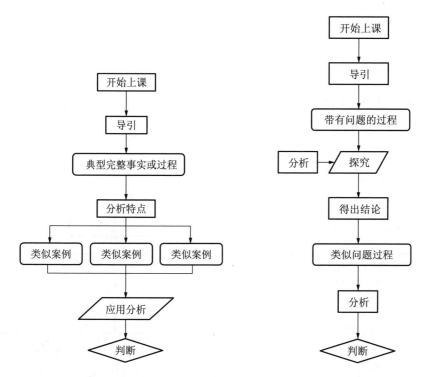

图10-8 逻辑演绎型教学过程流程图　　**图10-9 探究发现型教学过程流程图**

5. 练习型

在练习型课堂教学过程中，教学媒体的功能主要是为学习者提供诸如物体的形态、物体的变化及发展过程等作为学习者的观察对象，学习者通过观察，运用语言、文字符号以及形态动作来描述被观察的对象。其课堂教学过程流程如图 10-10 所示（钱建昌，1998）[220]。

6. 控制型

控制型课堂教学（亦称微格教学）用于培养或训练学习者操作实验、艺术、体育等方面的技能。通过摄录，真实再现学习者实践过程，通过评析，使学习者正确认识自己，不断提高技能水平。如图 10-11 所示（钱建昌，1998）[212]。微格教学也常用于对师范生的训练，以少数学习者为对象，在较短时间内（5—20分钟）尝试做小型的课堂教学，然后摄录，课后分析。

我们将上述几种类型的课堂教学过程流程图中的教学媒体作用、教师与学习者的活动以及适用的范围作以比较，如表 10-1 所示（钱建昌，1998）[222]。

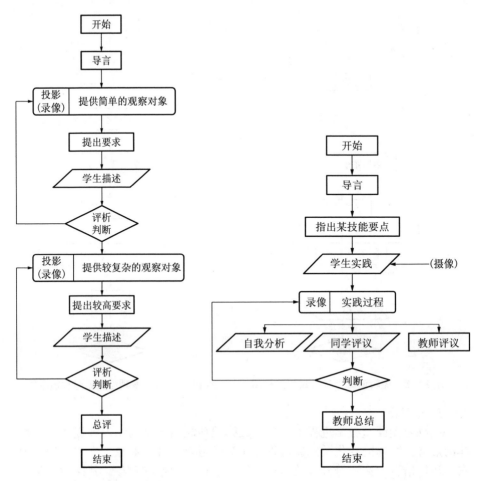

图 10-10　练习型教学过程流程图　　　图 10-11　控制型教学过程流程图

表 10-1　不同课堂教学过程的比较

	适用	技能的学习
示范型	媒体	提供给学习者示范模仿的标准行为模式，如语言、动作、书写、操作等规范行为
	教师	指出标准规范行为的要点、程序，组织学习者模仿、纠正错误
	学习者	掌握要领，模仿练习

逻辑归纳型	适用	事实、概念的学习
	媒体	提供若干有关科学现象、形态、结构、文献、史料等客观事实，或提供有关情景，以便建立共同经验，形成表象
	教师	借助事实，进行概括归纳，显示事物的特征，建立概念
	学习者	观察事实、现象，认识事物的特征，识记事实，理解概念
逻辑演绎型	适用	原理的学习
	媒体	提供某一典型的事物运行、成长、发展的完整过程
	教师	借助典型事例，揭示事物发生、发展的原因和规律，并以此通过演绎推理或类比的方法，使学习者知识迁移
	学习者	认真观察，思考原因，探求规律，理解原理，推广运用
探究发现型	适用	概念、原理和问题解决的学习
	媒体	提供某一事物的典型现象或过程并利用文字或语言设置疑点或问题，供思考、探究
	教师	组织学习者观察，设疑提问，引导思考，激发争辩，总结概括
	学习者	认真观察，积极思考，参与争辩，探究原因，分析特征，寻找规律
练习型	适用	概念、原理和问题解决的学习
	媒体	提供某种可观察的事物、现象或过程资料
	教师	分解技能的基本要素，组织学习者按要求进行实践，提出评价实践水平的标准
	学习者	根据要求，参与实践，观察实践过程的记录资料，自我分析，自我评价，改正错误

以上列举的是常见的单一课堂教学过程结构设计，这仅仅是教学过程设计的一种理想模型的结构框架，目的是为课堂教学过程的结构设计提供一些思路和方法。实际的教学过程结构比这复杂得多，一节课往往要采用几种形式。因此，需要教学设计者和教师根据教学设计的基本要求，教学实际情况的需要，对教学过程流程图中的各个操作程序进行必要的增减，对某个操作步骤可强化可重复，完全取决于实际需要。因此，我们应创造性地设计教学过程流程图。教师只有在实际设计教学过程流程图时，才能掌握这些常用的教学过程流程图的结构形式和方法的运用。下面再举几例，供教师在设计教学过程流程图时参考。如图10-12、图10-13、图10-14（何克抗，2002）[338]所示。

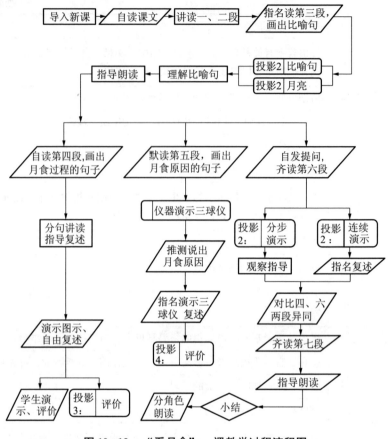

图 10-12 "看月食"一课教学过程流程图

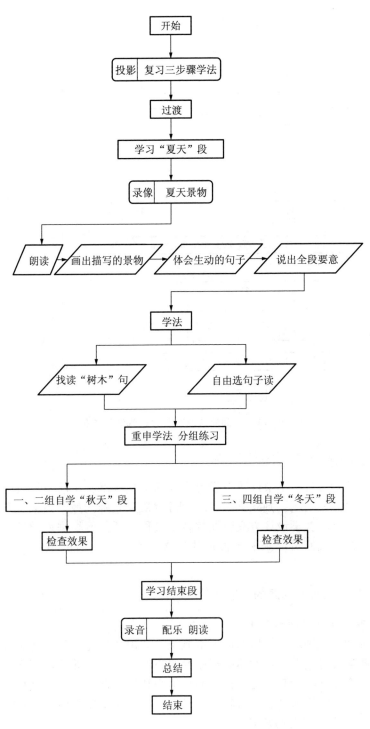

图 10-13 "美丽的小兴安岭"一课教学过程流程图

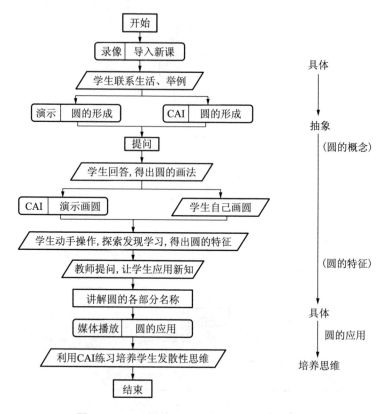

图10-14　"圆的认识"教学过程结构流程图

三、形成性练习题的编制

为了解学习者对本节课重点学习内容的掌握程度，了解学习者在学习过程中存在的主要问题，判断学习者的学习效果和教师的教学效果，及时获取反馈信息，修改教学设计方案，调控教学过程，还需要根据教学目标编制形成性练习题。我们可以采取多种形式检查和考核学习者的掌握程度和学习水平。

（一）形成性练习题的功能

1. 形成性练习题的强化功能

形成性练习题对较好地掌握了本节课的知识和技能的学习者会起到强化功能，使学习者获得成功的体验和愉悦的心情，可以有效地提高学习者的学习兴趣，增强学习新知识与新技能的自信心和学习动力，促使其加倍努力学习，努力学习的结果又会获得新的进步，从而形成良性循环的学习机制。

2. 形成性练习题的矫正功能

形成性练习题对未能很好地掌握本节课的知识和技能的学习者会起到矫

正功能，使学习者认识到自己学习过程中的差距和不足，及时采取补救措施，跟上正常的教学进度，完成学习任务，达到教学目标的要求。也可使教师反思自己教学过程中的缺陷和不足，及时对这些学习者采取多种形式的补救措施。

（二）形成性练习题的编制

1. 形成性练习题的形式

形成性练习题是为了检查学习者是否达到了教学目标的基本要求而编制的一组当堂练习题。因此，形成性练习题的内容要与知识点和学习水平相对应，可以把知识点、学习水平、题目内容列一表格，如表10-2所示。由于课堂教学时间有限，形成性练习题可采取填空题、选择题、连线题、判断题、自编题、简答题、小型计算题等耗时较短的形式，便于学习者当堂独立完成。

表10-2　形成性练习题形式

知识点	学习水平	题目内容
1.		
2.		
3.		

2. 形成性练习题的实例

下面提供形成性练习题的编制实例，供教学设计者和教师在编制形成性练习题时参考。如表10-3、表10-4、表10-5（何克抗，2002）[333]、表10-6所示。在编制形成性练习题时要注意，一是要理清教材的知识体系，准确无误地确定知识点，这是编制形成性练习题的前提，可依据教学目标中的知识点；二是知识点达到了什么水平，那么所设计的练习题应是能够检测出达到这一水平的内容；三是并非所有的知识点都要编制形成性练习题，有些知识在课堂教学过程中，可通过提问、课堂练习、课堂活动等形式来完成检测，有的知识可能在课后进行检测。

表10-3　形成性练习题编制实例1

知　识　点	学习水平		
	识记	理解	应用
1. 故事的最后结果如何		√	
2. 找骆驼所根据的特征及推理过程			√
3. 商人的心情变化		√	
4. 全文的中心		√	

表 10-4　形成性练习题编制实例 2

知识点	学习水平	题目内容
2	应用	一、用线条把左右两边的内容连起来 1. 老人知道骆驼的左脚有点跛　　那是因为骆驼啃过的树叶留下牙齿印 2. 老人知道骆驼少了一颗牙　　那是因为骆驼留下的脚印右边深，左边一个深一个浅
4	理解	二、填空 学习了《找骆驼》这篇课文，使我们懂得了遇到任何事情，只要仔细____，认真____，就会得出____结论。

表 10-5　形成性练习题编制实例 3

知识点	学习水平	题目内容
什么是浮力？ 施力物体是什么？ 受力方向如何？	识记	判断题（对的请打"√"） (1) 木块在水中上浮时受到力，铁钉在水中下沉时没有受到力。（　　） (2) 从井里提水，觉得水桶离开水后比水桶在水中时重，这是因为水桶在水里时受到浮力的作用。（　　）

表 10-6　形成性练习题编制实例 4

知识点	学习水平	题目内容
能辨别昆虫类动物	识记	下面哪些动物属于昆虫： （　）A. 蚂蚁（　）B. 蜘蛛 （　）C. 蜻蜓（　）D. 蝴蝶

四、教学设计实施方案的编制

明确了学习需要、学习内容和学习者分析的主要内容，掌握了教学目标、教学策略、教学媒体和教学过程设计的技术手段，我们就可以着手进行教学设计实施方案的编制了。下面我们运用教学设计的基本原理与技术，提出一个教学设计实施方案的范例，如表 10-7 所示。供教学设计者和教师在编制教学设计实施方案时参考。在实际的教学设计实施方案编制过程中，我们应灵活、创造性地加以运用。

表 10-7　教学设计实施方案

科目		年级		班级		时间	
教师		课型		课时		教材	

一、学习需要分析

现状	目标	差距	原因	对策

二、学习内容分析

知识点	重点	难点	关键点
1.			
2.			
3.			
4.			

三、学习者分析

知识起点	技能起点	态度起点

四、教学目标设计

知识点	教学目标	学习水平				
		识记	理解	应用	分析	综合
1.						
2.						
3.						
4.						

五、教学策略设计

教学顺序	教学活动	教学形式	教学方法

六、教学媒体设计

知识点	学习水平	媒体类型	媒体内容要点	作用
1.				
2.				
3.				
4.				

七、教学过程设计

1. 画出流程图	2. 简要说明

八、形成性练习题

知识点	学习水平	题目内容
1.		
2.		
3.		
4.		

九、教学设计实施方案的评价

评价人_____

十、教学反思

第十一章
教学设计评价

- 教学评价概述
- 教学设计评价的过程与技术

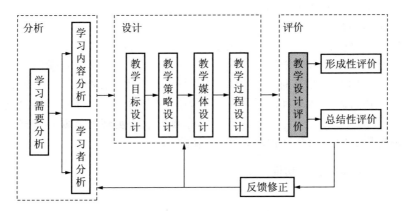

●教学评价经过不断发展，确定了自己的研究对象和研究领域，并形成了一门独立的学科。教学设计的成果——教学设计实施方案是否具有科学性、可行性、合理性、有效性和可操作性，需要教学评价来判断和检验。教学设计实施方案需要教学评价专家来作出检验。但是，教学设计者和教师也必须了解教学评价的基本理论和方法，以配合教学评价专家完成教学设计实施方案的检验。在此过程中，教学设计者也要逐渐形成制定、指导和实施形成性评价方案的能力和修改、完善教学设计实施方案的能力。

第一节　教学评价概述

一、教学评价的概念与功能

（一）教学评价的概念

评价是价值学的基本范畴，"评价就是主体对客体于人的意义的一种观念性把握，是主体关于客体有无价值以及价值大小所作的判断"（袁贵仁，1991）[207]。评价实际上就是一种价值判断过程，价值是指"客体对主体的意义，也就是客体对主体的作用、效用"（袁贵仁，1991）[49]。评价是以事实为基础、从目标和需要出发，对客体作出价值判断的过程。教学评价（instructional evaluation）是指"通过各种测量，系统地收集证据，从而对学生通过教学发生的行为变化予以确定"（李秉德，1991）[320]。简言之，教学评价是对教学的价值判断过程。

这一概念强调了三点：一是为了对学习者通过教学产生的行为变化进行确定，必须对学习者的学习进行测量，以系统收集有关学习者学习的大量相关信息，并据此按照某种标准对学习者行为变化作出评价；二是强调了教学，必须通过教学活动确定学习者的行为所发生的变化，而不是通过其他渠道来观察学习者的变化；三是内含了目标或标准，实施测量就要依据一定的目标或标准，没有目标或标准就无法实施测量。

（二）教学评价的功能

1. 诊断功能

对教学效果进行教学评价，可以了解到教师的备课准备状况是否充分，如对学习需要的分析、学习内容的分析和学习者的分析是否科学和透彻，教师所制定的教学目标是否具体、明确、可操作，教师所采取的教学策略是否有效，所选取的教学媒体是否低耗高效，所设计的教学过程是否最优化。还可以确定学习者在多大程度上达到了教学目标的要求，未能达到教学目标要求的原因是什么，诊断学习者在学习过程遇到的困难问题。通过教学评价还可以反映出教学设计中的问题和缺陷，如导入的设计类型，教学情境的设计效果，呈现教学材料的分量，运用教学媒体的时机，教学活动的组织情况等。诊断功能是教学评价的基本功能，其他功能由此而生。

2. 强化功能

教学评价对教师的教和学习者的学具有强化功能。通过教学评价，可确认教师取得教学效果的成功经验，如教学目标的确定是具体明确的，教学方法、教学媒体的选用是有效的，教学过程的安排是合理的，教学过程中充分调动了学习者学习的主动性和积极性等。同时也可查找和诊断教师教学中的问题和不足，如教学目标的表述不够具体和明确，教学方法、教学媒体的选用不是很有效，教学过程的安排欠妥，教学过程中未能充分调动学习者学习的主动性和积极性等问题。由此可使教师明确教学工作中需要努力的方向，从而促进教师教学技能水平的不断提升。对学习者的评价也可起到激发学习动机，明确学习目标，增强学习兴趣，查找学习困难，促进学习，提高学习成效的作用。

3. 调节功能

教学评价对教师的教和学习者的学发挥调节功能。通过教学评价，无疑会发现教师教学过程中和学习者学习过程中的一些教学和学习问题。教师可根据教学评价获取的反馈信息，进一步修改和完善教学实施方案，调整教学活动的安排，增减教学内容的分量，调换练习内容，更换教学方法和教学媒体等。学习者可根据教学评价获得的反馈信息，进一步修改和完善学习计划，调整学习活动的安排，增减学习内容的分量，改变学习方法等。从而使教师富有成效地实施教学活动，达到教学目标的要求，顺利地完成教学任务；使学习者有效地开展学习活动，达到学习目标的要求，圆满完成学习任务。无论是教师的教学，还是学习者的学习，都需要通过教学评价来诊断目前教学和学习中的问题，以不断改进，提高教学质量和学习效果。

4. 反馈功能

无论是教师的教学，还是学习者的学习，如果不能从外部获取有关教学和学习效果的反馈信息，那么就会使教和学处于一个相对封闭的状态。不利于及时发现教学和学习过程中的问题，不利于改进教师的教和学习者的学，不利于提高教师的教学质量和学习者的学习效果。虽然教师可对自己的教学进行自我评价，教师可对学习者的学习效果进行评价，但为了改进教师的教学和学习者的学习，还需要从外部实施教学评价。通过教学评价，使教师和学习者及时获取反馈信息，发现教学和学习过程中的薄弱环节，明确影响教学和学习成效的症结所在，并根据反馈信息，及时修正、改进、调整教学工作，避免给教学工作带来损失；使教师及时查缺补漏，有效地提高教学质量和教学水平。

二、教学评价的原则与类型

（一）教学评价的原则

教学评价原则是对教学评价工作提出的具有指导作用的基本要求，在教学评价过程中，为了科学和准确地实施教学评价，应遵循下列基本原则。

1. 科学性原则

科学性原则是指在教学评价时，依据教学目标体系的要求，制订科学的评价方案和评价指标体系，确定科学合理的评价标准，选用优秀的评价人员，采用科学的评价方法，科学地实施教学评价过程。采用先进的测量手段和统计方法，对所获取的数据和资料进行严谨的分析和处理，得出科学正确的评价结论，提高教学评价的科学化水平。要避免教学评价过程中的随意性和盲目性，克服主观主义和经验主义。

2. 客观性原则

客观性原则是指在教学评价时，全面和准确地收集评价对象的信息，客观地统计与分析各种数据和材料，按照客观事实进行公正的价值判断，避免评价过程中的主观臆断和情感因素，消除主观因素的影响，得出真实客观的评价结论。教学评价的目的是给教师提供反馈信息，以改进教学，提高教学质量和教学效果。如果缺乏客观性，不仅会使教学评价失去本来的意义，而且还会提供失实和失真的信息，从而导致错误的教学决策，给教学工作带来损失。

3. 全面性原则

全面性原则是指在教学评价时，要根据教学评价实施方案和评价指标体系，对教学工作的各个方面和教学过程的各个环节进行多角度、全方位的评价。教学工作和教学过程是由多种因素构成的一个复杂的系统，教学质量往往从不同侧面反映出来。因此，需要对教学工作的各个方面，教学过程的各个要素实施整体和全面的评价，避免以点带面，以偏概全，以求全面准确地作出价值判断，得出客观公正的评价结论。同时也要注意把握主次，区分轻重，突出重点。

4. 指导性原则

指导性原则是指在教学评价时，要把评价和指导有机地结合起来。教学评价的目的除了要对教学进行价值判断外，还要给教师的教学提供反馈信息，以使教师不断改进教学，提高教学质量。因此，教学评价者要对教学评价结果进行科学准确的分析，从不同角度、不同侧面查找因果关系，确认产生问题和不足的成因，并提出相应的对策建议，及时地把教学中存在的问题和启发性的对策建议反馈给教师，使教师认识到问题所在，明确努力方向，改善教学工作。

（二）教学评价的类型

人们依据各自不同的分类标准，对教学评价的方式进行了分类。常见的分类主要有：根据评价的功能，可分为诊断性评价、形成性评价和总结性评价；根据评价的标准，可分为绝对评价、相对评价和自我评价；根据评价的分析方法，可分为定性评价和定量评价。

1. 诊断性评价、形成性评价、总结性评价

（1）诊断性评价

诊断性评价是指为使教学适合于学习者的实际情况，满足其学习需要，使教学活动的设计具有较强的针对性，在进行教学活动之前，对学习者的知识基础、技能、能力水平和态度等学习准备状态以及影响学习的因素所实施的评价。在教学过程中，教师为了不断提高教学质量，必须设计出一套符合学习者实际的教学实施方案。为此，教师就要深入了解学习者所掌握的知识和技能，了解他们的学习态度，发现学习中存在的问题及原因。而诊断性评

价是这些信息的有效方法。布卢姆认为，诊断性评价旨在促进学习，为缺少先决条件的学习者设计一种可以排除学习障碍的教学方案，为那些已经掌握了一部分或全部教材内容的学习者设计一些发挥其长处并防止厌烦和自满情绪的学习方案（布卢姆，1987）[174]。

诊断性评价的主要作用有：一是用于检查学习者的学习准备状态。教师经常在教学之前，例如在某门课程或某个单元教学开始前施测，通过测试结果，教师可了解学习者在教学开始时已具备的知识基础、技能水平和学习态度。二是用于确定对学习者的安排。通过诊断性测验，教师能够深入了解学习者在学习上的个别差异，在此基础上，经过合理调整和安排，使教学更加符合学习者的实际情况，更好地满足学习者多样化的学习需要。三是用于辨别造成学习者学习困难的原因。在教学过程中实施诊断性评价，可以诊断学习者在学习过程中所遇到的困难及其原因，并采取针对性的教学措施，对症下药，以取得良好的学习效果。

（2）形成性评价

形成性评价是指"在教学进行过程中为改进和完善教学活动而进行的对教学和学习过程及结果的测定"（谢利民，2007）[206]。布卢姆认为，"形成性评价，就是在课程编制、教学和学习过程中使用的系统性评价，以便对这三个过程中的任何一个过程加以改进。既然形成性评价是在形成阶段中进行的，那就要尽一切努力用它来改进这一过程"（布卢姆，1987）[228-229]。形成性评价注重对平时学习过程的经常性检查，关注对学习过程的测试，强调利用测试的结果来改进教学，使教学过程不断得到经常性的测评和反馈、修正和改进，逐步获得最优化的教学效果。

形成性评价的主要目的是为了及时获取反馈信息，形成适合于学习者学习的教学。所以形成性评价测试的次数一般比较多，内容分量少，通常在一个章节、一个单元、一个课题或新知识、新技能等的学习后进行，以及时检查学习者的学习状况，使教师和学习者明确下一步应如何教和如何学，从而指导师生完成既定的教学和学习目标。

教学设计的成果是要形成一个教学设计实施方案，为检验该方案的科学性、可行性、实用性和有效性，就需要对教学设计实施方案进行形成性评价。也就是在教学设计实施方案的试用过程中进行形成性评价，目的是发现所制订的方案中的问题和缺陷，以便及时修正和完善，使之更适合于学习者的学习，获得良好的教学效果。

形成性评价的主要作用有：一是改善学习者的学习。通过形成性评价，揭示学习者在学习过程中所遇到的问题和困难，查找学习者在知识、技能、能力、态度等方面的欠缺。同时向学习者提供有针对性的学习指导和改善学习的计划，提出解决学习问题、克服学习困难和弥补学习者在知识、技能、能力等方面欠缺的措施。二是为学习者的下一步学习定步调。运用形成性评价的结果为学习者的下一步学习制定步调是形成性评价重要功能。通过对每一学习阶段（例如每一单元）的形成性评价，可以确定学习者对前一阶段学习的掌握程度，并据此确定下一阶段学习的目标和任务。三是强化学习者的学习。对于已经较好地掌握了前一阶段学习任务的学习者来说，形成性评价可以使他们及时获取成功的体验，从而强化学习结果和增强学习动力。对于那些未能较好地掌握前一阶段学习任务的学习者来说，形成性评价可以使他们及时发现问题，找到差距和不足，及时加以改进。四是为教师提供反馈信息。教师通过形成性评价，可以及时发现和找出在教学目标的制定、教学内容的分析、教学方法的选择、教学媒体的选用、教学活动的组织、教学情境的设置、教学过程的安排上的一些问题，从而有针对性地改进教学工作，提升执教能力，增强教学效果，提高教学质量。

（3）总结性评价

总结性评价是指在一个教学阶段结束后，对教学和学习结果的评定。布卢姆认为，"总结性评价的首要目标是给学生评定成绩，或为学生作证明，或者是评定教学方法的有效性"（布卢姆，1987）[100]。他指出，总结性评价有三个基本特点：总结性评价的目标是对学生整个教程或某个重要部分上所取得的较大成果进行全面的评定，并给学生评定成绩；在内容分量上，总结性评价着眼于学生对某门课程整个内容的掌握，常常分量大、频率低，期中、期末考试、会考等均属此类；在测试内容的概括性上，总结性评价概括性水平一般较高，题目多为知识、技能、能力等多种因素的综合体。概括地说，总结性评价是在学完某门课程或某个重要部分之后进行的，是评价学习者是否达到教学目标要求而进行的概括性水平较高的测试和成绩评定。

总结性评价的主要作用有：一是评定学习者的学习成绩。通过总结性评价，确认学习者在某门课程上达到教学目标的程度，对学习者的学业成就作出整体的和全面的价值判断。二是确定新的学习起点。在这一点上，总结性评价和形成性评价的作用基本相同，通过总结性评价，确定学习者在知识、技能、能力、态度等方面的程度和水平，这种程度和水平成为确定下一步学习起点的依据。三是为学习者提供反馈。总结性评价使学习者认识到了目前学习的现状，明确了目前学习的效果，了解了自己的学习程度和学习水平，清楚了对某门课程的掌握程度、问题和难点，这些都将成为学习者制定下一阶段学习目标的依据。

2. 绝对评价、相对评价、自我评价

（1）绝对评价

绝对评价是指"在评价对象群体之外，预定一个客观的或理想的标准，并运用这个固定的标准去评价每个对象的教学评价类型"（黄甫全，1998）[285]。绝对评价的特点是：评价标准参照教学目标，来自于被测总体之外，不受评价对象群体状况的影响。评价结果的好与差，只与评价对象自身的水平相关，而与其所处的群体无关。为绝对评价而进行的测验，一般称之为标准参照测验。

绝对评价是在教学实践中得到了广泛应用的一种教学评价方法。它"产生的测量结果可以按照具体的行为标准直接加以解释"（加涅，1992b）[417]。

即学习者学业成就的标准参照测验，评价的是学习者对预定学习目标的掌握程度。学习目标是评价的标准，这个目标是固定的，个体的学习越深入，掌握程度就越高，评价结果也越好，这一结果也不受其他学习者学习状况的影响。我国实行的高考是典型的绝对评价，它以国家颁布的课程标准为评价标准，这一标准不因学校教学水平的高低而变化。高考成绩反映了学习者掌握课程标准的要求的程度，即对学习的学科所实际达到的程度。绝对评价具有标准比较客观的特点，特别适用于以鉴定资格和水平为目的的教学评价活动。

（2）相对评价

相对评价是指以评价对象群体的平均水平为基点确定评价标准，以此标准来评价群体中的个体在群体中的相对位置的一种教学评价类型。相对评价的特点主要是：由评价对象组成的群体的整体水平决定着群体中每个个体的水平；相对评价的价值标准来自于某群体，也只适合于某群体；标准依群体的变化而变化。为相对评价而进行的测验一般称之为常模参照测验，即在一个学习群体中，这种测验的成绩根据正态分布规律进行排列。

相对评价的标准设在群体之内，要求把个人成绩同其他成员的成绩相比较，从而确定个人的相对位置，达到在全体成员中评价学习结果的目的。不管这个群体的状况如何，都可以在群体内部进行比较，因而相对评价适应性强，应用范围广，尤其适合于以选拔为目的的教学评价活动。这种评价也存在着局限性，一是评价的结果并不能真正反映评价对象的实际水平，只是说明了他在群体中的相对位置；二是可能降低客观标准，因为整个群体差，只能差中选好，也可能提供标准，因为整个群体好，只能好中选好；相对评价可能导致激烈的竞争，对教学产生负面影响。

（3）自我评价

自我评价是指把每个评价对象个体的过去与现在或个体的不同方面进行比较，从而得出评价结论的一种评价类型，即以评价对象自身状况作为参照系对个体进行纵横比较所作的判断。纵向比较是指把评价对象的过去与现在进行比较。例如，某生期中英语成绩为 70 分，期末为 85 分（假定这两次考试的难度相当），通过比较，可以判断该生英语的学习有进步。横向比较是指把评价对象的某几个方面进行比较，判断其强弱、长处与不足。例如，可对学习者的写作能力、阅读能力、口头表达能力作横向比较，以评价某生的语文水平，找出其强弱之处。

自我评价可以综合、动态地考察学习者的发展变化过程，可以照顾到学习者的个体差异，不会给学习者造成更多的竞争压力。在教学实践中，自我评价常用作改变"学困生"的有效措施，并能收到较好的效果。自我评价也存在着明显的局限性，主要是没有客观标准，又无同类相比较，难以确定评价对象的真实水平，提供给学习者的反馈信息也很有限。因此，我们常常把几种评价结合起来应用，从多角度对学习者进行评价，才能得出客观的结论。

3. 定性评价、定量评价

（1）定性评价

定性评价是运用分析和综合、比较和分类、归纳和演绎等逻辑分析的方法，对所获取的数据资料进行思维加工，以描述性的语言而非数量化或数量化水平较低地对评价对象作出价值判断的一种教学评价方法。定性评价是用非量化手段收集教学过程中的各种信息和资料，舍弃了非本质的现象，对事物本质进行决策性判断，对评价对象作"质"的分析。

（2）定量评价

定量评价是运用统计分析、多元分析等多种数学方法和手段，对所收集到的各种数据进行量化处理和分析，找到集中趋势的量化指标，作出综合性的定量描述和价值判断的一种教学评价方法。即定量评价是综合各种信息进行量化统计的评价方法。

定性评价和定量评价这两种教学评价方法各有所长，两者互为基础、优势互补。在实际应用过程中，定性评价和定量评价并不是截然分开而单独进行的。其一，定量分析所显示出的量差异性在某种程度上反映出了质的不同，也由于量的分析比较简洁和抽象，所以一般情况下还要借助于定性的描述说明各种数据的含义；其二，定性评价是定量评价的基础，定量评价中的量应是同质的，在进行定量评价之前首先要判断各种数据的同质性。因此，定性评价和定量评价经常结合在一起运用。

第二节　教学设计评价的过程与技术

教学设计的评价主要是指对教学设计的成果进行评价，一般包括形成性评价和总结性评价两种评价形式，但是对教学设计的成果进行评价主要以形成性评价为主，也就是在教学设计成果的形成过程中进行评价。具体地说，教学设计成果的形成性评价，是指在教学设计成果推广应用之前，先在一个小范围内进行试用，以了解该成果的可行性、实用性、有效性等教学设计方案的使用情况。如有缺陷，则予以修正。然后再试用，再修正，直至满意为止，以提高教学设计的质量，保证获得最优的教学效果。

一、制定评价方案

（一）制定评价目标、评价指标体系和评价标准

进行教学评价先要确定评价目标、评价指标体系和评价标准，这是进行教学评价的前提条件和基础，对教学设计的成果进行形成性评价也要遵循教学评价的逻辑程序。

1. 制定评价目标

教学设计成果形成性评价的目标是，在教学设计实施方案推广应用之

前，对教学设计实施方案在一个小范围内试用，正确判断教学设计实施方案的科学性、可行性、实用性、有效性等教学设计实施方案的使用情况；在教学设计实施方案实施后，对教学设计实施方案作出评价，提出修改意见，完成评价报告。

2. 制定评价指标体系

确定评价目标之后，接下来就要确定评价指标体系。虽然我们给出了教学设计实施方案的模板，但是由于教学设计实施方案需要教学设计者、教师灵活、创造性地加以运用，最后所形成的是个性化的教学设计实施方案。因此，教学设计实施方案会有所不同，评价指标体系也要根据具体情况加以确定。

从形式上看，教学设计成果评价的对象是教学设计实施方案；从内容上看，教学设计实施方案实质上是设计了达到教学目标的一系列的教学活动。因此，教学设计成果评价是对教学活动进行形成性评价。这说明教学评价是以教学活动为其评价对象，教学设计成果评价的主要内容也是教学活动。教学评价与教学设计成果评价的关系十分密切，难以清晰地加以划分，我们在制定教学设计成果评价体系时，也必然涉及教学评价所涉及的内容。

教学设计成果的形成性评价覆盖了教学设计的方方面面，渗透在教学设计的各个阶段之中，体现在教学设计的各个环节上，为了保证教学设计实施方案的科学性、有效性、合理性、全面性，应该对教学设计实施方案所设计的内容一一予以评价。总之，凡是所设计的内容，都应该给予评价。但是我们可以从不同角度设计教学设计成果形成性评价的指标体系，例如，我们可以从教与学的角度，从教学设计的主要环节等方面进行设计，也可以采用已有的评价模式，指标的层级可根据实际需要确定。下面就依据我们所制定的教学设计实施方案的主要内容，确定教学设计成果形成性评价的指标体系。

（1）学习需要分析的评价

学习需要分析评价的二级指标设计可从以下几个方面考虑：教师是否分析了学习者学习的目前现状；教师通过分析是否找到了差距；教师是否分析了产生差距的原因；教师针对差距是否提出了有效的对策等。

（2）学习内容分析的评价

学习内容分析评价的二级指标设计可从以下几个方面考虑：教师对教学材料掌握的熟练程度；教师分析学习内容的方法；教师对知识点、重点、难点、关键点的把握程度；教师对突出重点、突破难点、解决关键点的措施等。

（3）学习者分析的评价

学习者分析评价的二级指标设计可从以下几个方面考虑：教师对学习者一般特点的分析；教师对学习者知识起点的分析；教师对学习者技能起点的分析；教师对学习者态度起点的分析；教师对学习者学习风格的分析等。

（4）教学目标设计的评价

教学目标设计评价的二级指标设计可从以下几个方面考虑：教学目标的设计是否符合课程标准和学习者的实际；教师能否准确地确定知识教学点、能力培养点、德育渗透点；能否准确地确定重点、难点和关键点；对教学目标学习水平的设计；教学目标设计是否具有可操作性、可测量性等。

（5）教学策略设计的评价

教学策略设计评价的二级指标设计可从以下几个方面考虑：教学顺序的确定（理智技能的教学顺序、言语信息的教学顺序、运动技能的教学顺序、态度的教学顺序）；教学活动的安排（教的活动、学的活动）；教学形式的选用；教学方法的选择等。

（6）教学媒体设计的评价

教学媒体设计评价的二级指标设计可从以下几个方面考虑：教师对教学媒体的熟悉程度；教学媒体的操作技术水平、所选择的教学媒体的适应性（对学习任务的适应程度、对学习者的适应性）；是否找准了最佳作用点；是否找准了最佳作用时机等。

（7）教学过程设计的评价

学习需要、学习内容和学习者的分析效果要在教学过程中体现出来，教学目标、教学策略、教学媒体的设计效果更需要在教学过程中显现。因此，教学过程设计评价的内容必然包括很多方面，教学过程设计评价的二级指标设计可从以下几个方面考虑：

教学过程流程图设计的科学性、合理性、简洁性；教师在教学过程中是否体现了在学习需要分析中所提出的策略，这些策略的效果如何；教师的教学是否突出了教学重点、突破了学习难点、解决了关键点；教师对学习者知识、技能、态度起点能力分析的准确程度；学习者是否了解教学目标；教学目标（知识教学点、能力培养点、德育渗透点）的达成度；教学顺序安排的合理性；师生活动的效果；教学形式选用的合理性；教学方法、学习方法运用与配合；教学媒体运用的效果；教师讲授内容的科学性、思想性；是否做到了因材施教；教师的基本功（教学语言、教态、板书、字幕、图画图表等）；教学过程的组织水平；教学时间的掌握与利用；课外作业的布置等。

（8）形成性练习题设计的评价

形成性练习题设计评价的二级指标设计可从以下几个方面考虑：形成性练习题设计与教学目标的吻合度；形成性练习题设计的数量；形成性练习题设计的水平；学习者完成形成性练习题的时间与质量等。

3. 制定评价标准

评价指标体系的制定只是把评价的内容进行了详细的分解，接下来就要对评价指标体系中的各项指标的达成度作出价值判断。因此，还要在评价指标体系的基础上，制定评价标准。教学评价标准"是对评价对象的各项指标达到要求的程度在数量和质量方面进行价值判断的准则和尺度"（王升，

2005）。没有一个准则和尺度，就无法对各项评价指标作出价值判断。

（1）确定权重

就是要对评价指标体系中的各项指标依据其主次关系确定权重。例如，我们把教学设计成果的形成性评价的一级指标分为八个方面，根据主次关系和重要程度，就可以为一级指标确定权重，再根据每一项一级指标所得到的权重确定二级指标的权重，乃至三级指标的权重。

（2）确定标准

在我们确定收集哪一类信息后，应建立解释这些信息的标准，即为所评价的各个指标进行定性描述和定量赋值。这时候所建立的标准都是尝试性的，具有一定的随意性。因此，这些标准应在实施中加以修改。一般常使用百分比（定量标准）、等级制（定性标准）等。

① 定性标准

定性标准是指用语言或字符作为标度（衡量被评价对象的单位标准）的标准。例如，评价的指标是教学顺序、教学活动、教学形式、教学方法、教学媒体等，所有指标标准均用"优""良""中""差"或"非常好""比较好""不太好""不好"四个等级，评价时按照实际情况选择其中一个标度即可。

② 定量标准

定量标准是教学评价标准中最基本的标准，定量标准是指用数字（或分数）作为标度的标准。有些评价指标的达成度可以直接用数字来表示。例如，我们对学习者学习成绩的评价，就可以规定：90—100 分为优；80—89分为良；70—79 分为中；60—69 分为及格；59 分以下为不及格。

（二）确定收集资料的类型和选用评价工具

1. 确定收集资料的类型

教学设计成果在试用阶段应收集两类反馈信息：一是学习者学习成就信息。以了解学习者达到教学目标的程度，应用数据来表示，数据来源于对学习者的一系列测试、操作、作业等。二是教学过程信息。以了解教师在使用教学设计方案中的问题，也应用数据来表示，数据来源于对教学活动展开的观察和学习者对一系列征答问题的反应。在收集反馈信息时，至少应使用两种评价工具，以保证收集到可靠的信息和足够的信息量。

2. 选用评价工具

收集任何资料，都要借助某种工具。在教学设计方案形成性评价中，经常使用的工具有测验、征答表、观察表三种。其中，测验适合于收集认知目标的成就信息；征答表（设计者为获得某些信息以评价或修正设计成果而设计出的有关问题的表格）适合于收集情感目标的成就信息；观察表适合于收集动作技能目标的成就信息；征答表和观察表通常适合于收集教学过程的不同信息，以及收集关于样品使用的条件和限制方面的信息。如表 11-1 所示（张祖忻，1992）[285]。

表 11-1　评价工具选用表

	测验	征答表	观察表
学习成就信息	适用于大多数的认知目标。	用于情感目标。	用于外显行为的目标（如心理运动技能）。
教学过程信息		用于获得学习者、教师和管理人员对教学的反应信息。	用于决定成果样品的使用是否按预先计划进行。
关于样品使用的条件和限制		从试用该样品的学习者、教师和管理人员那儿获得有关信息。	当可行时，用于获得样品使用背景的第一手资料。

（三）选择被试和说明背景

试用者取样的原则是，一组受试者的认知水平和能力应属常态分布。即同龄人中各种水平的学习者都应挑选，一般可随机挑选，然后再做调整。试用对象人数应适当，8—12 名为宜。

设计者应说明在什么样的条件下进行，怎样展开过程，应具备什么条件，将受到什么限制等问题。

二、试用设计成果和收集评价资料

（一）试用设计成果前的准备工作

1. 确定试用对象

我们应在同龄人中进行随机挑选，然后再做微调，以保证试用者是具有代表性的学习群体。确定试用对象后，设计者应以教师的身份与其中的几名学习者接触，先作个别试用，以发现问题或偏差，为顺利开展试用工作扫清障碍。

2. 对试用者提出有关要求

（1）教学设计方案试用的目的。

（2）教学设计方案试用的时间。

（3）教学活动的先后顺序。

（4）试用者参加的活动类型。

（5）要收集哪些材料用以分析。

（二）实施教学和观察教学

1. 实施教学

教学设计实施方案的教学应具有可复制的特点，即对第一组被试进行教学后，受试者水平属于常态分布。对第二组被试进行教学后，也得到了与第一组被试大致相同的教学效果。为此，教学设计实施方案必须是完整的；必须保证教学按照教学设计实施方案进行；实施教学的背景应尽量避免人为因素；教师应清楚如何处理学习者的问题和应该教到什么程度。

2. 观察教学

在教学设计实施方案试用时，应该安排一定的观察者观察整个教学过程，并做好记录，并尽可能多地记录所观察到的情况，观察者应观察和记录的主要内容是：

（1）各项教学活动所花费的时间。

（2）教师是如何指导各项学习内容学习的，重点、难点、关键点是如何处理的。

（3）学习者提出了哪些问题，问题的性质和类型，教师是如何处理这些问题的。

（4）学习者在课内完成的练习、作业、提问等学习活动。

（5）在整个教学过程中，学习者的注意力、学习的主动性、思维活跃程度、情绪反应等。

（三）收集评价资料

1. 收集学习者的练习样本

学习者在教学过程中所完成的练习是一种重要的评价资料，分析这些资料，可以确定学习者对所学内容的掌握程度。

2. 后测和征答表

后置测验主要用于收集学习者学习成绩的信息；征答表主要收集有关人员对教学过程的信息。测验和问卷可分开印发，对于学习者也可印于一卷。一般情况下，在教学后就进行测试和分发问卷征答。但也可延后几天进行，以了解教学设计实施方案对学习保持的意义。

上述几种活动可表示为如图 11-1 所示（张祖忻，1992）[287]。

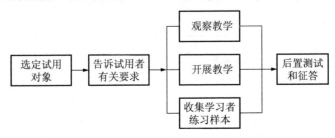

图 11-1　方案试用和资料收集的六种活动

三、整理和分析评价资料

教学设计实施方案试用后，通过采用观察、测试和问卷等方法，评价者收集了大量所需要的资料，得到了一系列数据，为便于分析，一般应将各种数据制成图表，如表11-2所示（张祖忻，1992）[289]。

表11-2　数据概述图表

		教　学　单　元　I
学习成就信息	测验数据概述	学生姓名 分数 G　5 G　4 M　4 G　4 W　4 M　2 分数：0—1 / 2—3 / 4—5 学生数：0 / 1 / 5 %：0 / 17% / 83%
教学过程信息	征答数据概述	征答题：　同意　　　不同意 　　　　　　5　　　　　1 　　　　　　　　　　　　　　　　5 等级的平均分 1. 本单元对我没有阅读的困难。　　　4.3 2. 例子对我很有用。　　　　　　　　4.2 3. 我喜欢把练习安排在另一本小册子里。　1.5 评论或建议：　　　　　　　　　　学生数 1. 教师的指导用语太多。　　　　　　3 2. 录像中的字体太小。　　　　　　　1
	观察数据概述	观察项目：　　　　　　　频数　　　　观察者评论 要求给予辅导的次数　　　　4　　　部分学生对练习中的 　　　　　　　　　　　　　　　　　第5题感到困难 要求对新概念进行解释的次数　1　　　无 学生对教学指导用语方面提问的次数　7　　部分学生不能找出第 　　　　　　　　　　　　　　　　　二节的问题
结论		教学效果：测验数据表明几乎所有学生都达到目标。 欠缺或问题：征答结果和观察表明，本单元的教学指导用语不明确，学生找不到练习。

制成图表后，评价者对各种资料和数据与评价标准作一次初步的分析和比较，分析各种现象之间的关系。经过认真的分析，评价者可能会发现一些重要问题，这时，评价者应对此加以解释，并通过恰当的途径证实自己的解释。例如，几种评价工具提供的数据对设计成果的某些方面显示出共同的趋势，而这种趋势与预期相反时，应予以高度关注。这时，设计者应就这些问

题咨询、访问教育学家、心理学家、学科课程专家和有经验的教师，或与有关教师、观察者和学习者进行个别面谈或集体座谈。访谈的目的是请被采访者对初步分析的结果和改进意见加以证实，指出教学设计成果中存在的问题，对教学设计实施方案提出改进建议。

四、报告评价结果

经过制订评价方案、试用设计成果和收集评价资料、整理和分析评价资料三个阶段的工作，我们就可以着手完成教学设计实施方案的形成性评价报告了，报告试用结果应提供一份书面形式的形成性评价报告。

完成形成性评价报告需要注意的是：一是要根据形成性评价报告的性质和提交报告的部门确定报告的形式和内容；二是根据要求，可以提交正式的评价报告，也可以提交非正式的评价报告；三是根据内容，可以提交描述性或数据分析性的评价报告，也可以提交以描述性或数据分析性为主的评价报告，皆因内容而定；四是不仅要从中发现问题、得出结论，还要分析问题产生的原因，结论得出的过程；五是不仅要分析现象，还要透过现象，深入分析问题的本质；六是应根据问题所在，相应地提出解决这些问题的有效的对策建议，以便据此进一步修改和完善教学设计实施方案。教学设计实施方案的形成性评价报告的主要内容包括以下十个方面。

（一）教学设计实施方案的名称；
（二）教学设计实施方案的试用宗旨；
（三）教学设计实施方案的试用范围和试用对象；
（四）教学设计实施方案的试用要求；
（五）教学设计实施方案的试用过程；
（六）教学设计实施方案的评价项目；
（七）教学设计实施方案的评价结果与分析；
（八）教学设计实施方案的改进建议和措施；
（九）教学设计实施方案评价者的姓名、技术职称；
（十）教学设计实施方案的评价时间。

评价报告应简明扼要、突出重点，文字说明准确，避免含糊不清，数据翔实可靠，避免失误失真，分析清晰透彻，措施得力有效。我们也可依据教学设计实施方案形成性评价报告的主要内容设计成一个表格的形式。除评价报告外，还应在后面附上评价数据概述表、采访记录、有关分析说明等其他书面材料。

以上我们着重阐述了教学设计实施方案形成性评价的整个过程。事实上，专家对于教学设计成果的评价是多种多样的。这主要取决于评价的目标、评价的对象、评价的工具和评价专家的评价风格。因此，评价专家所采取的评价方法和评价过程也不一定是完全相同的，但是有其基本的工作程序，下面我们介绍美国印第安纳大学的莫伦达（M. Molenda）教授为教学评价专家设计的成果样品的形成性评价工作程序，如图 11-2 所示（张祖忻，1992）[291-293]。

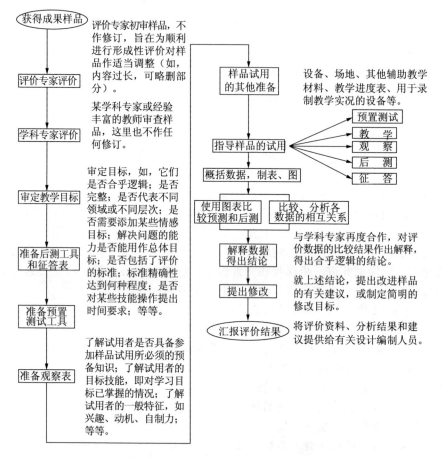

图 11-2　成果样品形成性评价工作流程图

参 考 文 献

中文部分

[1] 巴班斯基. 1986. 教育学 [M]. 北京：人民教育出版社：206.

[2] 班华. 1992. 中学教育学 [M]. 北京：人民教育出版社：210.

[3] 布里格斯，等. 1981. 教学设计程序的手册 [M]. 英文第 2 版：12.

[4] 布卢姆，等. 1987. 教学评价 [M]. 邱渊，等，译. 上海：华东师范大学出版社.

[5] 伯顿，梅里尔. 1997. 需要的评价：目的、需要和优先考虑的需要 [M]. 英文版：22 – 24.

[6] 陈琦，等. 1997. 当代教育心理学 [M]. 北京：北京师范大学出版社：244 – 245.

[7] 迪克. 1985. 教学的系统[M]. 英文第 2 版：15 – 16.

[8] 戴尔. 1969. 教学中的视听法 [M]. 英文第 3 版：108.

[9] 弗·鲍良克. 1984. 教学论 [M]. 叶澜，译. 福州：福建人民出版社：91.

[10] 戈登·罗兰德. 1997. 设计与教学设计 [J]. 高文，编译. 外国教育资料(2).

[11] 顾明远. 1999. 教育大词典(简装本) [Z]. 上海：上海教育出版社.

[12] 高振荣，等. 1987. 信息论系统论控制论 120 题 [M]. 北京：解放军出版社.

[13] 国家教委电化教育司编译. 1990. 教学媒体与教学设计 [M]. 北京：高等教育出版社.

[14] 何克抗，等. 2002. 教学系统设计 [M]. 北京：北京师范大学出版社.

[15] 黄甫全，等. 1998. 现代教学论学程 [M]. 北京：教育科学出版社：299.

[16] 加涅. 1985a. 学习的条件和教学论 [M]. 英文第 4 版.

[17] 加涅. 1992b. 教育技术学基础 [M]. 张杰夫，译. 北京：教育科学出版社.

[18] 加涅，布里格斯. 1979. 教学设计原理 [M]. 英文第 2 版：157.

[19] 考夫曼. 1979. 需要的评价：概念与应用 [M]. 英文版：44.

[20] 克内克. 1986. 教学技术：一种教育的系统方法 [M]. 英文版：107.

[21] 克拉克. 1985. 中学教学法(上) [M]. 北京：人民教育出版社：163.

[22] L. V. 贝塔朗菲. 1952. 生命问题——对现代生物思潮的评价[M]. 纽约：119.

[23] 李伯黍，等. 2001. 教育心理学 [M]. 上海：华东师范大学出版社.

[24] 李诚忠，等. 1986. 教育控制论 [M]. 长春：东北师范大学出版社：17.

[25] 李秉德，等. 2003. 教学论 [M]. 北京：人民教育出版社：196.

[26] 李秉德. 1991. 教学论 [M]. 北京：人民教育出版社.

[27] 李定仁，等. 2001. 教学论研究二十年 [M]. 北京：人民教育出版社.

[28] 联合国教科文组织. 1996. 教育——财富蕴藏其中 [M]. 北京：教育科学出版社：172.

[29] 李芒. 1999. 现代教育技术 [M]. 长春：东北师范大学出版社：235.

[30] 莫里森，等. 2007. 设计有效教学 [M]. 严玉萍，译. 北京：中国轻工业出版社：2.

[31] 裴新宁. 2006. 面向学习者的教学设计 [M]. 北京：教育科学出版社.

[32] 钱建昌. 1998. 现代教育技术教程 [M]. 长沙：湖南师范大学出版社.

[33] 恰487罗特. 2007. 情境中的课程：课程与教学设计 [M]. 杨明全，译. 北京：中国轻工业出版社.

[34] 袁贵仁. 1991. 价值学引论 [M]. 北京：北京师范大学出版社.

[35] 邵瑞珍. 1988a. 教育心理学 [M]. 上海：上海教育出版社.

[36] 邵瑞珍. 1997b. 教育心理学 [M]. 上海：上海教育出版社.

[37] 孙可平. 1998. 现代教学设计纲要 [M]. 西安：陕西人民教育出版社.

[38] 施良方. 1994. 学习论 [M]. 北京：人民教育出版社.

[39] 施良方，等. 1999. 教学理论：课堂教学的原理·策略与研究 [M]. 上海：华东师范大学出版社：158 – 166.

[40] 盛群力，等. 1998a. 现代教学设计论 [M]. 杭州：浙江教育出版社：515.

[41] 盛群力. 等. 2005b. 教学设计论 [M]. 北京：高等教育出版社：515.

[42] 田慧生，等. 1996. 教学论 [M]. 石家庄：河北教育出版社.

[43] 王辉，等. 1999. 学校教育技术操作全书 [M]. 北京：经济日报出版社：577.

[44] 乌美娜. 1994. 教学设计 [M]. 北京：高等教育出版社：11.

[45] 吴也显. 1991. 教学论新编 [M]. 北京：教育科学出版社.

[46] 王嘉毅. 2007. 课程与教学设计 [M]. 北京：高等教育出版社.

[47] 王策三. 1985. 教学论稿 [M]. 北京：人民教育出版社：248.

[48] 威斯特，格兰顿. 1993. 教学方法的分类及各类方法的特征 [J]. 陈晓瑞，译. 外国教育研究(3)：14 – 17.

[49] 吴文侃. 2000. 比较教学论 [M]. 北京：人民教育出版社.

[50] 魏奇，等. 1992. 教育传播学 [M]. 南昌：江西教育出版社：132.

[51] 王升. 2005. 教学设计法 [M]. 石家庄：河北人民出版社：233. S

[52] 谢利民. 2007. 教学设计应用指导 [M]. 上海：华东师范大学出版社.

[53] 徐英俊. 2000. 教育学 [M]. 哈尔滨：黑龙江人民出版社：168 – 169.

[54] 杨春时，等. 1987. 系统论信息论控制论浅说 [M]. 北京：中国广播电视大学出版社：10.

[55] 中国社会科学院语言研究所词典编辑室. 1983. 现代汉语词典 [M]. 北京：商务印书馆：1013.

[56] 张祖忻，等. 1992. 教学设计 – 基本原理与方法 [M]. 上海：上海外语出版社.

[57] 钟启泉，等. 1999. 课程与教学论 [M]. 广州：广东高等教育出版社：194.

[58] 张其春，蔡文荣. 1977. 简明英汉词典 [M]. 北京：商务印书馆：595.

[59] 朱作仁. 1987. 教育词典 [M]. 南昌：江西教育出版社：622.

[60] 章伟民. 1998. 教学设计基础 [M]. 北京：电子工业出版社：267.

英文部分

[1] A. S. Hornby, E. V. Gatenby, H. Wakefield. 1970. The Advanced Learner's Dictionary of Current English with Chinese Translation [Z]. Oxford：Oxford University Press：1120.

[2] A. J. Romiszowski. 1988. The Selection and Use of Instructional Media, Second Edition. Kogan ：57.

[3] F. G. Knirk & K. L. Gustafson. 1986. Instructional Technology [M]. CCBS College Publishing：172.

[4] Robort Heinich & Michael Molenda & James D. Russell, 1993. Instructional Media and New Technologies of Instruction [M]. Macmillan Publishing Company：58.

[5] Robert M. Gagne, Leslie J. Briggs, Walter W. Wager. 1988. Principles of Instructional Design[M]. Third Edition Holt, Rinehart and Winston Inc.

[6] Wallace H. Hannum and Leslie J. Briggs. 1982. How Does Instructional Systems Design Differ from Traditional Instruction？[J]. Educational Technology/January：9 – 14.

出 版 人　所广一
责任编辑　翁绮睿
版式设计　孙欢欢
责任校对　张　珍
责任印制　叶小峰

图书在版编目(CIP)数据

教学设计：原理与技术/徐英俊，曲艺著．—北京：
教育科学出版社，2011.7(2021.7重印)
　ISBN 978-7-5041-5605-1

　Ⅰ.①教…　Ⅱ.①徐…②曲…　Ⅲ.①课堂教学—课
程设计—中小学　Ⅳ.①G632.421

　中国版本图书馆CIP数据核字(2011)第004157号

教学设计：原理与技术
JIAOXUE SHEJI：YUANLI YU JISHU

出版发行	**教育科学出版社**			
社　　址	北京·朝阳区安慧北里安园甲9号	市场部电话	010-64989009
邮　　编	100101	编辑部电话	010-64981252
传　　真	010-64891796	网　　址	http://www.esph.com.cn
经　　销	各地新华书店			
制　　作	北京大有图文信息有限公司			
印　　刷	唐山玺诚印务有限公司			
开　　本	720毫米×1020毫米　1/16	版　　次	2011年7月第1版
印　　张	15.75	印　　次	2021年7月第10次印刷
字　　数	297千	定　　价	48.00元

如有印装质量问题，请到所购图书销售部门联系调换。